高职高专新能源汽车专业"1+X"课证融通新形态教材

新能源汽车电动空调、转向和制动系统检修

（彩色版配实训工单）

主　编　王景智　马　博　王　旭
副主编　刘瑞昕　杨晓健　茹奕洪
参　编　刘　涛　王　建　吴伟铨
　　　　郑　振　王晓彬　陈江涛

机械工业出版社
CHINA MACHINE PRESS

本书是"岗课赛证"模式下的典型工作任务式教材,由6个项目、16个学习任务组成。本书系统介绍电动汽车的电动空调压缩机检修、电动空调供暖系统检修、电动空调制冷系统检修、电动空调系统鼓风机检修、电动助力转向系统检修、电控制动系统检修等内容,随书配送"实训工单"分册。书中附有指导学生规范操作的微课二维码引导学生完成实操训练,学生可反复观看。授课老师可借助线上资源开展理虚实一体化教学。

　　本书配套课程资源包括课程标准、教案、PPT课件、实训工单、习题答案、微课视频,扫描封底"机工小编"二维码或登录网址http://jxxt.qcgjgz.com获取。

　　本书可作为中、高职汽车专业及汽车"1+X"证书培训教材,也可供学习电动汽车保养、维修及诊断等知识和技能的汽车从业人员参考。

图书在版编目（CIP）数据

新能源汽车电动空调、转向和制动系统检修：彩色版：配实训工单 /
王景智，马博，王旭主编 . — 北京：机械工业出版社，2022.6（2023.8 重印）
高职高专新能源汽车专业"1+X"课证融通新形态教材
ISBN 978-7-111-70758-5

Ⅰ.①新… Ⅱ.①王… ②马… ③王… Ⅲ.①新能源 – 汽车 – 车辆修理 – 高等职业教育 – 教材 Ⅳ.① U469.707

中国版本图书馆CIP数据核字（2022）第080637号

机械工业出版社（北京市百万庄大街22号　邮政编码100037）
策划编辑：齐福江　　　　　　　责任编辑：齐福江
责任校对：张　征　王明欣　　　封面设计：张　静
责任印制：刘　媛
涿州市般润文化传播有限公司印刷
2023年8月第1版第2次印刷
184mm×260mm・14.75印张・357千字
标准书号：ISBN 978-7-111-70758-5
定价：69.00元

电话服务　　　　　　　　　　网络服务
客服电话：010-88361066　　　机　工　官　网：www.cmpbook.com
　　　　　010-88379833　　　机　工　官　博：weibo.com/cmp1952
　　　　　010-68326294　　　金　书　网：www.golden-book.com
封底无防伪标均为盗版　　　　机工教育服务网：www.cmpedu.com

丛书编委会

主任委员： 康文浩　艾伦科技（广州）有限公司

副主任委员： 刘瑞昕　中国汽车维修行业协会技术及标准化委员会
　　　　　　　王晓丹　广州市汽车服务业协会
　　　　　　　齐福江　机械工业出版社
　　　　　　　吴海东　广东轻工职业技术学院

委　　员： 杨加彪　京桔新能源汽车有限公司
　　　　　　郭　勇　广东有道汽车集团股份有限公司
　　　　　　金　鹏　比亚迪汽车工业有限公司
　　　　　　王春雷　北京汽车蓝谷营销服务有限公司
　　　　　　夏　林　万高（上海）汽车科技有限公司
　　　　　　姜春霞　北京北铃专用汽车有限公司
　　　　　　林晓东　广州亿电邦科智能网络科技有限公司
　　　　　　谢利宾　广州广汽长蔚新能源汽车销售有限公司
　　　　　　何惠娟　浙江合众新能源汽车有限公司
　　　　　　王光宏　广州华胜企业管理服务有限公司
　　　　　　茹奕洪　广西一驰教育科技有限公司
　　　　　　王景智　广东轻工职业技术学院
　　　　　　袁　牧　湖北交通职业技术学院
　　　　　　苏庆列　福建船政交通职业学院
　　　　　　梁东确　百色职业学院
　　　　　　程　章　安徽交通职业技术学院
　　　　　　徐　涛　武汉交通职业学院
　　　　　　沈先飞　襄阳职业技术学院
　　　　　　吴　林　六安职业技术学院

前　言

党的二十大报告提出绿色发展理念，要求积极稳妥推进碳达峰碳中和。新能源汽车是我国实现绿色发展，达成双碳目标的战略性新兴产业。在党的二十大精神指引下，国家相关部门陆续出台新能源汽车及其上下游产业链的扶持政策。工业和信息化部、国家发展改革委、生态环境部印发《工业领域碳达峰实施方案》提出，大力推广节能与新能源汽车，强化整车集成技术创新，提高新能源汽车产业集中度。国务院办公厅印发的《新能源汽车产业发展规划（2021—2035年）》指出，发展新能源汽车是我国从汽车大国迈向汽车强国的必由之路，是应对气候变化、推动绿色发展的战略举措。

在相关产业政策的推动下，我国新能源汽车产业快速发展，新能源汽车市场占有率屡创新高。为满足职业院校新能源汽车专业课程建设及教学实际需要，艾伦科技（广州）有限公司、广州市汽车服务业协会等组织编写了本系列教材及对应课程资源。教材以工作任务为引领，对接岗位能力的需求，形成可测可评的教学内容，以便实施课堂一体化教学；实训工单配套对应每个工作任务，按接受任务、收集信息、制订计划、任务实施、过程检查、反馈总结6个步骤展开，并设置考核标准量化技能考核点，以便学生掌握基本技能。

本教材顺应"三教改革"要求，特别强调适岗性、自主性和新颖性。具体表现如下：

（1）融入"课程思政"元素　为落实"立德树人"的根本任务，在课程设计中有机融入思政元素、劳动教育等内容，强调培育学生自主学习的能力素养、精益求精的工匠精神和爱岗敬业的劳动态度。

（2）突出"岗课赛证"相融合　为贴近新能源汽车技术服务岗位职业技能（新能源汽车保养、维修及诊断等），所有检测数据均来源于实车真实数据，不是模拟或仿真数据；并且参照教育部颁发的新能源汽车专业教学标准和智能新能源"1+X"证书相关要求，对接新能源汽车技术服务赛项赛点，力求做到"岗课赛证"相融合。

（3）"微课"主导教学过程　为突出以学生为中心、以能力为本位的教育理念，所附实训工单都配有对应的微课二维码，提供每一个典型工作任务的规范操作视频，便于学生自主学习。

为了确保教材的编写质量，本书由具有一线工作经验的企业技术骨干和具备双师素质的"双高"校教师团队编写。广东轻工职业技术学院王景智、乌鲁木齐技师学院马博、阜阳职业技术学校王旭担任主编，中国汽车维修行业协会技术及标准化委员会刘瑞昕、南京交通技师学院杨晓健、广西兴之创汽车技术有限公司茹奕洪担任副主编，参编人员有武汉市第三职业教育中心刘涛、仙桃职业学院王建、泉州市高级技工学校吴伟铨、武汉软件工程职业学院郑振、阜阳职业技术学校王晓彬、乌鲁木齐市职业中等专业学校陈江涛。

  本书可作为职业院校新能源汽车专业的教学用书，也可以供新能源汽车技术培训机构使用，同时也可作为新能源汽车从业人员学习参考书。

  本书配套课程资源包括课程标准、教案、PPT课件、实训工单、微课视频资源，利用封底"机工小编"二维码或登录网址http：//jxxt.qcgjgz.com获取。由于篇幅有限，配套的"实训工单"分册只对主要项目提供一个典型任务。"实训工单"配套视频及教材咨询请联系康先生（微信/电话18620062017）。

编　者

二维码清单

素材名称	二维码	页码
1. 电动空调压缩机故障检修		P035
2. PTC 加热水泵故障检修		P051
3. 制冷剂不足故障检修		P082
4. 鼓风机故障检修		P098
5. 电动转向助力系统电源故障检修		P117
6. 真空度传感器故障检修		P164

目　录

前　言
二维码清单

项目一　电动空调压缩机检修 ...001

一、空调的作用 ...001

二、热力学基础知识 ...002

三、汽车空调基础知识 ...007

四、汽车空调制冷系统组成与工作原理 ...012

五、吉利 EV450 电动空调系统 ...025

六、项目实施 ...033

　　任务一　电动空调系统认知 ...033

　　任务二　电动压缩机不工作的故障检修 ...035

复习题 ...036

项目二　电动空调供暖系统检修 ...038

一、汽车空调供暖系统概述 ...038

二、吉利 EV450 电动空调供暖系统 ...046

三、项目实施 ...050

　　任务一　电动空调 PTC 加热控制器检测 ...050

　　任务二　电动空调 PTC 加热水泵检测 ...051

　　任务三　电动空调暖风不热的故障检修 ...051

复习题 ...053

项目三　电动空调制冷系统检修 ...054

一、汽车空调制冷系统检修工具与设备 ...054

二、汽车空调的维护保养 ...059

三、汽车空调制冷系统检修的常规操作 ...060

四、汽车空调制冷剂回收加注机使用 ...065

五、汽车空调制冷系统故障诊断与排除 ...076

六、项目实施 ...081

　　任务一　电动空调系统制冷剂检漏 ...082

　　任务二　电动空调系统制冷剂回收与充注 ...083

复习题 ...084

项目四　电动空调系统鼓风机检修 ...086

一、汽车空调通风系统 ...086

二、汽车空调净化系统 ...088

三、汽车空调配气系统 ...091

四、吉利 EV450 自动空调控制系统 ...092

五、项目实施 ...098

　　任务一　电动空调鼓风机检测 ...098

　　任务二　电动空调鼓风机及调速模块更换 ...099

　　任务三　电动空调蒸发器温度传感器检测 ...100

复习题 ...101

项目五　电动助力转向系统检修 ...103

一、电动助力转向系统概述 ...103

二、电动助力转向系统的组成及工作原理 ...105

三、转矩传感器工作原理与检修 ...108

四、转角传感器的工作原理 ...112

五、吉利 EV450 电动转向系统 ...115

六、项目实施 ...117

　　任务一　EPS 指示灯常亮故障检修 ...117

任务二　转角传感器检修 ...120

　　任务三　EPS 通信故障检修 ...121

复习题 ...122

项目六　电控制动系统检修 ...124

一、电控制动系统认知 ...124

二、EPB 系统检修 ...129

三、ESC 系统检修 ...132

四、吉利帝豪 EV450 ESC 系统 ...149

五、吉利 EV450 真空助力器总成的更换 ...153

六、吉利 EV450 组合仪表总成更换 ...155

七、项目实施 ...157

　　任务一　制动警告灯常亮故障检修 ...158

　　任务二　EPB 左后电机检修 ...161

　　任务三　ESC 系统检修 ...164

复习题 ...167

参考文献 ...169

项目一　电动空调压缩机检修

新能源汽车电动空调、转向和制动系统检修

项目导入

一辆 2018 款吉利帝豪 EV450 电动汽车出现空调不制冷、电动压缩机不工作的故障。

你知道电动汽车空调系统的工作原理吗？请你对电动汽车空调系统不制冷、电动压缩机不工作的故障进行诊断与排除，并对电动压缩机总成进行更换。

教学目标

知识目标：

1）掌握汽车空调系统基础知识。
2）掌握吉利 EV450 电动空调系统的组成和工作原理。
3）掌握吉利 EV450 电动空调系统常见故障检修。

能力目标：

1）能正确认知吉利 EV450 电动空调系统的各组成部件。
2）能正确画出 EV450 电动空调系统原理图，查阅空调系统电路图。
3）能正确对 EV450 电动空调系统常见故障进行诊断与排除。

一　空调的作用

汽车为什么需要空调？对于汽车而言，乘员舱是驾驶员和乘客活动的空间，驾乘人员对乘员舱内的空气温度、湿度、洁净度和流动速度等有舒适性需求。然而，汽车在道路上行驶，驾乘环境受外界环境影响很大，如高温、暴晒、低温、潮湿、尾气、灰尘等均会导致乘员舱空气质量变差，严重影响驾乘人员的舒适性和行车的安全性。为了确保驾乘人员获得舒适的驾乘环境，需要采用人工方式对乘员舱内的空气温度、湿度、洁净度和流动速度等进行舒适性调节，这就是空调（空气调节的简称）。

温度是空气舒适度最重要的指标，研究表明，20~28℃是人体感到最为舒适的温度，温度超过28℃，人就会觉得燥热。温度越高，越觉得头昏脑涨、注意力下降、反应迟钝等，容易造成事故。超过40℃，称为有害温度，将会对身体的健康造成损害。温度低于14℃，人就会感觉到"冷"，温度越低，越觉得手脚僵硬，不能灵活操作。

湿度是空气舒适度第二个重要的指标。湿度指空气中所含水蒸气量的多少，有绝对湿度与相对湿度之分。绝对湿度指在某一温度下单位体积空气中所含水蒸气的质量，其单位是 kg/m^3。相对湿度指单位体积空气中所含水蒸气质量与同温度时饱和水蒸气质量之比。在夏季相同的温度情况下，湿度大的空气环境会让人觉得更闷热。这是由于人体皮肤表面的汗液不能蒸发排放，影响人体的表面散热。相反，环境空气的湿度太小，人的皮肤会干痒，这是干燥的皮肤表面和衣服摩擦产生静电的缘故。人体感觉最舒适的空气相对湿度，在夏季为60%~70%，在冬季为50%~60%。

洁净度是空气舒适度的第三个指标。由于车内空间小、乘员密度大以及发动机废气和道路上的粉尘都容易进入车内，造成车内空气污浊，严重影响乘坐的舒适性。因此，汽车空调必须具有补充足够新鲜空气的功能，而且应具备对空气过滤吸附的功能，以保证车内空气的洁净度。

空气的流动速度和方向是空气舒适度第四个指标。实验表明，头部的舒适温度比足部的要低1.5~2℃，因此，空气流动方向要形成上凉下暖的环境。为了保持人体舒适，要保证空气的更换速度，这有两方面的定义：一是车内空气的交换速度，即引入外界新鲜空气的比例，外界新鲜空气进入量的多少由新鲜空气阀开度的大小来控制；二是内部空气的流动速度，内部空气的流动速度主要解决车内温度不均现象，这主要由出风口的位置、出风方向、鼓风机转速等来决定。

除此以外，现代汽车空调系统还需具备除雾除霜等附加功能。

二 热力学基础知识

汽车空调对乘员舱空气进行调节的主要手段是制冷与制热。制冷是不断地把乘员舱的热量转移到车外环境空气中，并在所需要的时间内保持车内空气处于某一舒适的低温，制热与之相反。要了解汽车空调制冷的工作原理与工作过程，需掌握一定的热力学基础知识。

1. 热力学基本定律

（1）热力学第一定律　热力学第一定律称为能量守恒与转换定律：自然界一切物质都

具有能量，能量不能消失也不能创造，它只能从一种形式转换为另一种形式，或由一个系统传递给另一个系统，在转换与传递过程中，能量的总量不变。制冷系统可视为一封闭热力系统，输入机械功 E_0 把热量 Q_2 从被冷却对象（低温热源）传递到环境介质（高温热源），环境介质得到热量 Q_1，遵循热力学第一定律，即 $E_0+Q_2=Q_1$，如图 1-1 所示。

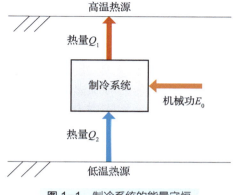

图 1-1　制冷系统的能量守恒

（2）热力学第二定律　热力学第二定律可以表述为热量可以自发地由高温物体传递给低温物体，但不可能自发地从低温物体传递给高温物体，除非有补偿过程伴随。从图 1-1 中可以看出，低温热源能量品位低，高温热源（环境介质）能量品位高，热量不会自发地由被冷却对象传递给环境介质。制冷系统将 Q_2 的热量从被冷却对象传递给环境介质，必须有补偿能量伴随（机械功 E_0 输入）。衡量制冷系统性能的重要指标是制冷系数 COP（Coefficient of Performance），表示消耗单位机械功带走的热量，理论上的制冷性能系数为 2.5～5。

$$COP = \frac{制冷量}{消耗的机械功} = \frac{Q_2}{E_0}$$

2. 热力状态参数

在热力系统中，用来实现能量转换的物质称为工质。工质都有一定的状态，决定工质状态的物理量称为工质的热力学状态参数。温度、压力和比容这三个参数可确定工质的状态，称为工质的基本状态参数，除了这三个基本状态参数外，还有焓、熵和内能状态参数。

（1）温度　温度是表示物体冷热程度的物理量，温度的数值表示方法称为温标，常用的温标有摄氏温标和热力学温标。摄氏温标用符号 t 表示，单位为℃，定义 1 个大气压下冰和水的混合物温度为 0℃，1 个大气压下水的沸点为 100℃。将 0℃和 100℃划分 100 等份，则每一等份为 1℃。热力学温标用符号 T 表示，单位为 K。定义 0K 为 -273.15℃，叫做绝对零度，其每 1K 的大小与摄氏温标相等。热力学温标与摄氏温标关系如下：

$$T（K）=t（℃）+273.15$$

（2）压力　压力指均质的液体或气体对其容器壁的单位面积上的垂直作用力，用符号 p 表示，法定计量单位为帕（Pa），$1Pa=1N/m^2$，由于 Pa 较小，常用 kPa、MPa。压力的工程单位还有千克力/厘米^2（kgf/cm^2）、巴（bar）、标准大气压（atm）、毫米汞柱（mmHg）、磅/平方英寸（PSI）等，压力单位的换算关系见表 1-1。

表 1-1 压力单位的换算关系表

atm	Pa	MPa	kgf/cm²	bar	PSI
1	101325	0.101325	1.0332	1.01325	14.695

压力可分为绝对压力和相对压力：绝对压力指容器内工质的实际压力，相对压力指容器内工质与大气压力之差。相对压力高于大气压的压力部分称为表压力，低于大气压的部分称为真空度。绝对压力、表压力和真空度之间的关系如图 1-2 所示。

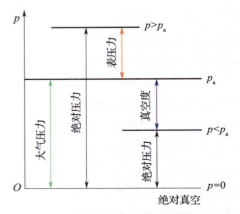

图 1-2 绝对压力、表压力和真空度的关系

（3）比容和密度　比容和密度是反映工质分子聚集疏密程度的物理量。比容表示单位质量的工质所占的体积，用符号 v 表示，单位为 m^3/kg。密度表示单位体积工质的质量，用符号 ρ 表示，单位为 kg/m^3。比容与密度互为倒数。相同温度下，压力越大，工质的密度越大，比容越小。

（4）焓　焓（H）是工质在系统中所具有的内能和压力位能（推动功）之和，即 $H=U+pV$，单位为 kJ。比焓表示单位质量工质所具有焓值，用符号 h 表示，单位为 kJ/kg（或 kcal/kg）。制冷循环中，工质从一个状态变化到另一个状态，所做的功和交换的热量用这两个状态的焓差表示即可。

（5）熵　熵表示的工质状态变化时热量传递的程度，用符号 S 表示，单位为 J/K。单位质量工质的熵又叫做比熵，用符号 s 表示，单位为 J/(kg·K)。制冷循环中，压缩过程通常简化成等熵压缩过程。

3. 热量与比热

（1）热量　热量是表示物体吸收或放出热能的多少。热量的单位通常用卡（cal）或大卡（kcal）表示。1 kcal 是使 1kg 纯水温度升高 1℃所吸收的热量。法定计量单位采用焦耳（J）、千焦耳（kJ）作为热量单位，1 kcal=4.2 kJ。

（2）热量传递方式　热量可从高温处向低温处传递，其传递方式有传导、对流和辐射三种，如图 1-3 所示。热传导是热量在物体内部从高温端向低温端直接传递的传热方式。容易传递热量的材料称其为热导体，而有些材料不容易使热通过，如石棉、泡沫等称为绝热体。热对流是在温度不同的流体中，各部分之间发生相对位移，使冷热流体互

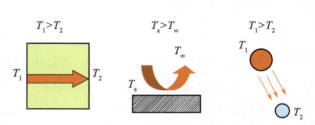

图 1-3 热量传递的方式（传导、对流、辐射）

相掺混引起的热量传递方式。热辐射是发热源直接向其周围的空间散发热量,通过辐射波将热量传递给其他物体的传热方式。

（3）比热容　物体温度发生变化时,所吸收或放出的热量与其温度变化、重量、材料的性质等有密切关系。我们把1kg物体温度升高或降低1℃时所吸收或放出的热量,叫做比热容,常用符号c表示,单位是kJ/（kg·K）或kcal/（kg·K）,不同物体的比热容数值不同。

4. 汽化与冷凝

工质有固态、液态和气态三种相态,在一定条件下,可以从一种相态转变为另一种相态,并伴随着吸热或放热过程。

（1）汽化　工质在一定条件下由液态转变为气态,称为汽化。汽化有两种方式——蒸发和沸腾。蒸发只在液体表面进行,液体在任何温度下都能够蒸发,液体的温度越高、液体表面积越大、表面空气流速越大、表面上的压力越小则蒸发进行得越快。所有液体在蒸发过程都要吸收热量。

如果对液体加热或降低液体表面压力,当其达到一定温度或压力数值时,液体内部便产生大量气泡,气泡上升至液面破裂而放出蒸气,这种在液体表面和内部同时进行剧烈气化的现象叫做**沸腾**。液体在沸腾过程同样要吸取热量,并保持其温度不变,而要使沸腾持续进行,必须不断地自外界加入热量。

某一压力下,液体沸腾时的温度叫做**沸点**或**饱和温度**,常用t_b表示;而对应的压力叫做**饱和压力**,常用p_b表示。一个标准大气压下,不同物质的液体的沸点见表1-2。

表1-2　不同物质的液体的沸点

液体名称	沸点/℃	液体名称	沸点/℃
水	100	R12	-29.8
酒精	78	R134a	-26.15
氨	-33.4	二氧化碳	-78.3

水的沸点和饱和压力曲线如图1-4所示,水在一个标准大气压力下的沸点为100℃,在0.5bar压力下的沸点约为80℃。随着压力降低,液体的沸点也随之降低。

在一定压力下,对饱和液体继续加热,饱和液体将在温度不变的情况下汽化,最后全部气化为饱和蒸气,此时饱和蒸气称为**干饱和蒸气**或**干蒸气**。如果对干饱和蒸气再继续加热,那么它的温度又逐渐升高,这时的蒸气称作**过热蒸气**。过热蒸气与干饱和蒸气的温度差叫**过热度**。例如在压力不变情况

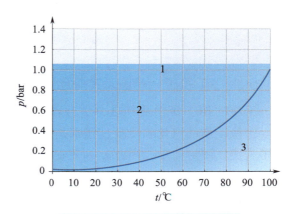

图1-4　水的沸点与饱和压力曲线

1—标准大气压　2—液态　3—气态

下，把100℃的干饱和蒸气加热成110℃的过热蒸气，那么其过热度为10℃。

同样，在一定压力下，对饱和液体进行冷却，饱和液体的温度将下降变成**过冷液体**。通常把饱和液体与过冷液体的温度差叫**过冷度**。例如在压力不变情况下，把100℃的饱和液体冷却成90℃的过冷液体，那么其过冷度为10℃。

（2）冷凝　如果对饱和蒸气进行冷却，使其温度下降到饱和温度以下，饱和蒸气将逐步从气态转变为液态，这一相态变化过程叫冷凝，所放出的热量称为冷凝热。

在一定压力下，把液体从常温加热到沸腾之前，这部分热量明显地用来提高了温度，它是可以直接从液体本身去测量的，这部分热量叫显热。对饱和液体持续加热等温气化为饱和蒸气过程中，饱和液体所吸收的热量仅改变了相态，不能从液体本身去测量，这部分热量称为潜热。工质相态变化的显热、潜热与热量、温度的关系如图1-5所示。通常把一定压力下，1kg液体转变为同一温度的蒸气所吸收的热量叫做汽化潜热，常以 r 表示，单位为kJ/kg。汽化潜热的数值，取决于液体本身的性质和液体气化过程的压力、温度。如水在一个大气压力下的汽化潜热为2286kJ/kg；而10个大气压力时为2024kJ/kg。由于冷凝与汽化是两个相反的过程，所以液体在汽化过程吸收的汽化热在数值上等于其蒸气冷凝过程所放出的冷凝热。

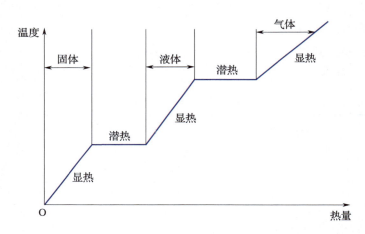

图1-5　显热、潜热与热量、温度的关系

5. 制冷工质压-焓图及其应用

工质的相态变化及其热力学过程可以用 p-v 图、T-s 图或 p-h 图（压-焓图）来表示。制冷工质的汽化和冷凝过程都是在等压条件下进行，这个等压过程在 p-h 图上是一条水平直线，图形简单，因此 p-h 图在制冷工程上经常采用。同时，工质热力学过程（如绝热压缩和节流过程）的压力、温度和焓的数值都能够直接从坐标图中读得。为了缩小图的尺寸，适合工程应用，纵坐标以压力的对数值 $\lg p$ 绘制，因此 p-h 图，也称作 $\lg p$-h 图。

如图1-6所示，$\lg p$-h 图可以概括为"一点两线三区五态六参数"，图上的任意一点都给出了该点工质的状态及其状态参数值，方便我们对制冷循环进行分析与计算。

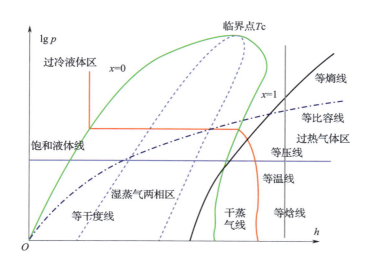

图1-6 压-焓图（$\lg p-h$ 图）

1）一点：临界点 T_c。随着压力升高，当压力达到某一定值时，工质的饱和液体线和饱和蒸气线交汇，交汇点称为临界点，该点气化瞬间完成。临界点压力称为临界压力，临界点温度称为临界温度。水的临界压力为 22.115MPa，临界温度为 374.12℃。

2）两线：饱和液体线 $x=0$ 和饱和蒸气线 $x=1$（x 为干度值）。饱和液体线上的工质全部为饱和液体，干度为 0%；饱和蒸气线上的工质全部为饱和气体，干度为 100%。

3）三区：液相区、湿蒸气两相区和气相区。饱和液体线的左区为过冷液体区（过冷液体），饱和液体线与饱和蒸气线之间为饱和液体与饱和蒸气共享的湿蒸气区，随着不断吸收热量，饱和液体减少，饱和蒸气增加，干度增大。饱和蒸气线的右侧为气相区（过热蒸气）。

4）五态：过冷液体、饱和液体、湿蒸气、饱和蒸气和过热蒸气。

5）六参数：等焓线、等压线、等干度线、等熵线、等比容线和等温线。

三 汽车空调基础知识

1. 汽车空调制冷循环

汽车空调制冷循环属于单级蒸气压缩式制冷循环，主要包括压缩、冷凝、节流和蒸发四个过程，利用制冷剂蒸发从车内空气吸收热量，再通过冷凝向车外环境空气释放热量。

（1）理论循环　单级蒸气压缩式制冷系统的理论循环假定：压缩过程为定熵过程，冷凝和蒸发过程均为定压过程，离开蒸发器进入制冷压缩机的制冷剂为蒸发压力下的饱和蒸气，离开冷凝器进入膨胀阀的制冷剂为冷凝压力下的饱和液体；节流过程为绝热过程，无热损失和流动阻力损失。压-焓图如图1-7所示。

1）压缩过程 1—2：制冷剂从干饱和蒸气状态 1 被压缩机吸入，压缩机消耗机械功

W_0，将制冷剂等熵压缩至过热蒸气状态2。制冷剂压力初始状态 p_0（低压）升高至 p_k（高压）；温度由 t_0（低温）升高至 t_2（高温）。

2）冷凝过程2—3：制冷工质由过热蒸气状态2进入冷凝器，在冷凝器中放出热量被冷却至饱和蒸气状态 $2'$，制冷工质在冷凝器中由饱和蒸气状态 $2'$ 继续放出热量，冷凝至饱和液体状态3。在此过程中，制冷工质压力不变，温度由 t_2（高温）降低至 t_3（p_k 压力下制冷工质的饱和温度 t_k）。

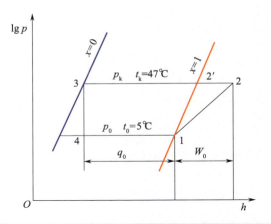

图1-7 单级蒸气压缩式制冷系统的理论循环压-焓图

3）节流过程3—4：状态3饱和液体制冷剂进入膨胀阀，经膨胀阀节流降压，压力由 p_k 迅速下降为蒸发压力 p_0，温度下降为蒸发温度 t_0，制冷剂变成湿蒸气状态4。此过程中"闪变"的干蒸气越多，蒸发过程制冷剂能吸收的热量就越少，制冷效率越差。

4）蒸发过程4—1：节流降压后的制冷剂湿蒸气状态4进入蒸发器，在蒸发器中等压（p_0）吸收被冷却物质的热量，变成干饱和蒸气状态1，制冷剂干饱和蒸气将重新被压缩机吸入，开始下一循环。

（2）实际循环　蒸气压缩式制冷理论循环假定压缩过程为定熵过程，制冷剂的吸热和放热都在无温差的条件下进行，制冷循环过程无热损失、流动阻力损失等。这些假设在制冷实际循环中都是不可能实现的，而且为了减少制冷剂的节流损失，提高制冷循环的经济性和确保压缩机的"干压"，实际制冷循环为冷凝过冷循环和蒸发过热循环。

1）冷凝过冷循环：冷凝过冷循环指制冷剂冷凝结束，进入膨胀阀前是过冷液体的循环，如图1-8中3-$3'$段所示。过冷度 Δt 可通过设计冷凝器冷凝面积大于所需冷凝面积、提高冷凝器制冷剂流量或采用低温制冷剂等方法实现，一般选择为过冷度为3~5℃。从图中可以看出，冷凝过程制冷剂过冷度减少了节流降压后制冷剂的干度，使得制冷剂在蒸发过程的吸热量增加了 Δq_0，总制冷量增大。而且过冷度降低了节流前后制冷工质的温差，有利于减少节流损失。

保持冷凝器散热肋片的平行度，通风空隙均匀；保持冷凝器散热肋片的洁净；保持冷凝器散热风扇的正常工作，均可使冷凝器出口处的制冷剂产生一定的过冷度，提高制冷效果。

2）蒸发过热循环：蒸发过热循环指制冷剂蒸发结束，压缩机吸入的为过热蒸气的制冷循环，一般过热度选择3~7℃，如图1-9中1-$1'$段所示。过热循环主要是为了保护制冷压缩机"干压"，防止吸入液态制冷剂。过热分为有效过热和有害过热两种。过热吸收的热量来自被冷却对象，产生了有用的制冷效果，这种过热称为有效过热，有效过热可以通过增大蒸发器蒸发面积实现。有效过热使得制冷剂在蒸发过程的吸热量增加了 Δq_0，但同时也增加制冷压缩机械功，对制冷系数的影响因制冷剂不同而不同。

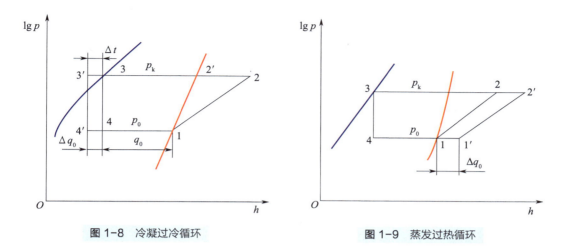

图 1-8 冷凝过冷循环　　　　图 1-9 蒸发过热循环

反之，若过热吸收的热量来自被冷却对象之外，没有产生有用的制冷效果，则称为有害过热，有害过热使制冷循环的制冷系数减少，对制冷循环不利。有害过热主要在蒸发器出口到压缩机入口的这段低压管路中产生，给这段低温管路包裹绝热材料可有效避免产生有害过热。

3）蒸发温度的影响：实际循环中，为了确保制冷剂在蒸发过程中能从被冷却物质中吸收热量，蒸发温度应远低于被冷却物体的温度。汽车空调制冷系统蒸发温度 $t_0=5℃$，蒸发温度取决于蒸发压力。以 R134a 制冷剂为例，将蒸发压力控制在 0.35MPa，此时蒸发温度 $t_0=5℃$。蒸发温度降低，制冷量减少，制冷效率会显著降低。汽车空调的制冷循环中，蒸发器表面脏堵、结霜、鼓风机运转不正常、制冷剂不足、膨胀阀开启过小或冰堵、低压管道堵塞等均会使蒸发温度降低，制冷效果变差。

4）冷凝温度的影响：实际循环中，为了确保制冷剂在冷凝过程中热量能被环境介质带走，冷凝温度应远高于环境空气的温度。汽车空调制冷系统冷凝温度为 t_k（t_k= 环境温度 +15℃），冷凝温度取决于冷凝压力。以汽车空调 R134a 制冷剂为例，当环境温度为 32℃时，则冷凝温度为 t_k（$t_k=32℃+15℃=47℃$），查 R134a 制冷剂热力性质表，控制制冷系统的冷凝压力为 1.22MPa，可得到 47℃的冷凝温度。冷凝温度升高，制冷量减少，压缩机机械功增加，制冷效率会显著降低。汽车空调的制冷循环中，冷凝器表面的脏堵、冷凝风扇运转不正常、制冷剂过量、膨胀阀开启过大、高压管道堵塞、系统中有空气等均会使冷凝温度升高，制冷效果变差。

2. 制冷剂

制冷系统中的工质称为制冷剂，是制冷系统中循环且不断产生相态变化进行热量传递的物质。对制冷剂的要求是：易凝结，冷凝压力不要太高；标准大气压下，蒸发温度较低，单位容积制冷量大，气化潜热大，比容小；无毒，不燃烧，不爆炸，无腐蚀，且价格低。汽车空调系统曾使用 R12 作为制冷剂，现在汽车空调主要使用 R134a 作为制冷剂。

（1）R12　R12 是一种氟氯碳氢化合物（CFC），俗称氟里昂。R12 无毒、不易燃烧、不易爆炸、不易挥发，热稳定性好。R12冷凝压力小（1.5~2.0MPa），在标准大气压下R12的沸点为-29.74℃，凝固温度为-158℃，能在低温下正常工作，节流损失小，有较大的制冷系数。单从制冷性能、成本方面考虑，R12是汽车空调上理想的制冷剂。但20世纪70年代，CFC被发现是破坏大气臭氧层的主要因素，R12的臭氧衰减系数（Ozone Depletion Potential，ODP）较高（ODP=0.9），温室效应指数（Global Warming Potential，GWP）为2.8。1987年由46个国家签署了《蒙特利尔协定书》，协定规定：发达国家1996年1月1日全面停产R12，发展中国家2010年全面停产和停止使用。

（2）R134a　R134a（四氟乙烷）是一种氢氟烃（HFC），不像R12那样含有氯原子，故不会对臭氧层产生危害（ODP=0），但仍然会产生温室效应（GWP=0.3）。R134a的沸点为-26.5℃，凝固点是-101℃，热力性质与R12接近。R134a无色，有轻微的乙醚味道，吸湿性较R12要强。R134a会腐蚀铜和R12系统内的各种密封部件，因此绝不允许在R12制冷系统内使用R134a，否则该系统将很快损坏。R134a与矿物油不相溶，故制冷系统需采用多元醇酯类合成润滑油（PAG）。R134a毒性非常低、不燃烧、不爆炸，是很安全的制冷剂，但不能接触明火，否则会产生具有高刺激和预警作用的分解产物。R134a的制造原料贵、工艺复杂、还要消耗大量的催化剂，价格较高。R134a与R12的热物理特性对比见表1-3，沸点与饱和压力对应关系见表1-4。

表1-3　R134a与R12的热物理特性对比

制冷剂	R134a	R12
化学式	CH_2F-CF_3	CCl_2F_2
化学名称	四氟乙烷	二氯氟甲烷
标准大气压沸点	-26.5℃	-29.8℃
凝固点	-101.6℃	-158℃
临界温度	100.6℃	112℃
临界压力	40.56bar	41.58bar

表1-4　R134a与R12的沸点与饱和压力对应关系

沸点/℃	R134a饱和压力/bar	R12饱和压力/bar
-45	0.39	0.50
-40	0.51	0.64
-35	0.66	0.81
-30	0.84	1.00
-25	1.06	1.24
-20	1.32	1.51
-15	1.63	1.82
-10	2.00	2.19
-5	2.43	2.61

(续)

沸点 /℃	R134a 饱和压力 /bar	R12 饱和压力 /bar
0	2.92	3.08
5	3.49	3.63
10	4.13	4.24
15	4.87	4.92
20	5.70	5.68
25	6.63	6.53
30	7.67	7.47
35	8.83	8.50
40	10.12	9.63
45	11.54	10.88
50	13.11	12.24
55	14.83	13.72
60	16.72	15.33
65	18.85	17.07
70	21.05	18.96
75	23.52	21.00
80	26.21	23.19
85	29.14	25.55
90	32.34	28.00

3. 润滑油

在空调制冷系统中，为了保证压缩机正常运转、长期可靠工作，必须对其进行润滑，所使用的润滑油被称为冷冻润滑油（又称冷冻机油或冷冻油）。

（1）润滑油的作用

1）润滑：润滑压缩机的摩擦表面，减少摩擦，防止磨损。

2）冷却：带走摩擦表面的摩擦热，帮助散热。

3）密封：作为压缩机气缸壁与活塞（或转子）之间以及轴封处的油封，减少制冷剂泄漏。

4）降低压缩机噪声。

（2）对润滑油的性能要求

1）与制冷剂有较好的互溶性。

2）与系统材料（金属、合成橡胶、塑料）相溶性好。

3）凝固点低，在低温下具有良好的流动性。

4）有合适的黏度，受温度影响小

5）要有高的油膜强度。

6）闪点高，无毒。

（3）润滑油的种类与选择 制冷剂 R12 与矿物油能够完全互溶，因此 R12 冷冻机油都是矿物油。R134a 与矿物油不互溶，因此需要使用合成酯类润滑油——聚烯基乙二醇（PAG）或聚酯油（POE）。现在 R134a 汽车空调制冷系统大多采用 PAG 油。R134a 制冷系统循环回路中润滑油分布如图 1-10 所示。

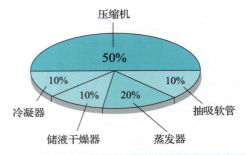

图 1-10　R134a 制冷系统循环回路中润滑油分布

四、汽车空调制冷系统组成与工作原理

1. 汽车空调制冷系统组成

以 R134a 为制冷剂的汽车空调制冷系统主要包括压缩机、电磁离合器、冷凝器、散热风扇、储液干燥器、膨胀阀、蒸发器、鼓风机、制冷连接管路、高低压检测连接接头、调节与控制装置等，如图 1-11 所示。

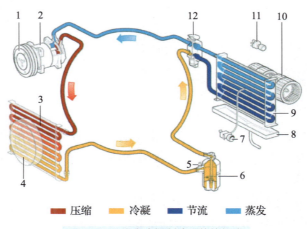

图 1-11　汽车空调制冷系统的组成

1—电磁离合器　2—压缩机　3—冷凝器　4—辅助风扇　5—压力传感器　6—储液罐　7—蒸发器温度传感器　8—冷凝水排水槽　9—蒸发器　10—蒸发器风扇　11—风扇开关　12—膨胀阀

（1）压缩过程　压缩机工作，将蒸发器出来的低温低压制冷剂过热蒸气（温度约为 0℃、压力为 0.15~0.2MPa）压缩成高温高压的制冷剂过热蒸气（温度为 70~80℃、压力约为 1.5MPa），送往冷凝器冷却降温。

（2）冷凝过程　进入冷凝器的制冷剂过热蒸气，在流动过程中与流过冷凝器的外部环境空气进行热交换，向环境空气散热，从冷凝器出来的制冷剂被冷凝成中温高压（温度约为 45℃，压力约为 1.5MPa）的过冷制冷剂液体。

（3）节流过程　从冷凝出来的过冷制冷剂液体经过储液干燥器过滤后，经过膨胀阀节流降压，过冷液态制冷剂压力和温度急剧下降，变成低温低压（温度约为 –10℃、压力为 0.15~0.25MPa）的制冷剂湿蒸气，进入蒸发器中迅速吸热蒸发。节流过程同时进行流量控制，以便供给蒸发器所需的制冷剂，从而达到控制温度的目的。

（4）蒸发过程　进入蒸发器的低温低压制冷剂湿蒸气与蒸发器表面流过的车内空气进行热交换，制冷剂吸收车内空气的热量汽化，从蒸发器出来时变成低温低压（温度约为 0℃、压力为 0.15~0.25MPa）的制冷过热蒸气。从蒸发器流出的低温低压制冷剂过热蒸气再被吸入压缩机，进行下一次制冷循环。

2. 制冷压缩机

汽车空调压缩机是汽车制冷系统的心脏，其功能是将低温低压的制冷剂蒸气压缩成高温高压蒸气，为制冷系统循环提供动力源。变排量压缩机还起着根据热负荷大小调节制冷剂循环量的作用。

（1）对汽车空调压缩机的要求

1）受发动机转速限制，要求能在低速时提供较大的制冷能力。

2）高速时制冷效率要高，减少对发动机动力的影响。

3）体积小，质量轻。

4）适应汽车恶劣的运行环境，耐高温，抗振性好，可靠性要高。

（2）汽车空调压缩机分类　汽车空调制冷系统一般采用容积式压缩机，主要有曲轴连杆式压缩机、斜盘式压缩机、滑片式压缩机、涡旋式压缩机等。中小型汽车主要采用斜盘式压缩机、滑片式压缩机、涡旋式压缩机。汽车空调压缩机大多靠电磁离合器由发动机通过传动带驱动，有些变排量压缩机通过传动带与发动机直接连接，没有电磁离合器。电动汽车空调压缩机则主要由直流无刷电动机或交流电动机驱动。斜盘式压缩机又分为旋转斜盘式和摇盘式两种，因其结构紧凑、体积小、重量轻、噪声小、工作平稳可靠，是目前应用最多的压缩机机型。变排量压缩机最早是基于斜盘式压缩机开发的。下面主要介绍摇盘式/斜盘式压缩机、涡旋式压缩机和斜盘式变排量压缩机。

1）摇盘式空调压缩机。摇盘式空调压缩机也称摇板式压缩机，是目前国内生产批量最大的压缩机机型，排量从 100cm^3/r 到 160cm^3/r 不等。摇盘式空调压缩机工作原理如图 1-12 所示，各气缸以压缩机轴线为中心布置，活塞和摇盘用连杆相连。摇盘齿轮中心有一钢球定位，并把摇盘支承其上沿圆周方向摆动。工作时，摇盘的任何一边被向后推动，相对的另一边就向前移动，每个活塞依次进行压缩和吸气行程。摇盘的圆周可以沿输入轴轴线方向前后移动，但不能绕轴线转动，即摇盘上的锥齿轮只能进出固定锥齿轮相应的齿槽，彼此都不能转动。输入轴的一端固定楔形传动板，传动板驱动摇盘，迫使活塞进行往复运行。

摇盘式压缩机的结构如图 1-13 所示。各气缸轴线与压缩机主轴 1 轴线平行，气缸内的活塞和摇盘 7 被连杆 8 用钢球万向连接，通过滚子轴承 2 和 6，使楔形传动板 4 与前缸盖 3 和摇盘 7 之间的滑动摩擦变为滚动摩擦，减少了阻力和零件的磨损，提高了寿命。摇盘齿轮中心有一钢球 5 定位,并把摇盘支承其上。工作时主轴带动楔形传动板转动,摇盘在楔形传动板的驱动下,沿定位钢球圆周摆动,一边被向前推动,相对的另一边就向后移动,主轴转一圈,每个活塞依次进行压缩和吸气行程。摇盘不能绕输入轴轴线转动,即摇盘上的锥齿轮只能进出固定锥齿轮相应的齿槽,彼此都不能转动。

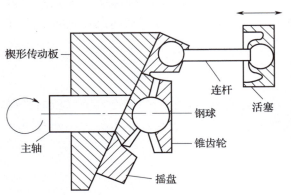

图 1-12 摇盘式空调压缩机组成与工作原理

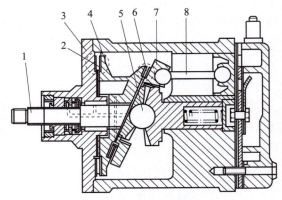

图 1-13 摇盘式压缩机的组成结构

1—主轴　2、6—滚子轴承　3—前缸盖　4—楔形传动板
5—钢球　7—摇盘　8—连杆

摇盘式压缩机的最大优点是工作平稳、结构紧凑、体积小、重量轻,但由于有齿轮副存在,噪声略大。

2)斜盘式压缩机。斜盘式压缩机也称斜板式压缩机,它是一种轴向往复活塞式压缩机,因斜盘式压缩机结构紧凑,可靠性高,容易实现小型化和轻量化,噪声小,排气脉动小,工作较平稳,是使用最为广泛的一种压缩机。斜盘式压缩机有单向活塞式和双向活塞式,图 1-14 为双向活塞式斜盘式压缩机的工作原理图。

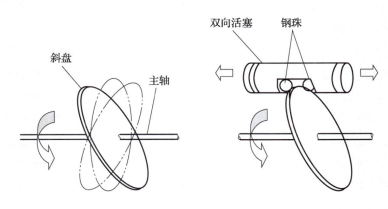

图 1-14 双向活塞式斜盘式压缩机的工作原理图

当主轴带动斜盘转动时,斜盘便驱动活塞作轴向运动,当活塞向右移动时,左缸开始吸气行程,吸气阀打开,低温低压蒸气被吸入气缸,右缸开始压缩行程,达到排气压力

时,排气阀排开,高温高压蒸气被排出。反之,当活塞向左移动时,左缸完成排气,右缸完成吸气。斜盘每转动一周,左右两个气缸各自完成一次吸气、压缩、排气、膨胀循环,相当于两个气缸同时工作。这意味着当缸体截面均布3个双向活塞时,压缩机有6个工作气缸。双向活塞式斜盘式压缩机常见有六缸、八缸、十缸压缩机。

3)涡旋式压缩机。涡旋式压缩机也是汽车空调系统使用较多的压缩机之一。涡旋式压缩是由一个固定的渐开线静涡旋盘和一个呈偏心回旋平动的渐开线动涡旋盘相互啮合组成。静盘固定在机架上,动盘由偏心轴驱动并由防自转机构制约,围绕静盘基圆中心,做很小半径的平面转动。气体通过空气滤芯吸入静盘的外围,随着偏心轴的旋转,气体在动静盘相互啮合形成若干个月牙形压缩腔内被逐步压缩,然后由静盘中心部件的轴向排气孔连续排出,如图1-15所示。

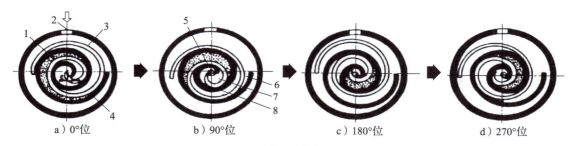

图1-15 涡旋式压缩机的工作原理

1—压缩室 2—进气口 3—动盘 4—静盘 5—排气口 6—吸气室 7—排气室 8—压缩室

涡旋式压缩机的优点如下:

① 密封性好,容积效率高。它是所有压缩机中容积效率最高的一种,一般达到90%以上,有时高达95%,低速也有85%。而且绝热系数比较高,单位制冷量所消耗的能量比往复式减小10%~13%。

② 体积小,重量轻。其原因是涡旋盘互相啮合,而且润滑系统简单,其重量比同一排量级的摇盘式压缩机轻15%,体积减小40%。

③ 高速运转,稳定性好,噪声小,寿命长。

④ 排气温度低,可以使用普通的润滑油,而且润滑油量较少。

4)电控无离合器变排量斜盘式空调压缩机:定排量压缩机由发动机带动,排量(制冷功率)受发动机转速制约,发动机低速而热负荷大时制冷量小,发动机高速而热负荷小时制冷量大。为了摆脱发动机的影响,适应不同制冷功率的需求,变排量压缩机应运而生。由于变排量压缩机的排量在一个较大范围内变化,因此可以取消电磁离合器,减少电磁离合器开闭造成的发动机转速波动,减少制冷系统的温度波动,大大改善制冷系统的舒适性。

一款电控无离合器变排量斜盘式压缩机结构如图1-16所示,包括活塞、斜盘、带轮、橡胶成型件、弹簧、外部变排量调节阀等。

电控无离合器变排量斜盘式压缩机总体结构与斜盘式压缩机相同,区别在于内部有一套可以改变斜盘倾角的变排量机构,如图 1-17 所示。主轴和驱动盘过盈配合压装在一起,与前盖通过一滚针轴承隔开。斜盘上的一对导向销伸进驱动盘上的一对圆柱销孔,主轴则穿过斜盘中间的腰形孔。斜盘可以在主轴上前后滑动来改变角度,同时通过驱动盘上的圆柱销孔保证活塞前侧的余隙的均匀性。斜盘沿主轴的滑动通过安装于后盖内的调节阀根据吸气压力进行控制,当吸气压力 p_s 增大(热负荷增大),调节阀控制斜盘箱内的压力 p_c 减小,p_c 作用于活塞背面合力减小,$M_2 < M_1$,斜盘绕导向梢中心顺时针转动一个角度,斜盘倾角增大,活塞行程增大,从而使压缩机排量增大;反之当吸气压力 p_s 减小(热负荷降低),调节阀控制斜盘箱内的压力 p_c 增大,p_c 作用于活塞背面合力增大,$M_2 > M_1$,斜盘绕导向梢中心逆时针转动一个角度,斜盘倾角减小,活塞行程减小,从而使压缩机排量减小。

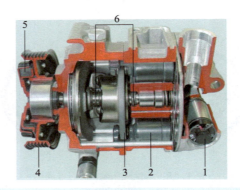

图 1-16 电控无离合器变排量斜盘式压缩机结构

1—外部变排量调节阀 2—活塞 3—斜盘 4—带轮 5—橡胶成型件 6—弹簧

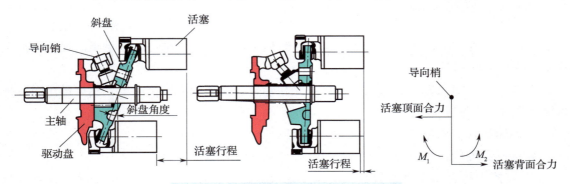

图 1-17 变排量斜盘式压缩机基本工作原理

电控无离合器变排量斜盘式压缩机调节阀由机械元件和电磁阀组成。机械元件由一个位于控制阀低压区的压力敏感元件(真空膜盒)来影响控制阀的调节。电磁阀由自动空调控制单元根据蒸发器温度传感器、压力传感器、A/C 开关、发动机转速、车内设定温度、车内实际温度、车外温度、通风温度等传感器信号,通过一个 PWM 信号(12V、400Hz、800mA)来控制,改变斜盘箱内的压力 p_c,可以在最小 0~2% 至最大 100% 之间调节压缩机制冷功率。

① 当负荷较低且热负荷较低(环境温度较低)时:如图 1-18 所示,热负荷较低时,

自动空调控制单元关闭电磁阀的供电,由于抽吸压力 p_s 减小,调节阀的橡胶防尘套伸长,调节阀开启。高压压力 p_d 使斜盘腔内的内部压力 p_c 升高。斜盘腔内压力 p_c ×7个缸+弹簧1的作用力(斜盘左侧)+作用在7个缸内活塞左侧的驱动盘反作用力之和,大于作用在7个活塞右侧的压力 $p_1 \sim p_7$。因此下部活塞向右移动,斜盘的倾斜角度减小,从而减小了压缩机活塞行程减小,压缩机排量变小。弹簧1(斜盘左侧)使7个活塞向右移动并减小斜盘角度。因此这个弹簧还具有起动弹簧的功能,以约5%的最小排量开始起动。

② 当负荷较高且热负荷较高(环境温度较高)时:如图1-19所示,当热负荷较高时,抽吸压力 p_s 较高,调节阀的橡胶防尘套被挤压。自动空调控制单元通过蒸发器温度传感器识别到温度较高,控制电磁阀使阀体向左移动,调节阀关闭。高压压力 p_d 与斜盘腔内压力 p_c 的通道被切断,斜盘腔内的压力 p_c 下降到接近抽吸压力(p_s),压力平衡通过喷射孔实现。此时斜盘腔内压力 p_c ×7个缸+弹簧1的作用力(斜盘左侧)+作用在7个缸内活塞左侧的驱动盘反作用力之和,小于作用在7个活塞右侧的压力 $p_1 \sim p_7$。因此下部活塞向左移动,斜盘的倾斜角度增大,压缩机排量增大。

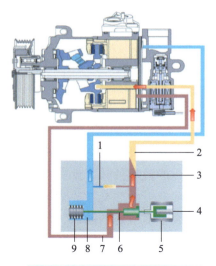

图1-18 热负荷较低时排量减小

1—p_c 与 p_s 之间的喷射孔 2—气流 3—曲柄腔压力 p_c
4—弹簧2 5—线圈(电磁阀) 6—阀柱塞
7—高压压力 p_d 8—抽吸压力 p_s
9—带弹簧1的橡胶防尘套

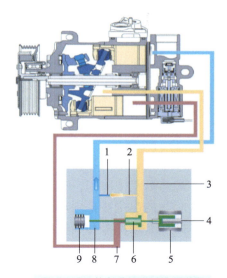

图1-19 热负荷较大时排量增大

1—p_c 与 p_s 之间的喷射孔 2—气流 3—曲柄腔压力 p_c
4—弹簧2 5—线圈(电磁阀) 6—阀柱塞
7—高压压力 p_d 8—抽吸压力 p_s
9—带弹簧1的橡胶防尘套

电控无离合器变排量斜盘式压缩机的排量可以在0~2%至最大100%之间调节,低排量时压缩机仍可以由发动机带动继续旋转,故不需要电磁离合器。但为了防止压缩机驱动轴卡住(压缩机出现机械损坏或因制冷剂不足),可能造成带传动机构和发动机损坏。通常在压缩机驱动带轮上使用了一个过载保护装置。压缩机多楔带轮和驱动盘通过一个橡胶成型元件连接并传动动力,如图1-20所示。

当压缩机卡住时,驱动盘停止运转,带轮与驱动盘之间的传动力显著提高,橡胶成型元件上的成型部分被剪断，带轮与驱动盘之间的连接断开，带轮在不受阻碍的情况下连续转动，防止多楔带和发动机损坏。

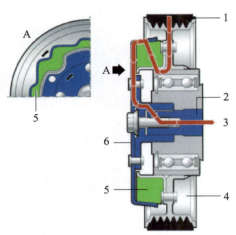 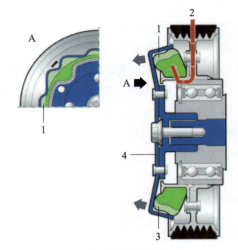

a）正常状态　　　　　　　　　　　　　　　b）过载保护状态

1—多楔带　2—压缩机轴
3—压缩机正常时的动力传递路线
4—带轮　5—橡胶成型元件　6—驱动盘

1—剪断的材料　2—橡胶成型元件剪断后的动力传递路线
3—卡住时橡胶成型元件的变形情况
4—卡住的驱动盘

图 1-20　无电磁离合器压缩机带轮过载保护装置

3. 冷凝器

冷凝器是一种由管子与散热片组合起来的热交换器，其作用是将压缩机排出的高温高压制冷剂（过热蒸气）冷却，使其由过热蒸气变成中温高压的过冷液体。此过程中制冷剂在蒸发器内吸收的热量被排到环境空气中。为了加强与环境空气的热交换，内燃机汽车冷凝器一般安装在发动机冷却系统散热器之前，电动汽车安装于前机舱的前部，同时配备散热风扇用于加强冷凝器散热。冷凝器有三种结构形式：管片式、管带式和平行流式。

（1）管片式冷凝器　如图 1-21 所示，管片式冷凝器由铜管或铝管与散热肋片组成，将铜管或铝管穿入散热肋片后，经膨胀和收缩处理，使散热片与管路紧密结合，再将各段管路焊接连接而成。管片式冷凝器制造工艺简单，但散热效果较差，在早期的汽车空调中使用，现在主要用于大中型客车的制冷装置上。

（2）管带式冷凝器　如图 1-22 所示，管带式冷凝器一般是将多孔小扁管弯成蛇形，在其中熔焊三角形或 U 形的散热肋片。管带式冷凝器传热效率比管片式冷凝器提高约 20%，而且流动阻力小、结

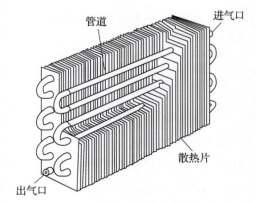

图 1-21　管片式冷凝器的结构

构紧凑、成本低、可靠性高。但它的制造工艺复杂、焊接难度大且材料要求高,主要应用于轻型乘用车制冷空调装置。

(3)平行流式冷凝器 平行流式冷凝器是由管带式冷凝器演变而成的,也是由扁管和波浪形散热片组成,散热片上同样开有百叶窗式条缝,但扁管不是弯成盘带式,而是每根分别截断,通过两端集流管连接。多元平行流式冷凝器的集流管是分段的,中间有隔片隔开,起到分流和汇流作用,如图1-23所示。每段的管子数不相等,进入冷凝器时制冷剂呈气态,比容最大,管子数也最多。随着制冷剂逐渐凝成液体,其比容逐渐减小,所占容积逐渐减小,管子数也相应减少。这种变通道截面积的结构设计使冷凝器的有效容积得到最合理利用,使制冷剂的流动和换热情况更趋合理,使得在同样的迎风面积下,平行流式冷凝器比管带式冷凝器的换热能力提高30%以上;流动阻力仅是管带式的20%~30%。平行流式冷凝器是R134a制冷系统最为理想的冷凝器。

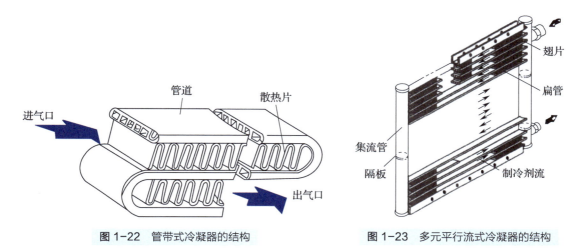

图1-22 管带式冷凝器的结构   图1-23 多元平行流式冷凝器的结构

(4)冷凝器模块 过去,汽车空调制冷剂回路的高压部分一般由冷凝器、过滤器、储液罐、压力传感器等独立组件组成。现在冷凝器通常与过滤干燥器、集液器(集流管)等集成为一模块,如图1-24所示。这样一方面可以减少独立安装支架和连接件等,从而减少制冷剂的充注量(减少50%),另一方面还可以提高冷凝器的效率。

图1-24 集成式冷凝器模块

1—过热制冷剂蒸气 2—过冷制冷剂液态 3—过冷液体部分 4—过滤干燥器 5—冷凝部分 6—集液器

4. 蒸发器

蒸发器是汽车空调制冷系统中另一个热交换器，一般安装在中控台内，其作用与冷凝器相反，是利用节流降压后的低温低压液态制冷剂在蒸发器中沸腾汽化，吸收流过的空气热量，再将冷风吹到车室内，达到降温的目的。蒸发器在降低车内温度的同时，也使得车内空气变得更加干燥。汽车空调蒸发器有管片式、管带式、层叠式（板翅式）三种结构类型。

（1）管片式蒸发器　如图1-25所示，它由铜质或铝质圆管套上铝翅片组成，经膨胀工艺使铝翅片与圆管紧密接触。其结构较简单、加工方便，但换热效率较差。

（2）管带式蒸发器　如图1-26所示，管带式蒸发器与管带式冷凝器结构相同，由多孔扁管与蛇形散热铝带焊接而成，工艺比管片式复杂，需采用双面复合铝材（表面覆一层0.02~0.09mm厚的焊药）及多孔扁管材料。该种蒸发器换热效率可比管片式提高10%左右。

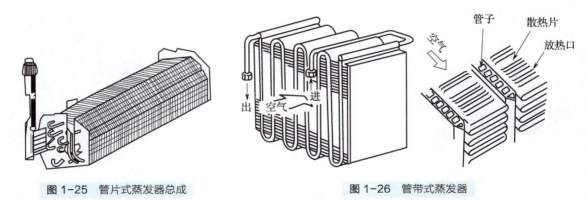

图1-25　管片式蒸发器总成　　　　图1-26　管带式蒸发器

（3）层叠式蒸发器　如图1-27所示，层叠式蒸发器由两片冲成复杂形状的铝板叠在一起组成制冷剂通道，每两片通道之间夹有蛇形散热翅片，也称为板翅式蒸发器。由于将制冷剂通道变成一道缝，制冷剂呈膜状流动，换热效率比管带式提高30%左右，同时增大了空气侧的流通截面积，使较小体积的蒸发器能有很大的空气侧换热面积，因此结构很紧

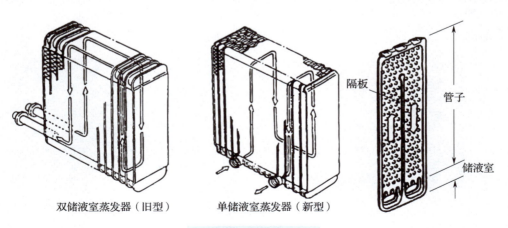

图1-27　层叠式蒸发器

凑，传热效率高。汽车空调 R134a 制冷系统多采用层叠式蒸发器。层叠式蒸发器的主要缺点是焊接工艺复杂、要求高、难度大，故成本也相对较高。

5. 节流膨胀装置

制冷循环中，为了能吸收低温物体的热量，必须将冷凝器出来的过冷制冷剂液体的饱和压力降低到比低温物体温度更低的饱和温度对应的饱和压力，让制冷剂变成低温低压的制冷剂饱和液体进入蒸发器，沸腾蒸发吸热才能进行。此过程通过节流膨胀装置完成，节流是指流体流经管道中的缩口（截面积变小）位置后，压力出现显著下降的现象，如图 1-28 所示。汽车空调制冷系统的节流膨胀装置主要有膨胀阀、电子膨胀阀和节流孔管。膨胀阀根据它的形状可分为 F 型膨胀阀和 H 型膨胀阀。

（1）膨胀阀

1）F 型膨胀阀。F 型膨胀阀安装在蒸发器入口处，是一个感压、感温自动阀，节流降压并调节制冷剂进入蒸发器的流量，保证制冷剂在蒸发器内完全蒸发。膨胀阀由感温受压部分和阀体部分组成。感温受压部分由感温包、毛细管和膜片（0.1~0.2mm）组成一个密闭气室，气室内充注有制冷剂。阀体部分包括阀针、过热度调节弹簧、调节螺钉、过滤网等，如图 1-29 所示。

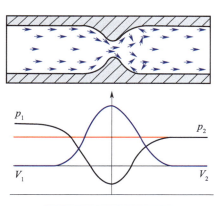

图 1-28 节流降压原理

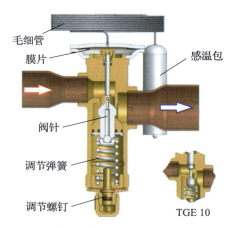

图 1-29 F 型膨胀阀结构

根据膜片下方的蒸发压力来源于蒸发器入口（内部）还是蒸发器出口（外部），F 型膨胀阀可分为内平衡膨胀阀和外平衡膨胀阀，如图 1-30 所示。内平衡膨胀阀的膜片上方受到蒸发器出口的感温压力 p_f（过热度大压力高），膜片下方受到蒸发压力 p_e 和弹簧弹力 p_s。当 $p_f = p_e + p_s$ 时膜片上下压力平衡，阀针处于某一开度，制冷剂保持一定流量。当热负荷增大时，蒸发器出口制冷剂过热度增大，感温压力 p_f 升高，$p_f > p_e + p_s$ 膜片下移，阀针开度增大，进入蒸发器的制冷剂流量增加，反之制冷剂流量减少。

由于蒸发器内部存在压力损失，外平衡膨胀阀的蒸发压力 p_e' 小于内平衡膨胀阀蒸发压力 p_e，要达到同样的阀针开度，$p_f' < p_f$，即外平衡膨胀阀所需的过热度要小得多，所以采用外平衡式热力膨胀阀时，能充分发挥蒸发器传热面积的作用和提高制冷装置的效果。汽

车空调蒸发器内部阻力较大,一般宜采用外平衡膨胀阀。

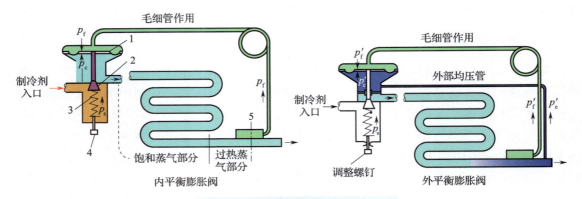

图 1-30　内外平衡膨胀阀的工作原理
1—膜片　2—阀针　3—弹簧　4—调整螺钉　5—感温包

安装膨胀阀的要求如下:

① 膨胀阀一般都应直立安装,不允许倒置,安装位置要尽量靠近蒸发器。

② 感温包一般安放在蒸发器水平出口管的上表面,要包扎牢靠,保证感温包与管子有良好的接触,接触面要清洁,并要紧贴,还要用隔热防潮胶带包好。必要时膨胀阀本体也用隔热胶带包好。

③ 外平衡管要装在感温包后面管段的上表面处,且保持适当距离。两者位置不能互换,因为有时会有少量液态制冷剂由平衡管流出,再进入吸气管,从而影响感温包处过热温度的准确性。

④ 调整膨胀阀时,必须在发动机正常运转情况下进行熟练调整。

2)H 型膨胀阀。H 型膨胀阀与 F 型外平衡式膨胀阀工作原理一致,因其通道像字母 H 而得名。H 型膨胀阀与 F 型外平衡式膨胀阀不同的是将感温包安装到阀体内的回气通路上,不但感温元件的充注容积小,灵敏度得以提高,而且简化了连接接头,使其直接与蒸发器进出口相连,提高了膨胀阀的抗振性能,如图 1-31 所示。

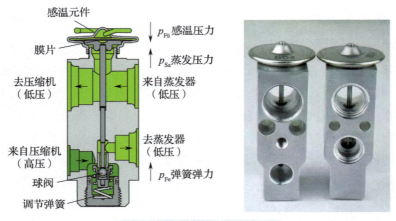

图 1-31　H 型膨胀阀结构原理

有些 H 型膨胀阀还带有低压保护开关和恒温器，称组合式 H 阀。恒温器的温度传感器不是夹在蒸发器管片上，而是插入蒸发器出气管中的一个凹坑里，这个凹坑中放有润滑脂以增强感温管的感温能力。在有些系统中，在恒温器上还加有控制按钮，可让驾驶员根据需要增加或减少制冷量。H 型膨胀阀在汽车空调制冷系统中的安装位置如图 1-32 所示，由于 H 型膨胀阀的优点，加上可以安装在离开蒸发器的其他地方，安装、调试方便，目前已被汽车空调制冷系统所广泛采用。

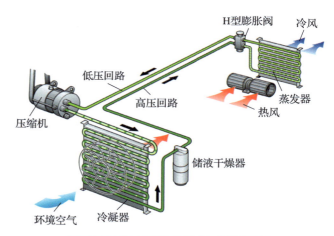

图 1-32 采用 H 型膨胀阀的制冷系统

（2）节流孔管　如图 1-33b 所示，节流管是一种细小的铜管，安放在一根塑料套管内，在塑料套管上有一根或两根 O 形密封圈，铜管的外面是滤网。来自冷凝器的制冷剂只能从细小的铜管中通过（节流），进入蒸发器。节流管上的滤网能阻挡杂质进入铜管。节流管没有运动部件，结构简单，成本低，可靠性高，同时节省能耗。但采用节流管的制冷系统不能根据蒸发器出口的过热度对制冷剂流量进行控制，为了防止压缩机"液击"，蒸发器出口至压缩机入口管路上需安装气液分离器（积累器），确保从气液分离器出口出来的全部是制冷剂气体，如图 1-34 所示。

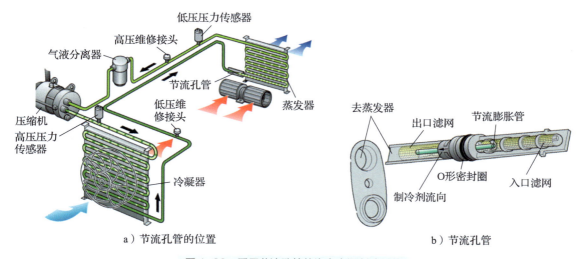

a）节流孔管的位置　　　　　　　　　　b）节流孔管

图 1-33 采用节流孔管的汽车空调制冷系统

（3）电子膨胀阀　电子膨胀阀是按照预设程序调节蒸发器供液量的膨胀阀，因属于电子式调节模式，故称为电子膨胀阀。使用电子膨胀阀可以提高变频压缩机的能量效率，可在 10%~100% 的范围内进行精确调节，提高系统的能效比。电动汽车电动压缩机属于变频压缩机，常用电子膨胀阀作为节流元件。

如图1-35所示，电子膨胀阀由控制器、执行器和传感器构成，通常所说的电子膨胀阀大多仅指执行器。

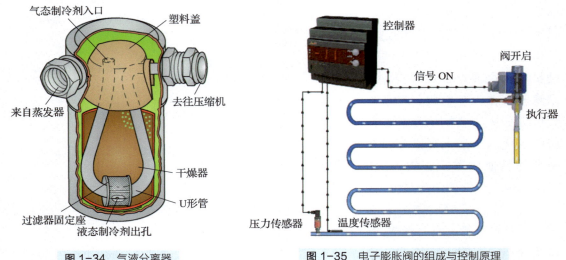

图1-34　气液分离器　　　　图1-35　电子膨胀阀的组成与控制原理

电子膨胀阀吸气过热度控制系统的传感器主要有压力传感器、温度传感器。电子膨胀阀的执行器有电磁式和电动式，目前比较常见的是以步进电机驱动的电动式电子膨胀阀，它通过给步进电机施加一定逻辑关系的数字信号，使步进电机通过螺纹驱动阀针的向前或向后运动，从而改变阀口的流量面积来达到控制流量的目的。工作时，压力传感器将蒸发器出口压力p_1、温度传感器将压缩机吸气过热度信号传给控制器，控制器将信号处理后，输出指令作用于电子膨胀阀的步进电机，将阀开到需要的位置。

安装电子膨胀阀时，应以阀体及线圈的断面中心线为轴，且将线圈朝上。在对电子膨胀阀与过滤网焊接时，需对阀体进行冷却保护，使阀主体温度不超过120℃，并防止杂质进入阀体内。另外，焊接时火焰不要直对阀体，同时需向阀体内部充入氮气，以防止产生氧化物。控制器的输出电压必须与线圈的指定电压一致。如果所加电压与指定电压不符，会出现线圈烧毁，或阀针动作异常等故障。

6. 储液干燥器

储液干燥器作为制冷剂的膨胀容器和储液罐使用，如图1-36所示。由于运行条件不同，例如蒸发器和冷凝器上的热负荷以及压缩机转速等，压缩机泵入循环回路内的制冷剂量不同。为了补偿这种波动，空调系统安装了一个储液干燥器，来自冷凝器的液态制冷剂收集在储液罐内，蒸发器内冷却空气所需要的制冷剂持续流动。干燥剂与少量的水发生化学反应并借此将水从循环回路中清除。根据具体型号，干燥剂可以吸收6~12g水。吸收量取决于温度，温度降低时吸收量提高。例如，如果温度为40℃时干燥器饱和，那么60℃

时水会再次析出。干燥器还可以过滤掉压缩机磨损产生的颗粒、安装时的污物或类似物质。

制冷剂从上面进入储液罐内并沿着壳体内侧向下流动。干燥器上方有一个滤网,借此可以过滤可能存在的污物。滤芯与能够吸水的海绵相似。分子滤网和硅胶吸附水分,除了水分外活性氧化铝还可以附酸。经过过滤干燥器,已清除水分的制冷剂向上流动。在一些新的空调系统中,储液干燥器被集成在冷凝器内。

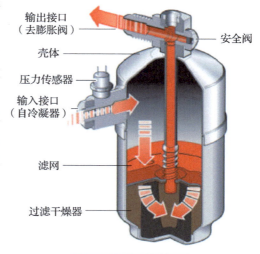

图 1-36 储液干燥器

五 吉利 EV450 电动空调系统

1. 电动空调系统概述

电动汽车制冷空调系统与传统汽车制冷空调系统基本原理一样,区别在于电动汽车空调系统采用电动空调压缩机。电动空调压缩机由驱动电机、压缩机、控制器集成,如图 1-37 所示。

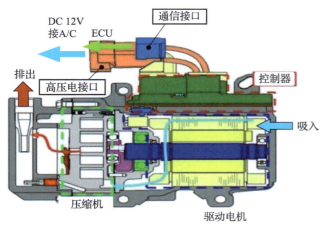

图 1-37 电动空调压缩机组成结构

电动空调压缩机的驱动电机采用体积小、质量轻、效率高的三相永磁同步电机,由控制器(逆变器)将动力电池高压直流电转化为三相正弦交流电驱动。控制器通过占空比脉宽调制控制信号改变三相正弦交流电的频率和幅值控制电机转速和转矩,进而控制制冷量,调节温度。电动压缩机多采用涡旋式压缩机,因为涡旋式压缩机具有振动小、噪声低、使用寿长、重量轻、转速高、效率高、尺寸小等诸多优点,非常适用于高速电机驱动,图 1-38 为电动压缩机分解图。

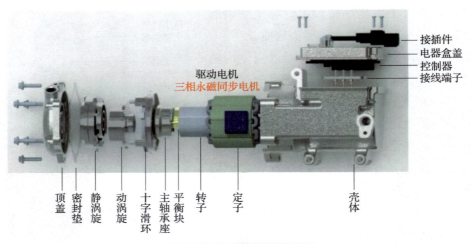

图 1-38 电动压缩机分解图

2. 吉利 EV450 电动空调系统组成

吉利 EV450 电动空调系统是整车热管理系统的重要组成部分，除了负责乘员舱的空气舒适调节后，还肩负着动力电池的冷却和加热、电驱动系统的冷却任务，如图 1-39 所示。

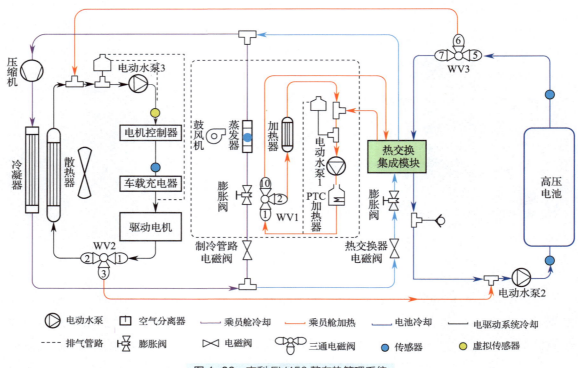

图 1-39 吉利 EV450 整车热管理系统

吉利 EV450 电动空调系统与传统车型类似，包括制冷系统、制热系统、通风控制系统和控制系统四个部分。

（1）制冷系统　制冷系统是采用电动涡旋式压缩机的 R134a 制冷系统，制冷系统有两个蒸发回路，一个蒸发器置于空调主机总成内，用于乘员舱制冷，一个蒸发器置于热交换器（Chiller）中，用于动力电池冷却。每个蒸发回路都有一个 H 型膨胀阀，H 型膨胀阀的前端分别安装有热换交流器电磁阀和制冷管路电磁阀，根据乘员舱和动力电池冷却的需求控制电磁阀打开或关闭蒸发回路。R134 制冷系统的内部循环中只能使用 MA68EV 合成制冷剂润滑油。安装螺纹和 O 形密封圈处只能使用 MA68EV 合成制冷剂润滑油，使用其他润滑油会造成压缩机或附件故障。

（2）制热系统　制热系统由鼓风机、电加热器（PTC）、加热器水泵和加热器芯体（暖风水箱）等组成。当自动空调系统处于加热模式时，加热器在高压电的作用下对冷却液进行加热，高温冷却液被加热器水泵抽入加热器芯体。同时，冷暖温度控制电机旋转至采暖位置，气流在鼓风机的作用下流过加热器芯体，产生热量传递。外部空气在进入乘员舱前，与加热后的空气混合，吹出舒适的暖风，如图 1-40 所示。

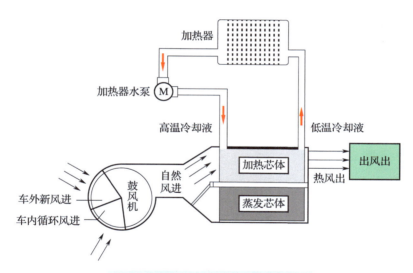

图 1-40　EV450 自动空调制冷热系统

（3）通风控制系统　如图 1-41 所示，通风控制系统由风道和风向调节阀门、冷暖风调节阀门、内外循环调节阀门等组成。通过调节电机控制阀门，将车外、车内空气引入空调制冷、制热系统调节空气温度、湿度，并由相应的出风口将空气输送到乘员舱。通风控制系统在 AUTO 模式时会自动选择相应的送风模式状态，使用 MODE 按钮可更改车辆的送风模式。如果当前显示一个送风模式，则按 MODE 按钮可选择下一送风模式。通风控制系统送风模式包括：

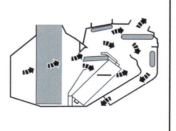

图 1-41　EV450 自动空调通风控制系统

① 吹面：通过仪表板出风口送风。

② 双向：通过仪表板出风口、吹脚出风口送风。

③ 吹脚：通过吹脚出风口送风。

④ 混合：通过吹脚、前风窗出风口送风。

⑤ 除霜：前风窗出风口送风。

（4）控制系统　吉利 EV450 自动空调控制系统为空调控制面板 +A/C 空调控制器（热管理控制器）的模式，如图 1-42 所示。空调控制面板采集按键信息，将信息通过 LIN 总线发给自动 A/C 空调控制器，A/C 空调控制器采集室外温度传感器、阳光传感器、空调三态压力开关、蒸发器温度传感器、加热器温度传感器等信号，对鼓风机转速、风向调节电机、冷暖风调节电机、内外循环电机、电动压缩机、PTC 加热器、制冷电磁阀、热交换电磁阀、PTC 加热水泵、动力电池冷却水泵、三通电磁阀等进行控制。此外 A/C 空调控制器还通过 LIN 总线与 PM2.5 模块进行交互，完成乘员舱空气洁净控制。

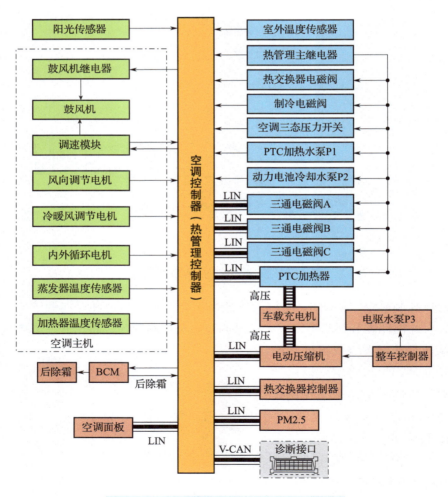

图 1-42　EV450 自动空调控制系统原理框图

3. 吉利 EV450 电动空调系统主要部件及参数

吉利 EV450 自动空调系统主要部件包括压缩机、冷凝器与储液干燥器、温度传感器、环境光及阳光传感器、空调箱总成、空调控制面板、空调压力开关、PTC 加热器、PTC 加热水泵等，主要部件安装位置如图 1-43 所示。

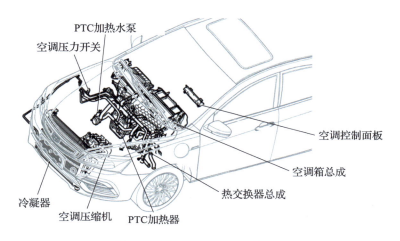

图 1-43 空调系统主要部件安装位置

（1）压缩机 EV450 电动涡旋式压缩机的型号 06717364（EVH33Y1），高压工作电压 200~450V，压缩机控制器工作电压 9~16V，电机的转速范围 800~9000r/min，有制冷剂时绝缘阻值大于 20MΩ，泄压阀压力为（3.8±0.3）MPa。如图 1-44 为电动压缩机的性能曲线，经济的压缩转速范围为 3000~7000r/min，COP 值约为 2.3。测试工况：高压 1.57MPa，低压 0.296MPa，过热度 10℃，过冷度 5℃。

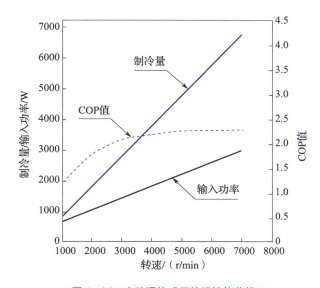

图 1-44 电动涡旋式压缩机性能曲线

（2）冷凝器、储液干燥器　　EV450采用铝制平行流式冷凝器，储液干燥器位于冷凝器的右侧，与冷凝器焊接成一体。当空气干球温度（35±1）℃、迎风速度（4.5±0.1）m/s、入口制冷剂蒸气压力（1.47±0.01）MPa、入口制冷剂蒸气过热度（25+0.5）℃、出口制冷剂液体过冷度（5±0.5）℃时，冷凝器的换热量可达13.5kW。在储液干燥器内部结构设计可以保证中温高压的气液混合制冷剂进入，出来的是中温高压的液态制冷剂。储液干燥器内部有吸附制冷系统水分的干燥剂，干燥剂不能重复使用。

（3）温度传感器　　EV450自动空调系统温度传感器包括室外温度传感器、蒸发器温度传感器、加热器温度传感器，这些传感器都是负温度系统热敏电阻传感器。A/C空调控制器根据温度传感器信号通过内外循环电机、冷暖温度风向电机、鼓风机调速模块等来控制空调温度。室外温度传感器位于车辆前保险杠下面的前格栅区域，A/C空调控制器使用这个传感器来获知周围空气温度信息，并在仪表上显示外部温度。温度为25℃时，室外温度传感器电阻为2.2（1±3%）kΩ。

（4）环境光及阳光传感器　　环境光及阳光传感器位于仪表板上部装饰衬垫左边。环境光及阳光传感器属于光照能量传感器，该传感器可测量阳光照射到车辆所产生的热量，为A/C空调控制器提供更多的补偿参数。A/C空调控制器根据车外光照强度的状态和车内空调工况需求，实时自动调整空调风量和冷/热风混合比例，让所有乘员均能获得最舒适的感觉。

（5）空调箱（主机）总成　　空调箱总成位于仪表板内，由鼓风机、鼓风机调速模块、空调滤清器、加热器、蒸发器、膨胀阀、冷暖温度风向控制电机以及各种空气调节风门、通风风道构成。

鼓风机由永磁型电动机、轴流式风扇组成，鼓风机转速取决于鼓风机调速模块。加热器芯体是加热器系统的主要部件，负责将PTC加热器冷却液的热量传输给流经的空气。蒸发器位于空调主机的左侧，膨胀阀与蒸发器相连，安装于蒸发器的一端，膨胀阀根据蒸发温度调节制冷剂流量。蒸发器在空气进入乘员舱之前对其进行冷却和除湿。蒸发器内制冷剂蒸发，吸收通过蒸发器气流的热量。空气中的热量传给蒸发器芯的时候，空气中的水分湿气会凝结在蒸发器芯的外表面上形成冷凝水流出。蒸发器上配备有蒸发器温度传感器，对蒸发器上散热片的表面温度进行测量，A/C空调控制器根据此温度控制制冷量，以防蒸发器表面出现结冰。若蒸发器温度低于0℃，则压缩机就不会继续工作。若该温度增加至4℃以上，压缩机便重新开始工作。

（6）空调压力开关　　空调压力开关属于三态压力开关，根据空调制冷循环高压侧制冷剂压力值，打开或关断压力开关，传送空调系统压力信号。压力过低或过高时，A/C空调控制器停止压缩机工作，切断制冷循环，实现空调系统的压力保护，同时根据压力大小控制冷凝风扇的转速。

（7）PTC加热器　　加热器由电阻膜和散热元件组成，在一定电压范围内，加热的功率随电流变化而变化，电阻膜的电阻随温度变化的影响较小，因此电加热器可输出稳定的功率，从而为制热系统提供稳定的热源。加热器高压模块工作电压300~450V，低压模块工作电压 9~16V。

4. 吉利 EV450 电动空调系统控制策略

EV450 自动空调控制面板如图 1-45 所示。

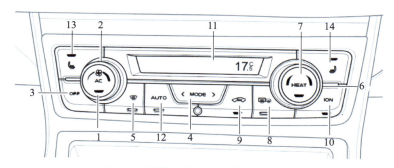

图 1-45　EV450 自动空调控制面板

1—A/C 按键　2—风量调节旋钮　3—OFF 按键　4—风向调节按键　5—前风窗除霜除雾按键　6—温度调节旋钮　7—加热按键　8—后风窗/外后视镜除霜按键　9—内外循环按键　10—空气净化器按键　11—显示屏　12—AUTO 按键　13—驾驶员座椅加热按键　14—前排乘客座椅加热按键

（1）温度设定　温度调节旋钮用来设定车内温度，并显示于显示屏。温度调节范围为 16~32℃，每档为 0.5℃，当处于 AUTO 模式，温度调节为最高或最低时，控制器控制鼓风机以最大风量状态运行。

（2）风量调节　风量调节旋钮用来手动设定鼓风机风速。风量共分为 8 档（0~7 档）。当处于 AUTO 模式，鼓风机速度将由系统自动控制，对风量调节旋钮的操作会使系统状态由自动模式转为手动模式，AUTO 标识消失。空调系统采用电压调节方式控制鼓风机转速，见表 1-5。在自动状态下，鼓风机速度作为自动控制逻辑的一部分，并不限于手动状态下的 7 级调节，但是 LCD 显示只有 7 个指示条，所以指示条数量显示的是最接近的鼓风机速度。

表 1-5　鼓风机转速档位电压值

鼓风机档位	鼓风机端电压 /V	鼓风机档位	鼓风机端电压 /V
0	0	4	6.5
1	3.5	5	8.8
2	4.5	6	11.2
3	5.2	7	12.5

（3）出风模式调节　自动 A/C 空调控制器提供了手动和自动两种出风模式供选择。通过调节面/脚/风窗玻璃的风门可以控制出风模式。吹头和吹脚的温度分配不同是为了给脚部提供较温暖的空气、给头部提供较凉爽的空气，保证驾驶员始终处于舒适的环境中。温度分配的范围受到汽车空间大小的影响。自动 A/C 空调控制器使用蒸发器温度传感器来确定混合气体的温度。

手动状态下，可通过风向调节按键 4 选择吹面、双向（吹面和吹脚）、吹脚、混合（吹脚和除霜）模式，除霜模式为单独按键。各出风模式下，LCD 显示相应标识。各出风模式对应的风向电机电压见表 1-6。

表 1-6　各出风模式对应的风向电机电压

手动设定模式	风向电机电压 /V
吹面	4.5
双向（吹面和吹脚）	3.5
吹脚	2.5
混合（吹脚和除霜）	1.5
除霜	0.5

在自动状态下，出风模式是自动控制逻辑的一部分，出风模式由控制器自动选择。为达到舒适程度，A/C 空调控制器选择一个当时最接近的模式显示在 LCD 上。当对出风模式按键进行操作时，系统将从自动模式转到手动模式。

（4）内外循环控制　自动空调控制系统提供了两种内外循环控制模式，分别是手动内循环和手动外循环，高配的自动空调系统还带有自动循环模式（AQS）。通过操作内外循环按键和 AUTO 按键来控制循环模式，A/C 空调控制器根据设定的温度值、当前车外环境温度、蒸发器表面温度、车速信号、冷却液温度信号、阳光强度及 AQS 信号等，输入给热管理控制器计算内外循环风门位置。用户可以通过操作 AUTO 按键或者内 / 外循环按键切换至 AQS 模式，使内外循环模式控制进入自动模式。自动模式中，当内循环模式保持 45min 时，自动强制切换为外循环并保持 30s，30s 后回到内循环模式，与空气质量指令冲突时，优先执行空气质量指令。

（5）除霜控制　用户通过操作前除霜按键进入最大除霜模式，进入最大除霜模式后，吹风模式自动变为吹窗模式，此时鼓风机速度最大。

1）前风窗玻璃除霜功能。任意工作状态下（自动、手动、关机），按下除霜按钮，系统即在除霜状态下工作。除霜状态解除后，系统即回到除霜前的状态（自动、手动、关机）。在除霜状态下转动风速调节旋钮会使风速相应提高或降低，工作状态保持除霜，压缩机继续工作，出风模式保持吹玻璃。在除霜过程中，除风速调节、温度调节和后除霜按钮以外，对其他按钮的操作都会使系统离开除霜模式而回到除霜前的模式。

2）后除霜功能。后除霜按键用来启动后风窗玻璃除霜功能。在后风窗玻璃除霜期间，后除霜按键指示灯点亮，关闭后除霜功能，则指示灯熄灭。用户可以再次按下后除霜按键取消后除霜功能。

（6）自动与手动工作状态　空调系统有自动（AUTO）、手动（MANU）和停止（OFF）三种状态。用户在按下 AUTO 按键后，室内设定温度自动跳转至 23℃，内外循环根据当前工作状态进行调整（制冷工况进入内循环，采暖工况进入外循环）且在调整温度时不退出自动模式，用户可以通过操作 MODE 按键、AC 按钮、风量调节旋钮使压缩机控制进入手动模式。

（7）压缩机控制策略　电动空调压缩机的起动需同时满足保护控制策略和起动请求。

1）保护控制策略

① 蒸发器温度见表1-7。

表1-7　蒸发器温度

≥ 4℃	允许压缩机起动
≤ 0℃	禁止压缩机起动

② 环境温度见表1-8。

表1-8　环境温度

≥ -1℃	允许压缩机起动
≤ -3℃	禁止压缩机起动

③ 空调高低压开关见表1-9。

表1-9　空调高低压开关

0.196MPa ≤ p ≤ 3.14MPa	允许压缩机起动
≤ 0.196MPa 或 ≥ 3.14MPa	禁止压缩机起动

2）起动请求策略

① 起动请求1：AC按键打开，请求压缩机起动。

② 起动请求2：AUTO模式下，根据实际情况计算需开启制冷，请求压缩机起动。

③ 起动请求3：BMS有电池冷却需求，且环境温度高于16℃，请求压缩机起动。

六　项目实施

实施准备

安全防护：做好车辆安全防护与隔离（车辆挡块、警示隔离带、高压危险警示牌）

工具设备：数字万用表、歧管压力表、故障诊断仪、制冷剂回收充注机

实训车辆：吉利EV450

辅助资料：汽车原厂维修手册、原厂电路图

任务一　电动空调系统认知

1. 接收任务

2018款吉利帝豪EV450电动汽车采用电动空调系统。

你知道电动空调系统与传统汽车空调系统的异同吗？你知道电动汽车空调系统的组成

部件和工作原理吗？请在实车上找出 EV450 电动空调系统各部件，进行电动空调系统的正确操作与性能检测。

2. 收集信息

1）汽车空调制冷循环系统四大部件为_____、_____、_____、_____。

2）吉利 EV450 制冷系统有两个蒸发回路，一个蒸发器置于_____，用于乘员舱制冷，一个蒸发器置于_____，用于动力电池冷却。

3）简述制冷系统工作四个过程。

4）根据图 1-46 中吉利 EV450 电动空调系统的部件编号名称，填写表 1-10 中空缺的部件名称。

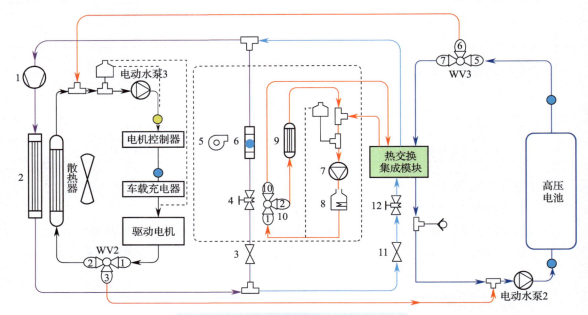

图 1-46　吉利 EV450 整车热管理系统结构

表 1-10　吉利 EV450 电动空调系统的部件名称

1		5		9	加热芯体
2		6		10	三通电磁阀
3		7	PTC 加热水泵	11	
4		8	PTC 加热器	12	

3. 任务实施

1）作业前准备（场地布置、防护装备检查穿戴、仪器设备检查、汽车防护三件套安装）。

2）记录车辆信息。

3）认知电动空调系统部件。
4）空调控制面板功能操作。
5）电动空调系统 LIN 总线检测。
6）整理恢复场地。

任务二　电动压缩机不工作的故障检修

1. 接收任务

一辆 2018 款吉利帝豪 EV450 电动汽车按下 AC 开关，空调不制冷，车间主管初步诊断电动压缩机不工作。

你知道电动汽车空调系统的工作原理吗？请你对电动汽车空调系统不制冷的故障进行诊断与排除。

2. 收集信息

1）吉利 EV450 电动汽车采用_____压缩机，工作电压_____V，压缩机控制器工作电压_____V，有制冷剂时绝缘阻值大于_____，泄压阀压力为_____。

2）吉利 EV450 电动空调压缩机的蒸发器温度_____时，允许电动压缩机工作。

3）吉利 EV450 电动空调系统当环境温度_____时，允许电动压缩机工作。

4）温度为 25℃时，室外温度传感器电阻为_____kΩ。

5）吉利 EV450 电动空调系统采用_____膨胀阀。

6）电动压缩机控制器的低压插接器编号为_____，空调控制面板插接器编号为_____，空调控制器插接器编号为_____。

7）查阅吉利 EV450 电路图，电动压缩机线路图所在页码为_____。

8）查阅吉利 EV450 电路图，写出图 1-47 空调压缩机电路图中空白框部件名称。

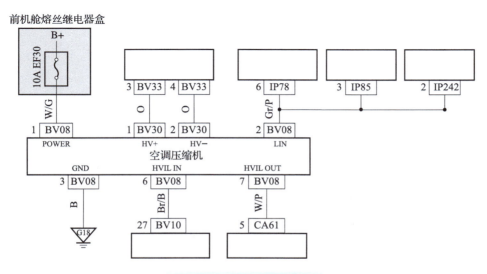

图 1-47　空调压缩机电路图

3. 任务实施

1）作业前准备（场地布置、防护装备检查穿戴、仪器设备检查、汽车防护三件套安装）。

2）记录车辆信息。

3）基本检查。

4）故障现象确认。

5）读取故障码、数据流。

6）故障范围分析。

7）检查空调制冷系统高低压侧压力。

8）检查蒸发器温度传感器、室外温度传感器和阳光传感器。

9）检查熔丝 EF30 是否熔断。

10）检查电动压缩机控制器低压电源与接地间电压。

11）检查空调压力开关熔丝 EF12。

12）检查空调压力开关线路。

13）检查压缩机高压电源电压。

14）故障恢复验证。

15）整理恢复场地。

复习题

1. 填空题

1）汽车空调主要对_____、_____、_____、_____四个指标进行调节。

2）工质的基本状态参数有_____、_____、_____。

3）1 bar 约等于_____MPa。

4）液体变为气体有_____、_____两种方式。

5）R134a 与矿物油不相溶，故制冷系统需采用_____冷冻机油。

6）斜盘式压缩机可分为_____和_____。

7）电控无离合器变排量斜盘式空调压缩机的变排量装置为_____。

8）冷凝器有_____、_____、_____三种结构形式。

9）吉利 EV450 蒸发器温度低于_____℃，压缩机停止工作。温度提高至_____℃以上，压缩机重新开始工作。

10）标出图 1-48 中 H 型膨胀阀接口的连接部件。

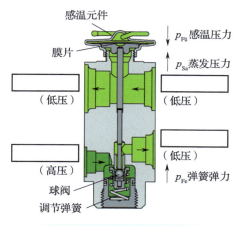

图 1-48　H 型膨胀阀结构图

2. 选择题

1）对于 F 型膨胀阀，膜片下方的蒸发压力来源于蒸发器入口的类型称为（　　）。
　　A. 内平衡膨胀阀　　　　B. 外平衡膨胀阀　　　　C. 顶平衡膨胀阀　　　　D. 底平衡膨胀阀

2）一定压力下，液体沸腾时的温度叫做（　　）。
　　A. 闪点　　　　　　　　B. 凝点　　　　　　　　C. 沸点　　　　　　　　D. 冰点

3）低于饱和温度的液体称为（　　），温度的差值称为过冷度。
　　A. 过热液体　　　　　　B. 过冷液体　　　　　　C. 温和液体　　　　　　D. 低温液体

4）电动汽车空调系统中，可按照预设程序调节蒸发器供液量的膨胀阀称为（　　）。
　　A. F 型膨胀阀　　　　　B. 节流孔管　　　　　　C. H 型膨胀阀　　　　　D. 电子膨胀阀

5）吉利 EV450 车型空调系统使用的压缩机为（　　）。
　　A. 斜板式压缩机　　　　　　　　　　　　　　　B. 电动涡旋式压缩机
　　C. 机械变排量压缩机　　　　　　　　　　　　　D. 电动斜板式压缩机

6）常用的温标中，对于摄氏温标（　　）。
　　A. 用符号 T 表示，单位为 K　　　　　　　　　B. 用符号 t 表示，单位为℃
　　C. 用符号 T 表示，单位为℃　　　　　　　　　D. 用符号 t 表示，单位为 K

7）我们把 1kg 物体温度升高或降低 1℃时所吸收或放出的热量，叫做（　　）。
　　A. 比容　　　　　　　　B. 焓　　　　　　　　　C. 熵　　　　　　　　　D. 比热

8）（　　）是热量在物体内部从高温端向低温端直接传递的传热方式。
　　A. 热传导　　　　　　　B. 热对流　　　　　　　C. 热辐射　　　　　　　D. 热分解

9）水在一个标准大气压下沸点为 100℃，在 0.5bar 压力下沸点约为（　　）。
　　A. 60℃　　　　　　　　B. 70℃　　　　　　　　C. 80℃　　　　　　　　D. 90℃

10）进入冷凝器的制冷剂，在流动过程中与流过冷凝器的外部环境空气进行热交换，属于（　　）。
　　A. 压缩过程　　　　　　B. 冷凝过程　　　　　　C. 节流过程　　　　　　D. 蒸发过程

项目二　电动空调供暖系统检修

新能源汽车电动空调、转向和制动系统检修

项目导入

一辆 2018 款吉利帝豪 EV450 电动汽车出现无暖风的故障。

你知道电动汽车空调供暖系统的类型、组成和工作原理吗？请你对电动汽车供暖系统 PTC 加热器不工作、PTC 加热水泵不工作、暖风不热的故障进行诊断与排除。

教学目标

知识目标：

1）掌握电动汽车空调供暖系统类型、组成和工作原理。
2）掌握吉利 EV450 电动空调供暖系统的组成和工作原理。
3）掌握电动空调供暖系统常见故障原因分析。

能力目标：

1）能正确认知吉利 EV450 电动空调供暖系统的各组成部件。
2）能正确画出 EV450 电动空调供暖系统原理框图，查阅供暖系统电路图。
3）能正确对 EV450 电动空调供暖系统无暖风的故障进行诊断与排除。

一　汽车空调供暖系统概述

汽车的使用地域非常广，环境温度从 -40℃ 到 50℃ 都有，若汽车在低温环境下工作，需要对乘员舱进行供暖，因此汽车空调系统需要有供暖系统（制热系统）。汽车空调供暖系统的作用就是与制冷系统一起对乘员舱空气温度、湿度等进行调节，在冬季向车内提供暖风，提高车内空气温度并使车内空气处于一个舒适的温度范围。同时当车上玻璃结霜和结雾时，它可以输送热风用来除霜和除雾。

1. 传统发动机汽车空调供暖系统

传统发动机汽车空调供暖系统按使用的热源可分为发动机余热式和独立热源式，按供暖的载体可分为水暖式和气暖式。

（1）发动机余热式供暖系统　发动机余热式供暖系统以发动机冷却系统中的冷却液作为热源，将冷却液引入置于空调箱总成的热交换器（暖风水箱），鼓风机送来的车内空气（内循环）或车外空气（外循环）经过制冷系统蒸发器由温度调节风门控制流过热交换器，如图2-1所示。当温度调节风门控制通过热交换器的空气流量大时，出风口温度高，空气流量小时，出风口温度低。暖风还可以通过风窗玻璃下面的除霜除雾出风口吹到风窗玻璃上，以防止起雾或结霜。目前传统乘用车、中小型商用车的汽车空调系统普遍采用这种供暖方式。

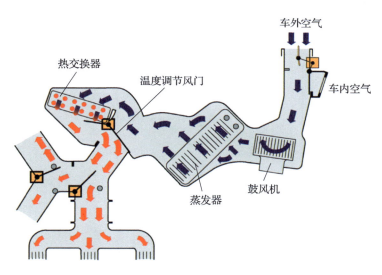

图2-1　发动机余热式汽车空调供暖系统

发动机余热式供暖系统除了通过温度调节风门调节出风温度外，还可以通过调节进入热交换器的发动机冷却液流量来加以控制。热交换器冷却液流量调节主要有两种方式：节温器调节和暖风水阀（电磁阀）调节。节温器调节是最简单的暖风调节方式，目前大部分车型都是采用的这种方式，如图2-2所示。

随着对车辆热管理能效要求越来越高，越来越多的车型采用暖风水阀（电磁阀）、电子水泵调节热交换器冷却液流量。大众第三代EA888发动机在原来传统节温器控制大、小循环的基础上运用电控旋转阀组件对发动机冷却系统及空调供暖系统的冷却液进行流向和流量的精确控制，如图2-3所示。

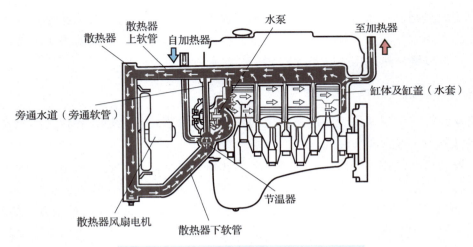

图 2-2 节温器调节式供暖系统冷却液循环回路

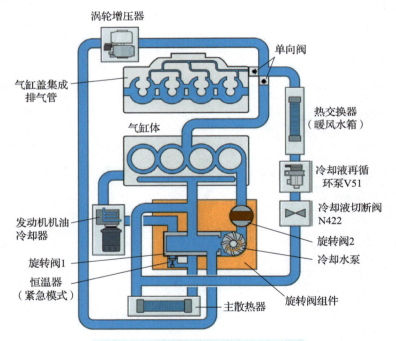

图 2-3 大众 EA888 发动机热管理系统

如图 2-4 所示,发动机暖机达到一定温度后,若需要对车内制暖,自动空调控制器控制冷却液切断阀 N422 开启,且电动冷却液再循环泵 V51 开始工作。旋转阀 2 暂时中断冷却液流向气缸体,冷却液被导向气缸盖、涡轮增压器和热交换器(暖风水箱)。

发动机余热供暖系统结构简单,安全经济,但供暖受发动机运行工况影响较大。发动机不运行时无法供暖,刚启动发动机时由于发动机冷却液的温度还较低,会造成暖风不热,正确的打开方式应该是先启动发动机预热,等发动机温度指针到中间位置后再打开暖风。此外在极低温度下开暖风也会一定程度上使发动机冷却液温度过低,降低发动机热效率,消耗发动机动力。发动机冷却液不足、节温器故障、热交换器堵塞等均会造成供暖不足,暖风温度低。发动机余热式供暖系统的热交换器主要有管片式和管带式两种。管带式热交换器因换热效率高、体积小、质量轻,在乘用车中使用广泛。

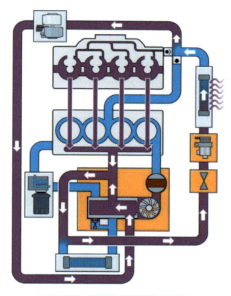

图 2-4　空调供暖冷却液循环

（2）独立燃烧式供暖装置　发动机余热式供暖装置受发动机功率和工况的影响较大,发动机低速小负荷工况、发动机处于停机状态或车辆处于极寒天气状态下,供暖效果不佳或不能采暖。为了弥补发动机余热供暖的不足,部分极寒地区使用条件下的车辆采用有独立燃烧式的供暖装置。独立燃烧式供暖装置的供暖热容量大,热效率可达 86% 以上。这种装置一般可使用煤油、轻柴油作为燃料。独立燃烧式供暖装置有空气加热式和液体加热式两种,空气加热式将待加热车内车外空气与供暖装置燃气直接进行热交换,提供暖风,此时暖风是高温干热状态,舒适性差,不适宜直接进行采暖,而且换热效率相对较低。液体加热式以冷却液作为换热介质提供暖风,可以与发动机余热供暖系统相结合,提供温度、湿度适宜的暖风,而且严寒情况下还可以为发动机、润滑油和蓄电池预热,是目前较为理想的一种独立燃烧式供暖系统。

图 2-5 所示为奥迪车型（柴油）的停车辅助加热系统,该系统就是一种独立燃烧式（液体加热）供暖装置。该供暖装置与发动机余热供暖系统相结合,当发动机余热供暖不足时,为空调供暖系统热交换器（暖风水箱）加热。停车辅助加热系统由独立燃烧室、热交换器、燃烧供给系统和控制系统四部分组成。独立燃烧室包括燃油鼓风机、雾化器（扩压器）、火焰传感器、引火塞、热交换器、排气消声器等组成。热交换器位于燃烧室后端,由双层腔组成,内腔通过的是燃烧的高温气体,外腔通过的是发动机冷却液,两者在此进行热交换。燃油供给系统包括油箱、输油管、计量燃油泵和燃油分布器。控制系统包括空调控制单元、火焰传感器等,空调控制器控制计量燃油泵向燃油分布器供油,燃油分布器

直接装在燃油鼓风机上,在工作时,由其内部出来的燃油在离心力作用下雾化。雾化的燃油与空气混合进入燃烧室,在燃烧室中被引火塞点着燃烧,燃烧后的高温气体在与外层的冷却液进行热交换,换热后的燃气经由消声器排向大气。加热后的冷却液在循环水泵的作用下被带入空调供暖系统热交换器,对进入车内的空气进行加热。停车辅助加热装置由于有废气排放,禁止在密闭的空间中使用。

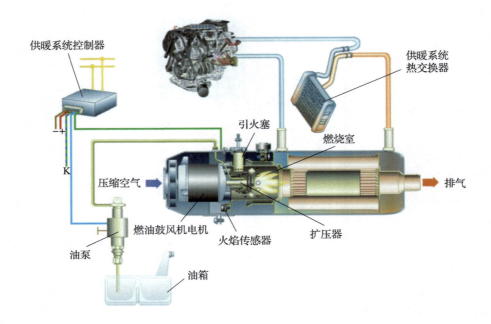

图 2-5　停车辅助加热系统

2. 电动汽车空调供暖系统

电动汽车由于没有发动机,无法采用发动机余热式供暖系统为乘员舱供暖,故电动汽车乘员舱的供暖主要采用 PTC 加热器供暖和热泵供暖两种方式。其中 PTC 加热器供暖又分为风暖 PTC 和水暖 PTC 两种类型,考虑到与动力电池热管理相结合及换热效率等因素,水暖 PTC 加热器是目前新能源电动汽车供暖的主要形式。

(1) 风暖 PTC 加热器供暖系统　电动汽车风暖 PTC 加热器供暖系统如图 2-6 所示,将传统发动机余热式供暖系统的暖风水箱替换为风暖 PTC 加热器,利用动力电池给 PTC 加热器供电加热。风暖 PTC 加热器供暖系统的优点是暖风出风较快,减少了冷却液回路、冷却液泵和暖风水箱等部件,成本低,无需维护与保养。但由于 PTC 加热器表面工作温度较高,流经 PTC 的气流较为干燥,舒适性略差,而且 PTC 加热器作为高压、高温部件,安装于仪表板下的风道中,存在一定的安全隐患。另外风暖 PTC 加热器无法为采用液体介质的动力电池热管理系统加热,所以风暖 PTC 加热器供暖系统应用相对较少,多作辅助加热。

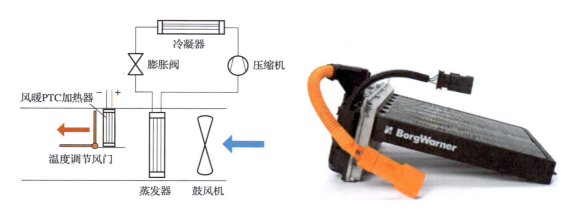

图 2-6 风暖 PTC 加热器供暖系统

（2）水暖 PTC 加热器供暖系统　水暖 PTC 加热器供暖系统保留了传统汽车供暖系统中的暖风水箱（加热芯体），用水暖 PTC 加热器给供暖系统中的冷却液加热，加热后的冷却液在电子水泵推动下在暖风水箱中进行热交换，对流过的空气进行加热，如图 2-7 所示。水暖 PTC 供暖系统的优点在于管路布置灵活，PTC 加热器可布置于发动机舱，安全性高。通过暖风水箱对进入车内的空气加热，加热温度适中，舒适性较好。水暖 PTC 加热器供暖系统系统冷却液回路、电子水泵和暖风水箱可以与液体介质动力电池热管理系统相结合，便于对整车进行综合热管理，实现精确热控制，提高电动汽车的能效管理。

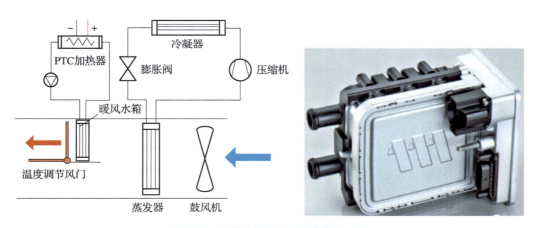

图 2-7 水暖 PTC 加热器供暖系统

（3）热泵加热供暖系统

1）热泵空调工作原理。采用 PTC 电加热的供暖系统结构简单，成本低，寿命长，但直接用电加热得到的热量会消耗动力电池的电量，从而降低续驶里程。根据统计，当冬季行驶打开 PTC 加热器供暖系统时，约 30% 多的动力电池电量将用于制热，续驶里程也相应下降约 30%。为了节约动力电池的电量，提高续驶里程，部分车型采用能效比更高的热泵系统进行制热。实验显示热泵系统的能效比比 PTC 加热器高出 2~3 倍，可以有效延长 20% 以上的续驶里程。目前电装、法雷奥、翰昂、马勒等公司均已推出车载热泵空调系统,并已在日产 Leaf、丰田普锐斯、宝马 i3、大众电动高尔夫等车型中量产装车。国产电动汽车中荣威 Ei5、荣威 MARVEL X、长安 CS75 PHEV 等车型也采用了热泵空调系统。

如图 2-8 所示,热泵系统与制冷系统热力学循环都是一样的,通过消耗压缩机的机械功,由低温热源吸收热量,将热量排放到高压热源去。制冷系统消耗机械功,从车内(低温)吸收热量排放到车外(高温),热泵系统消耗机械功从车外(低温)吸收热量排放到车内(高温)。故热泵系统的冷凝器与蒸发器的位置刚好与制冷系统相反,制冷剂的循环方向也相反。热泵系统的组成部件与制冷系统相同,包括压缩机、冷凝器(换热器)、膨胀阀和蒸发器(换热器)等。热泵系统工作时,压缩机压缩后的高温高压制冷剂进入车内冷凝器换热,向流过的车内空气放热,经膨胀阀节流降压变成低温低压制冷剂液体进入车外蒸发器换热,吸收车外空气的热量蒸发,变成低温低压制冷过热蒸气,重新被压缩机吸入,完成一个热泵循环。

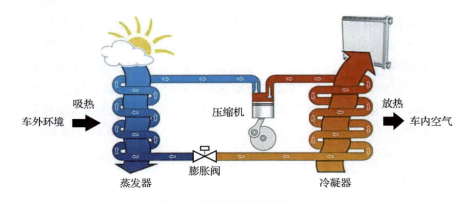

图 2-8 热泵制热系统工作原理

由于热泵系统与制冷系统的工作原理和组成部件都是一样的,通常可以将热泵系统与制冷系统相结合构成热泵空调系统,典型热泵空调系统组成如图 2-9 所示。热泵空调系

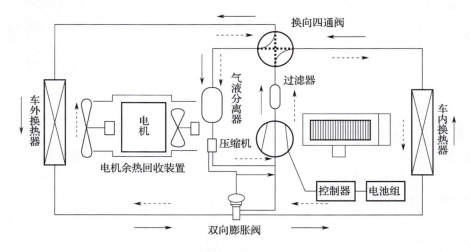

图 2-9 电动汽车热泵空调系统组成

统的关键零部件有换向四通阀、电动压缩机、电子膨胀阀、换热器、气液分离器、电子阀等，其他零部件则与传统汽车空调差别不大。热泵空调制热时制冷剂流向由压缩机、过滤器、换向四通阀、车内换热器、双向膨胀阀、车外换热器、气液分离器重新流回压缩机。

电动涡旋压缩机具有结构紧凑、可靠性高、排液连续等特点，是电动汽车压缩机的最佳选择。电动压缩机价值在 1600 元左右，占热泵空调总价值的 40% 以上。四通换向阀是热泵空调运转的核心，由电磁先导阀和四通主阀通过导向毛细管连接构成，控制制冷剂的流向，从而进行制冷制热模式的转换。四通换向阀结构复杂，是热泵空调系统的易损件。电子膨胀阀在温度调节范围、控制精度、过热度控制以及反应速度上对比传统的热力膨胀阀都有明显优势，尤其适合作为热泵空调系统的节流装置。热泵空调系统换热器需要冷热两用，既是冷凝器又是蒸发器，目前采用较多的是微通道平行流换热器。

2）热泵空调系统类型。电动汽车热泵空调系统根据采用制冷剂不同，可分为 R134a 热泵空调系统和 CO_2 热泵空调系统，目前比较成熟的是 R134a 热泵空调系统。研究表明热泵系统通常在 -15℃ 以上可实现较好的性能，COP 值可达 2.3~2.5（与制冷剂和空调系统结构有关），但其工作温度过低时 COP 值下降明显，此时仍需借助 PTC 电加热器进行辅助加热。

图 2-10 所示为目前比较成熟的电动汽车 R134a 热泵空调系统组成结构。该系统采用集成电动涡旋式压缩机驱动，由动力电池组通过逆变器（压缩机控制器）供电。该系统以自然空气为热源，在车内同时安装有冷凝器和蒸发器，通过四通阀等部件进行控制以实现制冷与制热双向循环，从而达到制冷、供暖、除霜等功能。新鲜空气从上部进入经加热后从风窗玻璃内部表面吹出除霜，内部循环空气则由下部风道导入经加热向乘员脚部吹出。此种方式不仅比传统的全新鲜空气流动方案节省能耗，而且解决了当外界环境温度较低且车内湿度较大时由于车内空气再循环引起的结霜问题。

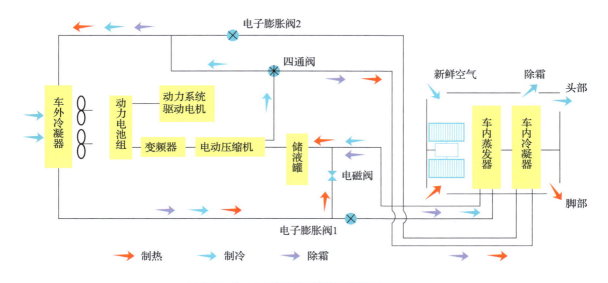

图 2-10 R134a 热泵空调系统典型组成结构

二 吉利 EV450 电动空调供暖系统

如图 2-11 所示，吉利 EV450 电动汽车乘员舱供暖系统采用水暖 PTC 加热器，主要包括鼓风机、水暖 PTC 加热器（HVH）、PTC 加热水泵（电动水泵 1）、储液罐、PTC 加热芯体（暖风水箱）和三通电磁阀（WV1）组成。

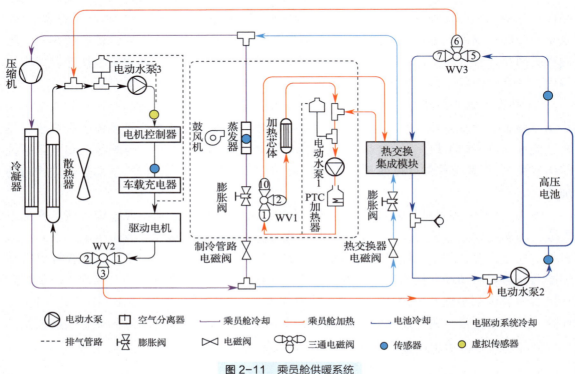

图 2-11 乘员舱供暖系统

需要制热时，热管理控制器控制 PTC 加热器（HVH）工作，控制三通电磁阀（WV1）1、2 号管路接通，PTC 加热水泵（Pump1）驱使经 PTC 加热器加热后的冷却液流进空调系统风道中的暖风水箱，鼓风机将车内或车外空气吹过暖风水箱，实现采暖。PTC 加热器高压工作电压为 300~450V，出水温度 65℃，流量 600L/h 时加热功率可达 7kW（±5%）。暖风水箱在流量 6L/min、进水口温度 85℃、风量 350m³/h、进风温度 20℃ 时，制热量 5.2kW。供暖系统主要部件位置与系统控制电路图如图 2-12~图 2-15 所示。

如图 2-16 所示，吉利 EV450 乘员舱的供暖系统还肩负着动力电池加热的任务。当动力电池最低温度小于 -10℃ 时，热管理控制器控制三通电磁阀 WV1 的 1、10 管路接通，三通电磁阀 WV3 的 5、7 管路接通，启动 PTC 加热器并控制电池水泵（P2）、PTC 水泵（P1），驱动动力电池加热冷却液回路与供暖系统的 PTC 加热冷却液回路在热交换器中的实现热量的传递，给动力电池加热。并随时根据动力电池温度的变化和 PTC 暖风水箱温度传感器的信号调整水泵转速和 PTC 加热功率，精确控制动力电池温度。

项目二 电动空调供暖系统检修

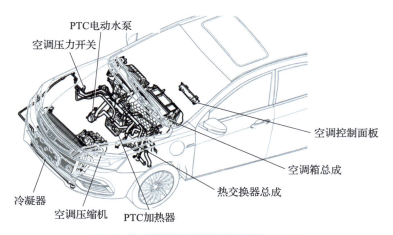

图 2-12 乘员舱采暖系统主要部件位置

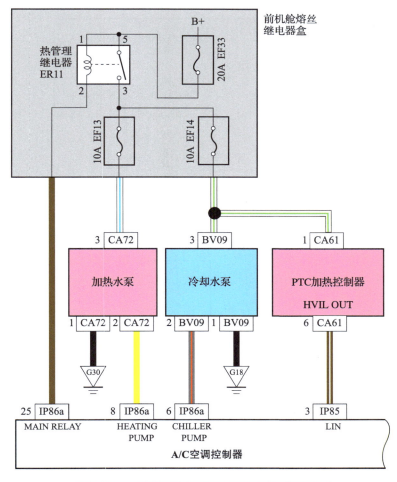

图 2-13 供暖系统 PTC 加热器、加热水泵电路图

047

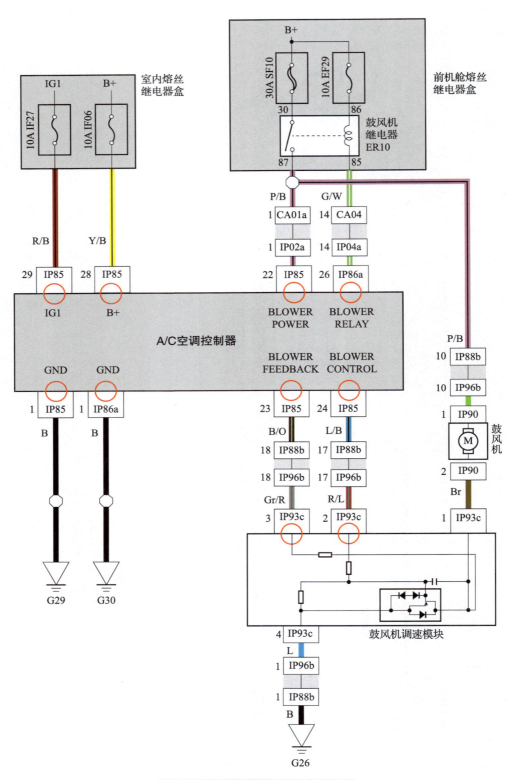

图 2-14 供暖系统鼓风机控制电路图

项目二　电动空调供暖系统检修

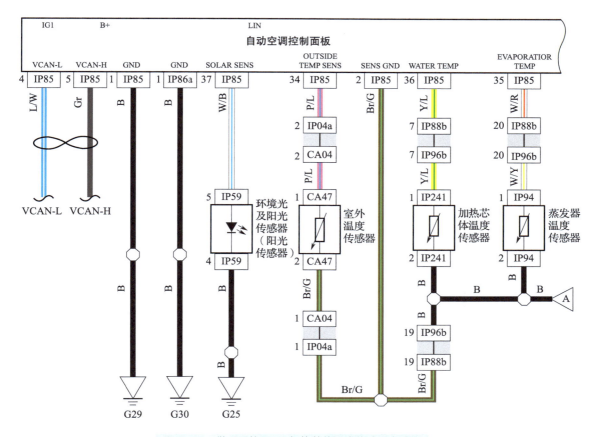

图 2-15　供暖系统 PTC 加热芯体温度传感器电路图

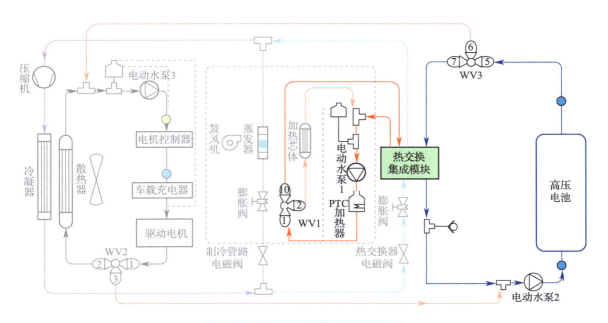

图 2-16　动力电池加热时冷却液回路

三 项目实施

实施准备

安全防护：做好车辆安全防护与隔离（车辆挡块、警示隔离带、高压危险警示牌）
工具设备：数字万用表、歧管压力表、故障诊断仪、制冷剂回收充注机
实训车辆：吉利 EV450
辅助资料：汽车原厂维修手册、原厂电路图

任务一　电动空调 PTC 加热控制器检测

1. 接收任务

2018 款吉利帝豪 EV450 电动汽车采用电动空调系统。

你知道电动汽车空调供暖系统与传统汽车供暖系统的不同吗？你知道电动空调供暖系统类型、组成和工作原理吗？吉利 EV450 电动汽车供暖系统 PTC 加热器不工作将导致空调无暖风，影响动力电池加热，请你对 EV450 电动汽车 PTC 加热控制器进行检测。

2. 收集信息

1）传统发动机汽车空调供暖系统按使用的热源可分为_____和_____。
2）目前传统汽车空调系统普遍采用_____供暖方式。
3）电动汽车乘员舱的供暖主要采用_____和_____两种方式。
4）采用 PTC 加热器的供暖系统会消耗_____的电量，从而降低车辆的续驶里程。
5）_____的能效比比 PTC 加热器高出 2~3 倍，是电动汽车最有前景的供暖方式。
6）热泵系统的组成部件包括_____、_____、_____、_____等。
7）EV450 PTC 加热控制器高压插接器编号为_____，高压工作电压为_____V。
8）查阅电路图，EV450 PTC 加热控制器低压连接电路图页码为_____，PTC 加热器低压插接器编号为_____。
9）画出 PTC 加热器低压连接电路简图。

3. 任务实施

1）作业前准备（场地布置、防护装备检查穿戴、仪器设备检查、汽车防护三件套安装）。
2）记录车辆信息。
3）用诊断仪读取故障码。
4）找到 PTC 加热系统各组成部件。
5）检查 PTC 加热控制器熔丝 EF14。
6）检查 PTC 加热器低压供电检测。

7）检查 PTC 加热器与 AC 空调控制器之间的线束。

8）整理恢复场地。

任务二　电动空调 PTC 加热水泵检测

PTC 加热水泵故障检修

1. 接收任务

2018 款吉利帝豪 EV450 电动汽车采用水暖式 PTC 供暖系统，PTC 加热水泵推动冷却液流进暖风水箱供暖，PTC 加热水泵不工作将导致空调无暖风，低温环境也会影响动力电池的加热。请你对 EV450 电动汽车 PTC 加热水泵进行检测。

2. 收集信息

1）吉利 EV450 电动汽车采用水暖 PTC 加热器，主要部件包括_____、_____、_____、_____、_____和_____。

2）EV450 PTC 加热由_____通过_____信号进行控制。

3）查阅电路图，EV450 PTC 加热水泵电路图页码为_____，加热水泵插接器编号为_____。

4）画出 PTC 加热水泵电路简图。

3. 任务实施

1）作业前准备（场地布置、防护装备检查穿戴、仪器设备检查、汽车防护三件套安装）。

2）记录车辆信息。

3）用诊断仪读取故障码。

4）检查 PTC 加热水泵熔丝 EF13。

5）检查 PTC 加热水泵供电检测。

6）检查 PTC 加热水泵与 AC 空调控制器之间的线束。

7）检查 PTC 加热水泵接地线路。

8）整理恢复场地。

任务三　电动空调暖风不热的故障检修

1. 接收任务

一辆 2018 款吉利帝豪 EV450 电动汽车采用电动空调系统，将启动开关打至 ON 档，打开空调 AC 开关，将温度调到最高，风量调到最大，出风口风量正常，但出风口温度明显偏低。请你对 EV450 电动汽车空调暖风不热的故障进行检修。

2. 收集信息

1）标出图 2-17 中制热系统主要部件名称。

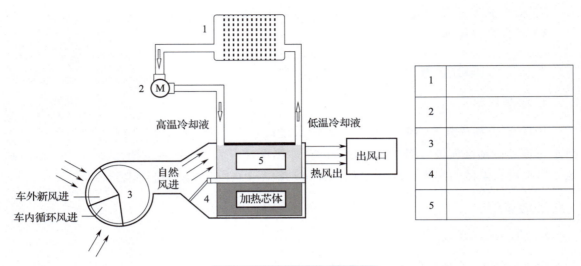

图 2-17 制热系统组成结构图

2）PTC 加热器高压模块电压范围为_____V，低压模块电压范围为_____V。
3）PTC 加热控制器低压插接器编号为_____，PTC 加热器电源熔丝为_____。
4）AC 空调控制器插接器编号为_____，IG 电源线路颜色为_____。
5）空调控制面板插接器编号为_____，+B 电源端子为_____。
6）温度调节电机总成插接器编号为_____。
7）温度调节风门位置信号端子为_____，电源端子为_____搭铁端子为_____。
8）写出表 2-1 空调系统故障码的定义。

表 2-1 空调系统故障码定义

故障码	定义	故障码	定义
B118111		B118411	
B118115		B118E96	
U300616		B119113	

3. 任务实施

1）作业前准备（场地布置、防护装备检查穿戴、仪器设备检查、汽车防护三件套安装）。
2）记录车辆信息。
3）基本检查。
4）故障现象确认。
5）读取故障码、数据流。
6）故障范围分析。

7）检查 PTC 加热供暖系统冷却液。

8）检查 PTC 加热器。

9）检查 PTC 加热水泵。

10）检查空调控制面板与 AC 空调控制器之间控制线束。

11）检查温度调节执行器与 A/C 空调控制器线束（导通性）。

12）故障恢复验证。

13）整理恢复场地。

复习题

1. 填空题

1）传统发动机汽车空调供暖系统按使用的热源可分为＿＿＿＿和＿＿＿＿。

2）目前传统汽车空调系统普遍采用＿＿＿＿供暖方式。

3）传统汽车热交换器冷却液流量调节＿＿＿＿和＿＿＿＿两种方式。

4）大众 EA888 发动机电控旋转阀组件包括：＿＿＿＿、＿＿＿＿、＿＿＿＿、＿＿＿＿、＿＿＿＿等。

5）空调控制面板上 REST 功能键是指＿＿＿＿。

6）发动机余热式供暖系统的热交换器主要有＿＿＿＿和＿＿＿＿两种方式。

7）大众奥迪的停车辅助加热系统由＿＿＿＿、＿＿＿＿、＿＿＿＿和＿＿＿＿四部分组成。

8）电动汽车乘员舱的供暖主要采用＿＿＿＿和＿＿＿＿两种方式。

9）采用 PTC 电加热的供暖系统会消耗＿＿＿＿的电量，从而降低车辆的续驶里程。

10）＿＿＿＿的能效比比 PTC 加热器高出 2~3 倍，是电动汽车最有前景的供暖方式。

11）热泵系统的组成部件包括＿＿＿＿、＿＿＿＿、＿＿＿＿、＿＿＿＿等。

12）热泵空调系统依靠＿＿＿＿完成制冷与制热的转换。

13）热泵空调系统换热器需要冷热两用，目前多采用＿＿＿＿换热器。

14）电动汽车热泵空调系统根据采用制冷剂不同可分为＿＿＿＿和＿＿＿＿两种。

15）热泵系统的 COP 值与车外温度有直接关系，车外温度低，其 COP 值＿＿＿＿。

2. 简答题

1）简述水暖 PTC 加热器的优缺点。

2）画出吉利 EV450 动力电池加热系统冷却液回路图，并简述动力电池加热控制策略。

项目三　电动空调制冷系统检修

新能源汽车电动空调、
转向和制动系统检修

项目导入

一辆 2018 款吉利帝豪 EV450 电动汽车出现空调不制冷、制冷效果不佳的故障。

你知道电动空调与传统空调的区别吗？电动汽车空调制冷系统的检漏方法有哪些？如何通过高低压压力检测对制冷系统故障进行诊断？请你对电动汽车空调制冷系统进行检漏，并对制冷系统进行制冷剂回收与加注操作。

教学目标

知识目标：

1）掌握制冷系统主要检修工具设备类型和工作原理。
2）掌握电动汽车空调制冷系统检修的标准操作方法。
3）掌握电动空调制冷系统故障分析方法和故障原因。

能力目标：

1）能正确认知和操作电动汽车制冷系统检修工具和设备。
2）能正确对电动汽车制冷系统进行维护保养与检修操作。
3）能正确对 EV450 电动空调制冷系统进行检漏与制冷剂回收充注。

一　汽车空调制冷系统检修工具与设备

汽车空调制冷系统通过管路将压缩机、冷凝器、储液干燥器、蒸发器等连接成一个密封的系统,制冷剂在系统中循环完成制冷过程。由于汽车空调系统的工作环境比较恶劣,在使用的过程中容易出现不制冷、制冷效果不佳等故障现象。此时需要对汽车空调系统进行检修,以恢复制冷性能并保持稳定可靠运行。汽车空调制冷系统检修时需要用到一些专用的检修工具和设备。

1. 管路加工工具

(1)切管器 汽车空调制冷系统的一些连接管路会用到铜管,对铜管进行切断作业时需要使用切管器,如图3-1所示。切管器使用方法如下:

① 将需要切割的铜管放置于切管器的刀片和滚轮之间。

② 缓慢转动切管器末端的进刀旋钮,直到刀口碰到管壁,并确保刀口垂直地压在铜管上。

③ 用左手捏住铜管,右手转动切管器,使其绕铜管顺时针方向旋转。每绕铜管旋转一周时,就需要旋转切管器末端的进刀旋钮,使其进刀1/4圈。

④ 一边旋转一边进刀,直到将铜管切断。

(2)弯管器 如图3-2所示,对小管径的铜管进行弯曲作业时需用到弯管器。进行弯曲作业时可先在弯曲处退火(用气焰加热管子弯曲部分),加热部分长短由弯曲角度和管子的直径来决定。在弯曲角度不太大时也可以直接用弯管器进行弯管。使用方法是把退过火的铜管放入带导槽的固定轮与活动杆之间,用固定杆紧固住铜管,然后用活动杆的导槽导住铜管,手握活动杆柄顺时针方向平稳转动,直到达到相应的弯曲角度。

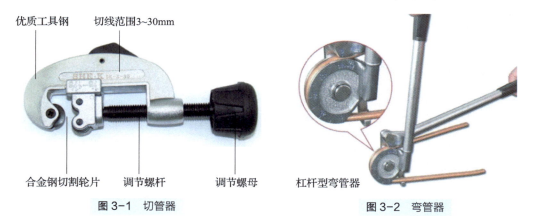

图3-1 切管器   图3-2 弯管器

(3)扩口器 当铜管采用螺纹连接时,为确保连接处的密封性,需使用扩口器将管口扩大并呈喇叭口形状。在对两段铜管进行焊接时,为了更好焊接,也需将其中一段铜管进行扩口。扩口器如图3-3所示。扩口时,先将退火的铜管套上连接螺母,然后将铜管放入夹管钳相应的孔径内,铜管露出夹钳的高度为直径的五分之一,拧紧夹管钳两端的螺母,顺时针缓慢旋转螺杆,用锥形头将管口挤压成喇叭口。

(4)胶管接头扣压机 汽车空调制冷系统部分连接管路为橡胶连接软管,由铝制连接螺纹接头与软管组成,加工连接软管时需根据软管和接头尺寸,选择合适的模头,将已套

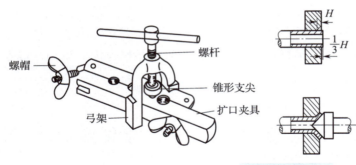

图 3-3 扩口器

好接头软管和接头放入模头内,用千斤顶压紧,压紧时的力度必须合适,力度不够,接头容易泄漏,力度过大,有可能将接头压扁。胶管接头扣压机如图 3-4 所示。

2. 歧管压力表

歧管压力表又称为高低压表,是进行汽车空调制冷系统检修时必不可少的重要设备。利用歧管压力可以检测制冷系统运行的高低压侧压力,判断制冷系统故障;还可以对制冷系统进行抽真空、充注制冷剂和添加冷冻润滑油(冷冻油)的操作。如图 3-5 所示,歧管压力表由高压表、低压表、手动低压阀、手动高压阀、阀体、高压接头、低压接头、中间接头(制冷剂加注或抽真空)和连接软管组成。

图 3-4 胶管接头扣压机

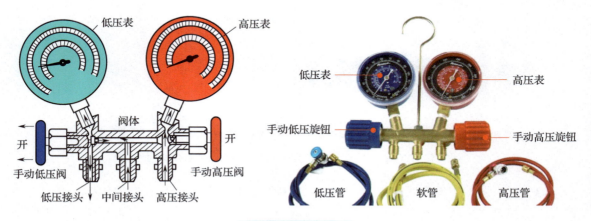

图 3-5 歧管压力表

1)低压表检测制冷系统低压侧的压力,既可用于显示压力,又可用于显示真空度,真空度读数范围为 0~101kPa。压力量程不小于 420kPa。高压表检测压缩机高压侧的压力,压力量程不小于 2110kPa。

2)在手动低压阀开启、手动高压阀关闭状态下,低压管路、中间管路与低压表相通,此时可进行从低压侧加注制冷剂或排放制冷剂，并可同时检测高、低压侧的压力。

3）在手动低压阀关闭、手动高压阀开启状态下，高压管路、中间管路与高压表相通，此时可进行从高压侧加注制冷剂或排放制冷剂，并可同时检测高、低压侧的压力。

4）在手动高、低阀均关闭时，可进行高、低压侧的压力检测。

5）在手动高、低压阀均开启时，可进行制冷剂的加注和系统抽真空等作业，并可进行高、低压侧压力的检测。

3. 真空泵

在安装、拆检空调制冷系统时，必定会有部分空气进入制冷系统中，空气中有水蒸气，低温状态下水蒸气结冰将会造成膨胀阀结冰堵塞，冷凝压力升高，同时对系统部件产生腐蚀。由此可见，对制冷系统检修后，未加入制冷剂前，必须要对制冷系统进行抽真空作业，将管路中的空气及水分排出。抽真空用到的设备是真空泵，如图3-6所示。

图3-6 真空泵

常用的真空泵为叶片式真空泵，工作时在离心力和弹簧的弹力作用下，叶片紧贴在定子的缸壁上，并将其分隔成吸气腔和压缩腔。转子旋转时吸气腔容积逐渐扩大，腔内压力下降，从而吸入气体；压缩腔容积逐渐缩小，压力升高，气体从排气阀排到大气中去。这样不断循环，便可以把容器内的空气抽出，从而达到抽真空的目的。

4. 检漏设备

汽车空调制冷系统密闭循环，泄漏将导致系统不能正常工作。因此，在维护保养与检修时需对制冷系统进行泄漏检测，主要用到以下几种检漏设备。

（1）卤素检漏灯　卤素检漏灯是一种丙烷（或酒精）气燃烧喷灯，利用制冷剂气体进入安装在喷灯的吸入管内会使喷灯的火焰颜色改变这一特性，来判断系统的泄漏部位和泄漏程度。当喷灯的吸入管从系统泄漏处吸入制冷剂时，火焰颜色会发生下列变化：泄漏量少时，火焰呈浅绿色；泄漏量多时，火焰呈浅蓝色；泄漏量很多时，火焰呈紫色。但由于存在明火，这种方法不安全，实际维修很少采用卤素检漏灯来检漏。

（2）电子检漏仪　电子检漏仪由一对电极组成，阳极由铂金做成，铂金被加热器加热，并带正电，在它附近放一阴极，使它带负电，若放在空气中，就会有阳离子射到阴极并产生电流。如果有制冷剂气体流过阳极和阴极，回路中的电流就明显增大，电子检漏仪发出蜂鸣声，蜂鸣声的频率越高代表泄漏越严重。使用电子检漏仪时要注意，一旦查出泄漏部位，应将探头立即拿离被测部位，以免影响仪器使用寿命。电子检漏仪如图3-7所示。

（3）荧光检漏仪　荧光检漏仪是利用荧光检漏剂在紫外/蓝光检漏灯照射下会发出明亮的黄绿光的原理，对各类系统中的流体渗漏进行检测的方法。在使用时，只需将荧光剂按一定比例加入系统中，系统运转20min后，维修人员戴上专用眼镜，用检漏灯照射系统的外部，泄漏处将呈黄色荧光。荧光检漏的优点是定位准确，渗漏点可以直接用眼睛看到，而且使用简单，携带方便，检修成本较低。荧光检漏仪如图3-8所示。

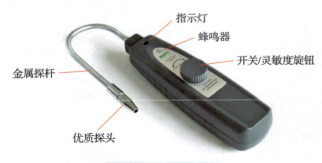

图3-7 电子检漏仪

图3-8 荧光检漏仪

5. 制冷剂罐开瓶器

为了便于维修汽车空调和随车携带方便，制冷剂厂家制造了一种小罐制冷剂（有400g、300g、250g等几种规格）。要将制冷剂罐中的制冷剂充注到汽车空调制冷系统中去，需要专用的开瓶器，如图3-9所示。逆时针旋转旋钮退出阀针，将开瓶器螺纹连接口旋入制冷剂罐，拧紧锁紧螺母。将歧管压力表中间加注软管连接至接头，顺时针旋转旋钮使阀针刺破制冷剂罐，再逆时针旋转旋钮退出阀针，即可将制冷剂罐打开。

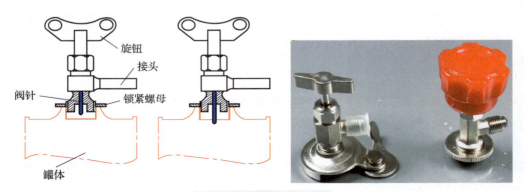

图3-9 制冷剂罐开瓶器

6. 制冷剂回收充注机

在维修汽车空调制冷系统时，回收系统内的制冷剂不仅是经济上需要，更是环保的需要。制冷剂回收装置经过几十年的发展，已由单一的制冷剂回收功能发展到制冷剂回收、检漏、充注、提纯、加注冷冻油等多种功能。多功能制冷剂回收充注机通过对回收的制冷剂进行提纯，循环利用，大大减少制冷剂的使用量，经济环保。多功能制冷剂回收充注机还可便捷地对制冷系统进行抽真空、充注制冷剂和故障诊断，是目前对汽车空调制冷系统进行维护保养与检修不可缺少的综合应用设备。图3-10所示为斯必克AC350制冷剂回收充注机。

二 汽车空调的维护保养

汽车空调系统的工作性能和使用寿命，很大程度上取决于正确的维护保养。即使天气较冷不需要空调，建议每两周要使压缩机工作 5min，这样不仅可以防止轴封干枯，降低密封作用，也不易产生"冷焊"现象。因为压缩机在长期不运转的情况下，压缩机的轴封、衬垫之类零件易变干和发硬，易开裂，再投入运行时会使制冷剂泄漏。同时，压缩机的主要零件，如活塞与气缸、曲轴与轴承等，都需要润滑油进行润滑。若压缩机长期不运行，这些零件摩擦表面的润滑油会变干，或者润滑油会把零件粘在一起。这会使压缩机在起动的初始阶段出现润滑不足或没有润滑现象，容易损坏压缩机零部件。

图 3-10 斯必克 AC350 制冷剂回收充注机

汽车空调系统分日常维护保养和定期保养。日常维护保养一般由驾驶员或汽车维修人员进行，在维护时会发现许多没有注意到的故障，而这些故障的早期发现和及时处理，对延长空调装置的使用寿命起着重要作用。

1）检查空调出风口的出风量，如果出风量不足，检查空调滤清器滤芯，如有杂物则将其清除。定期更换空调滤清器。

2）在压缩机运转情况下，检查其是否有异响，如有，说明压缩机的轴承、阀片、活塞环或其他部件有可能损伤或冷冻油过少，对于传动带驱动的压缩机，有可能是传动带过松或过紧了。

3）检查冷凝器散热片上是否有脏物覆盖，如果有，需对冷凝器进行清洗。可用中压喷雾枪加入冷凝器清洗剂进行清洗，不允许用高压水枪直接冲洗冷凝器，以免造成散热片变形，影响冷凝器通风，降低换热效果。

4）检查蒸发器是否清洁，出风口是否有异味，若有，需对蒸发器、蒸发箱、风道进行清洗。

5）检查制冷循环系统的各连接处是否有油渍，如果有，说明该处有泄漏，应紧固该连接处或更换该处的零件。

6）将鼓风机开至低、中、高档，听鼓风机处是否有杂音，检查鼓风机是否运转正常，如果有杂音或运转不正常，清理鼓风机异物或更换鼓风机。

7）通过视液镜检查制冷系统制冷剂的充注量。对储液干燥器上带有视液镜的制冷系统，在制冷系统工作时可通过观察视液镜内制冷剂的流动情况来判断制冷剂的充注量是否合适，如图 3-11 所示。对于发动机驱动压缩机的制冷系统，检查时将发动机转速提高到 1500r/min，风速调到最大，温度调到最低。

图 3-11a：视液镜内清晰、无气泡，说明制冷剂适量。也可能是制冷剂过多或漏光，可用交替开关空调压缩机的方法检验：若开、关压缩机的瞬间制冷剂起泡沫，接着就变澄

清，说明制冷剂适量；如果开、关空调压缩机从观察窗内看不到动静，而且出风口不冷，压缩机进出口之间没有温差，说明制冷剂漏光；若出风口不够冷，而且关闭空调压缩机后无气泡、无流动，说明制冷剂过多。

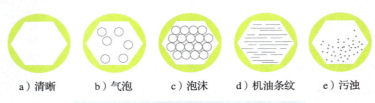

a) 清晰　　b) 气泡　　c) 泡沫　　d) 机油条纹　　e) 污浊

图 3-11　制冷系统运行时视液镜制冷剂状态

图 3-11b：视液镜内偶尔出现气泡，并且时而伴有膨胀阀结霜，说明系统中有水分；若无膨胀阀结霜现象，可能是制冷剂略微缺少或系统中有空气。

图 3-11c：视液镜内有气泡，且气泡不断流过，说明制冷剂不足。如果泡沫很多，可能是系统内有空气。

图 3-11d：有长串机油条纹，观察窗上有条纹状的油渍，说明冷冻机油加注过多。应排除多余机油，再补充适量制冷剂。若观察窗上留下的油渍为黑色或有其他杂物，则说明机油变质、污浊，必须清理制冷系统。

图 3-11e：若观察窗呈雾状，看不清内部制冷剂流动情况，则说明干燥罐中干燥剂脱落，应更换干燥罐。

8）用歧管压力表检查制冷剂充注量。用歧管压力表可以对制冷系统制冷剂充注量进行定量检查。R134a 制冷系统处于静态时，系统高低压力相等，大约为 0.65MPa。当环境温度为 30~35℃，制冷系统工作时，系统高压约为 1.37~1.57MPa，低压力约为 0.15~0.25MPa。若高、低压的压力偏低，说明制冷剂充注量不足。此时需对制冷系统进行检漏，查明原因，排除可能存在的泄漏后补充制冷剂。

三　汽车空调制冷系统检修的常规操作

当新的汽车空调制冷系统各部件安装完毕后，或是当有故障的制冷系统检修后，对制冷系统进行泄漏检查、将系统里的空气和水汽排除、充注制冷剂和润滑油等一系列工作是必不可少的，也是需要完成的既定工作程序。因此，能否掌握这些汽车空调维修安装必备的基本操作技能，将会直接影响到制冷系统安装后的工作性能。

1. 汽车空调制冷系统检修注意事项

1）保证作业环境的清洁、通风、防潮和防火，防止在拆装时灰尘、杂质、水分或污物进入到管路中。

2）制冷剂钢瓶应按要求存放，严禁对制冷剂瓶直接加热或放在 40℃ 以上的水中加热。

3）更换空调系统部件时，必须补充冷冻油，具体要求应参照有关车型的维修手册。

给压缩机补充冷冻油时,务必使用指定牌号的冷冻油。

4)在拆卸制冷剂管路或加注制冷剂时,应佩戴护目镜或者保护头盔,以防制冷剂接触面部。

5)拆卸管道时,应立即将管道或接头堵住,以免潮气、灰尘、杂质混入制冷剂管道。严禁用嘴或未经过干燥的压缩空气去吹制冷管道和零件。

6)拧紧或拧松制冷管路接头时,按规定的力矩拧紧,拧紧力矩数值见表3-1,或参照维修手册要求。

7)连接歧管压力表软管时,高低压软管应与压力表阀体高低压接头、制冷系统高、低检修阀正确连接。拆卸仪表软管时,必须快速、敏捷。

8)连接制冷剂管道时,应在O形密封圈上涂一点与该系统兼容的冷冻油。

表3-1 制冷管路接头拧紧力矩数值

金属管外径/mm	接头材料	
	钢或铜/N·m	铝/N·m
6	10~20	6.4~9
8	15~25	10~20
10	15~25	10~20
12	20~29	15~25
16	20~29	20~29

2. 制冷剂排空

拆解汽车空调制冷系统进行检修或更换部件前,首先应对制冷系统制冷剂进行排空或回收。建议采用制冷剂回收充注机进行制冷剂回收,回收的制冷剂可净化循环使用,节能环保。下一节将以斯必克AC350制冷剂回收充注机为例介绍制冷剂的回收方法。若将制冷剂进行排空,应选在通风良好的场所进行,不可在室内进行,且不能接近明火。排出的冷冻油作为特殊垃圾处理,不得流入地表水系、排水系统或地下。如图3-12所示,传统的排空的操作方法如下:

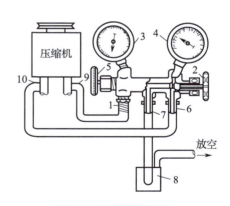

图3-12 制冷剂排空

1—低压管 2—低压手动阀 3—低压表 4—高压表
5—高压手动阀 6—高压管 7—中间软管
8—集油罐 9—低压侧检修阀 10—高压侧检修阀

1)连接歧管压力表。首先关闭歧管压力表4和3的高、低压手动阀5和2,然后将高压管6和低压管1与压缩机高、低压检修阀的管道连接放空并在压力表中间排放软管置于一量杯中。

2)缓慢拧松高压手动阀5,注意阀不能开得太大,阀门开得太大,大量的冷冻油将随着制冷剂流出。观察量杯中若有冷冻油排出,应关小高压手动阀。

3)当高压表4的压力降到340kPa时,再慢慢打开低压手动阀2,开度不要太大,此时制冷剂从系统的高低压两侧同时排出。

4)注意观察歧管压力表的指示值,高、低压侧压力表4和3的指示值下降到0时,制冷剂排放结束,此时应关闭歧管压力表的高、低压手动阀。

5)在排放过程中,如有不慎,使冷冻油大量流出,则根据冷冻油流出量,在充注制冷剂之前加入等量的新冷冻油。流出量少于14.2g,可不加新油。

3. 制冷系统检漏

在拆解汽车空调制冷系统或更换零部件后,都要对空调系统进行检漏,主要的检漏方法有以下几种。

(1)目测检漏 制冷剂泄漏部位往往会同时渗出冷冻油,造成泄漏部位有油污,通过目测油迹可查找渗漏点。这种方法简单,没有成本,但有很大缺陷,对细小的泄漏点一般观察不到。而且汽车空调制冷系统有很多部位是看不到的,所以只适用于日常的检查。

(2)压力检漏 压力检漏是向制冷系统充注高压气体,利用肥皂水涂抹相应部位检查泄漏的方法。如图3-13所示,压力检漏时首先按将高压软管接在高压检修阀上,低压软管接在低压检修阀上。打开歧管压力表高、低压阀,充入约1.5MPa的氮气(或制冷剂),用肥皂液涂在系统的各连接处和焊接处,仔细观察是否有渗漏的声音、泡沫等。采用压力检漏方法还可以让制冷系统保压24~48h后观察,若此时压力不降低,则制冷系统无泄漏;若压力有显著的降低,则说明还有未检查到的渗漏处,必须重新注入氮气再次进行检漏。

(3)真空检漏 加注制冷剂前需对制冷系统抽真空,真空检漏就是利用真空泵将制冷系统抽真空进行检漏的方法。抽真空至100kPa,等待10min,压力应没有明显回升,否则系统存在泄漏。真空检漏可在完成压力检漏后进行。

(4)充注(制冷剂)检漏 在上述压力检漏和真空检漏后即可进行充注检漏。方法是将歧管压力表高、低压软管分别连接制冷系统的高、低压检修阀,中间软管连接制冷剂罐。打开手动高、低压阀和制冷剂开瓶器,向系统内充注制冷剂,并使其压力达400kPa,关闭手动高、低压阀和制冷剂瓶,保持系统压力数小时。若系统压力无变化,则说明系统无泄漏;若系统压力下降,则说明系统存在泄漏,应立即用电子检漏仪查找泄漏部位并加以修复。

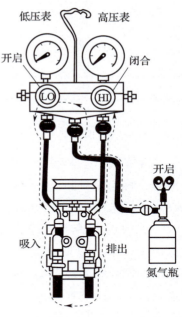

图3-13 压力检漏

(5)荧光检漏 荧光检漏是利用紫外线光能引起荧光分子发出黄色或黄绿色荧光的原理进行的。将一种荧光染料注入制冷系统中,然后用紫外线灯照射,若发现系统某处有泄漏，则会发黄色或黄绿色光（这种材料在系统内可保持两年有效）。

4. 制冷系统抽真空

拆解检修后的制冷空调系统，由于接触了空气导致系统内有空气和水分，若不加以清除，会造成制冷系统冰堵，因此加充注制冷剂前必须对系统进行抽真空。系统成真空后，降低了水的沸点，水便在较低的温度下汽化，然后以水蒸气的形式被真空泵抽出。制冷系统冷冻油的饱和蒸气压比水小得多，在系统抽真空时，冷冻油不会被抽出，故加注润滑油到系统的时间在系统抽真空之前或之后均可。制冷系统抽真空时还应注意进行系统泄漏检查。抽真空可以采用制冷剂回收充注机抽（内置真空泵），也可以单独采用真空泵抽。采用真空泵抽真空的操作流程如下：

1）将歧管压力表高、低压软管分别与制冷系统的高、低压检修阀连接，将中间软管与真空泵连接。如图 3-14 所示。一般应在中间接口的软管上接上一个三通阀，将真空泵、制冷剂罐、中间接口分别接到三通阀的三个接口上，这样可确保在抽真空结束后，直接加注制冷剂时没有空气进入中间软管。

2）起动真空泵，打开歧管压力表的高、低压手动阀，持续抽真空 10min 后，歧管压力表应产生大约 100kPa 的真空度，否则说明制冷系统有泄漏处。

3）关闭高、低压手动阀，歧管压力表指示值应在 10min 内不得回升，否则说明制冷系统有泄漏处，应检修（这一过程为真空检漏）。

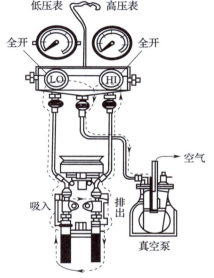

图 3-14 制冷系统抽真空

4）检漏。将中间软管连接至制冷剂罐，打开制冷剂罐和低压手动阀，从低压侧注入少量气态制冷剂。当压力达到 100kPa 时，迅速关闭制冷剂瓶和低压手动阀。用电子检漏仪或肥皂液等方法检查系统是否存在泄漏。

5）若制冷系统无泄漏，将歧管压力表中间软管连接至真空泵，起动真空泵，打开歧管压力表的高、低压手动阀，持续抽真空 30min 以上。先关闭高、低压手动阀，再关闭真空泵，为进行制冷系统充注制冷剂做好准备。

5. 制冷剂充注

完成制冷系统抽真空、检漏后，可对制冷系统充注制冷剂。充注制冷剂的方法一般有两种：一种是从压缩机的低压阀的旁通孔充注，为低压侧充注，充入的是气态制冷剂。其特点是充注速度较慢，可在系统进行补充制冷剂量时使用。另一种是从制冷系统高压侧充注，充入的是液态制冷剂。其特点是快速、安全，适用于制冷系统的第一次充注。但充注时不可起动压缩机（要求发动机停转），且制冷剂瓶倒立放置。

（1）低压侧充注制冷剂　低压侧充注是通过低压侧向系统充注气态制冷剂的方法，操作过程如下：

1）系统抽真空检漏后，关闭歧管压力表的高、低压手动阀，将中间软管与制冷剂罐连接，如图3-15所示。

2）打开制冷剂罐开瓶器，缓慢拧松中间软管在歧管压力表侧的螺母，利用制冷剂罐制冷剂排出中间软管中的空气，听到制冷剂排放的声音后，立刻拧紧螺母。

3）打开歧管压力表的低压手动阀，制冷剂罐正立，不允许制冷剂罐倒立，以防止液态制冷剂进入制冷系统的低压侧造成压缩机"液击"。制冷剂以气态的形式进入制冷系统的低压侧，当系统的压力值达到0.4MPa时，关闭歧管压力表的低压手动阀。

4）起动发动机，打开空调A/C开关，将风速调至最大，温度调至最低。再次打开歧管压力表的低压手动阀，让制冷剂继续进入制冷系统，高低压压力达到规定值后，关闭歧管压力表的低压手动阀和制冷剂开瓶器。

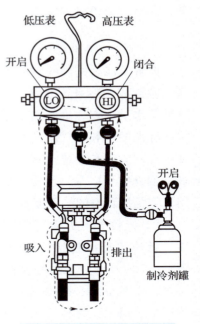

图3-15　低压侧充注制冷剂

根据制冷系统循环原理，加入制冷剂过多或不足，都将会使制冷效果变差。制冷剂加注量是否合适主要通过制冷系统运行时高、低压压力可判断。对于传统发动机汽车，将发动机转速控制1500~2000r/min，风速调至最大，温度调至最低。对于电动空调系统，打开A/C开关，风速调至最大，温度调至最低。此时制冷系统低压侧的压力应为0.15~0.25MPa，高压侧的压力应为1.37~1.57MPa，不同车型，不同环境温度，此值略有不同。

5）关闭空调A/C开关，关闭发动机，拆下歧管压力表与制冷系统的连接软管，完成制冷剂充注。

对于螺纹连接的检修阀，断开连接接头的动作要快，防止制冷剂喷射到手上。

（2）高压侧充注制冷剂　高压侧充注是通过高压侧向系统充注液态制冷剂的方法，操作过程如下：

1）系统抽真空检漏后，关闭歧管压表的高、低压手动阀，将中间软管与制冷剂罐连接。如图3-16所示。

2）打开制冷剂罐开瓶器，缓慢拧松中间软管在歧管压力表侧的螺母，利用制冷剂罐制冷剂排出中间软管中的空气，听到制冷剂排放的声音后，立刻拧紧螺母。

3）打开歧管压力表的高压手动阀，制冷剂罐倒立。此时不准打开低压手动阀，不准起动发动机。制冷剂以液态的形式进入制冷系统的高压侧。当高压侧的制冷剂压力不再增加时（注入400~600g制冷剂，或感觉制冷剂罐中

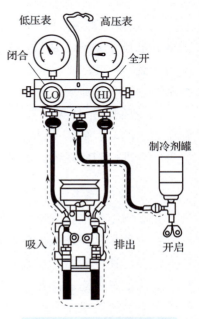

图3-16　高压侧充注制冷剂

的制冷剂质量不再下降时），关闭歧管压力表的高压侧手动阀。

4）起动发动机（对于电动空调系统则是将开关打至 ON 档），打开空调 A/C 开关，将风速调至最大，温度调至最低。打开歧管压力表的低压手动阀，让制冷剂以气态的形式进入制冷系统的低压侧。

5）制冷系统高低压压力达到标准后，关闭低压手动阀，拆下歧管压力表，制冷剂充注完成。

6. 制冷系统冷冻油充注

汽车空调冷冻油为压缩机内各运动部件提供润滑、密封、冷却和降低噪声作用。汽车空调运行过程中接头松动、软管破裂、系统结构件受冲撞破坏或压缩机发生严重的轴封漏油等，会导致冷冻油缺失，从而影响压缩机的正常工作。为保证系统的正常运行，需要进行冷冻油的油量检查和冷冻油的加注。充注冷冻油应根据制冷系统规定量充注，冷冻油过多，也会影响制冷效果。

汽车空调制冷系统加注冷冻油的方法有直接加入法和真空吸入法两种。

1）直接加入法是将冷冻油按标准用量杯称量好，直接从压缩机加油口注入的方法。新压缩机出厂一般已注入约为 120～200mL 的冷冻油。更换新压缩机时，将新压缩机的冷冻油全部倒出到一个干净量杯中，按"旧压缩机排出油量 +10mL"的加注量补充冷冻油至新压缩机倒出的冷冻油量杯中，将量杯中的冷冻油从压缩机加油口注入即可。更换其他部件的加注量参考表 3-2 或维修手册。

表 3-2　更换制冷系统部件冷冻油的充注量

更换的零部件	冷凝器	蒸发器	储液干燥器	制冷剂管道
冷冻油补充量 /mL	40～50	40～50	10～20	10～20

2）真空吸入法是利用真空吸力将冷冻油从压缩机低压检修阀吸入的方法。首先将比要补充的冷冻油还要多约 20mL（考虑加注管中的残余油量）的冷冻油倒入量杯，按抽真空的方法将歧管压力表高压软管连接压缩机高压检修阀，将中间软管连接真空泵，将低压软管从歧管压力表一端拆下并伸进冷冻油量杯中，如图 3-17 所示。开启真空泵，打开高压手动阀，冷冻油便被徐徐吸入压缩机中。

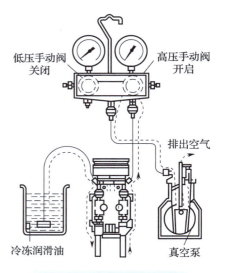

图 3-17　冷冻油真空吸入法

四 汽车空调制冷剂回收加注机使用

（1）AC350 型制冷剂回收加注机总体构造　AC350 型制冷剂回收加注机总体构造如图 3-18 所示。

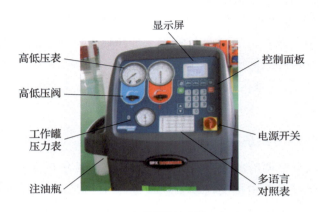

a）正面外观　　　　　　　　　　b）前部结构名称

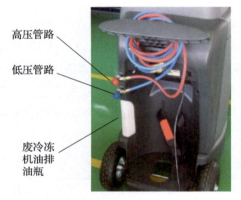
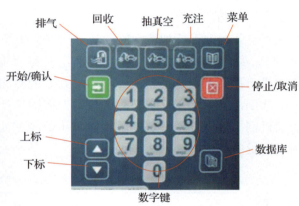

c）后部结构名称　　　　　　　d）操作面板数字按键含义

图 3-18　AC350 总体构造

（2）设置　AC350 设置操作流程见表 3-3。

表 3-3　AC350 设置操作流程

1. 开机，工作罐初始化	
（1）开机	（2）产品第一次使用时，工作罐需要初始化
打开电源开关	剩余容量　9.99 kg 制冷剂净重　0.00 kg 请选择功能

（续）

1. 开机，工作罐初始化	
（3）按"菜单"键 	（7）按"确认"键进入工作罐抽真空状态 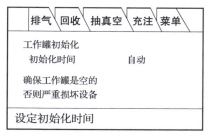
（4）输入"1234"密码，按确认 	（8）抽真空至设定压力，系统自动停止，屏幕显示 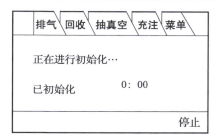
（5）选择"维护"，按"确认"键进入菜单内容 	（9）按"确认"键，充注首批制冷剂 
（6）选择4，按"确认"键进入菜单内容 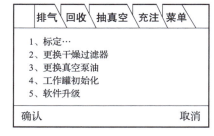	（10）将高压管与制冷剂罐相连，打开阀门，按"回收"键，按"确认"键（回收重量为3kg即可）

（续）

2. 其他设置

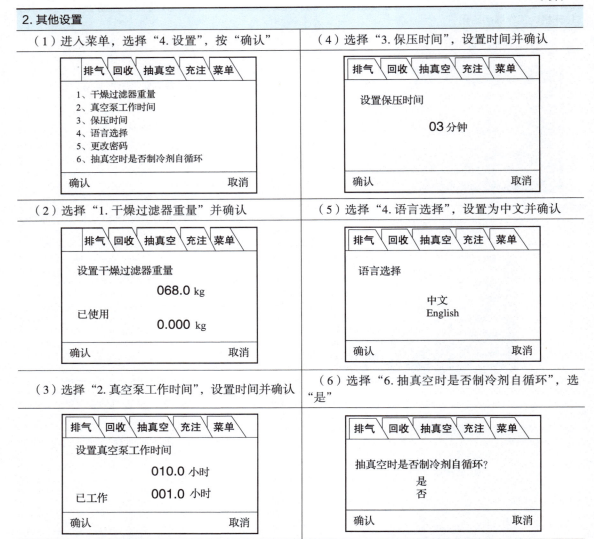

（1）进入菜单，选择"4.设置"，按"确认"	（4）选择"3.保压时间"，设置时间并确认
（2）选择"1.干燥过滤器重量"并确认	（5）选择"4.语言选择"，设置为中文并确认
（3）选择"2.真空泵工作时间"，设置时间并确认	（6）选择"6.抽真空时是否制冷剂自循环"，选"是"

（3）AC350操作　AC350操作流程如图3-19所示。

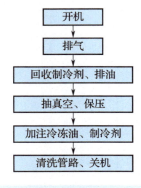

图3-19　AC350操作流程

1）开机，见表3-4。

表3-4　AC350制冷剂回收作业准备

制冷剂回收作业准备	
（1）开机显示工作罐质量，并将回收前的罐重数值记录在回收数据表中	（2）连接高、低压管，分别将高低压软管接头顺时针连接在回收机接口上（注意：红管为高压，蓝管为低压）

2）排气，见表3-5。

表3-5　AC350排气操作流程

（1）排放工作罐中不可压缩的气体 （2）按"排气"键，即开始排气2s。显示屏显示	（3）2s完成后显示屏显示
	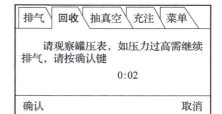 按"确认"键继续排气 按"取消"键退出排气

3）制冷剂回收，见表3-6。

表3-6　AC350制冷剂回收操作流程

1. 制冷剂回收作业准备	
（1）自检漏a：进入菜单，选择"2.自检漏"	（2）自检漏b：根据菜单要求，打开高低压阀
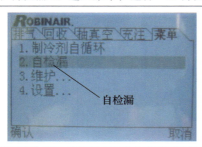	

（续）

1. 制冷剂回收作业准备

（3）自检漏 c：按确认系统进入自检漏 	（7）启动汽车空调运行 3~5min 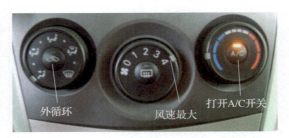
（4）自检漏 d：自检漏真空度应大于 90kPa 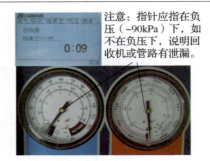注意：指针应指在负压（-90kPa）下，如不在负压下，说明回收机或管路有泄漏。	（8）按数据库，查找车型数据 
（5）自检漏 e：仪器进自保压状态 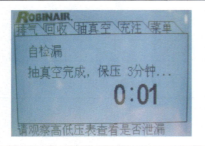	（9）按数据库，查找车型数据，选择 SPX 数据库 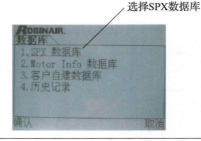
（6）自检漏 f：观察高低压表读数，压力回升说明系统有泄漏 	（10）按数据库，查找车型数据，查找到相应车型制冷剂型号及制冷剂量 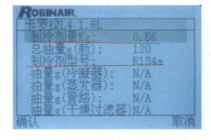

（续）

2. 制冷剂回收作业

（1）按回收键，进入回收程序	（5）仪器自动启动自我清洁管路功能
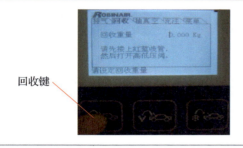 回收键	
（2）选择回收量	（6）进行制冷剂回收
 根据数据库数值，按数字键，设置回收量 根据提示连接管路	
（3）将高低压快速接头正确连接至制冷系统的检测接口（注意：顺时针拧开高低压开关时，速度应慢一些，防止冷冻机油被制冷剂带出系统）	（7）进行制冷剂回收（注意：在回收过程中，应不断地观察压力表指针，当压力到达负压时，压缩机在抽真空，应及时按"取消"键，停止回收，防止损坏回收机中的压缩机）

（4）打开仪器上的高低压阀	（8）回收结束后，显示回收制冷剂量，仪器准备进行排废油
	回收量 排废油

（续）

2. 制冷剂回收作业

（9）记录废油瓶油量，进入排废油	（12）等废油无气泡后，查看废油量并计算出排废油量
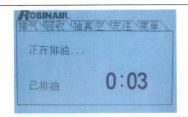	 回收后的废油液面 冷冻机油回收量=回收后的液面-回收前的液面
（10）排油结束，仪器自动停止	（13）查看回收后工作罐重量并记录
	 回收后的罐重 制冷剂回收量=回收后的罐重-回收前的罐重
（11）关闭控制面板高低压阀	回收量数据表

名称		数值	回收量
制冷剂	回收前的罐重		
	回收后的罐重		
冷冻机油	回收前的液面		
	回收后的液面		

3. 制冷剂的净化作业（检测已回收到制冷剂罐中的制冷剂纯度，纯度小于96%，开始净化作业）

（1）选择菜单	（3）选择制冷剂自循环，按确认
 菜单	
（2）输入"1234"密码，确认进入菜单	（4）设定净化时间，纯度低，净化时间长
 确认	

（续）

3. 制冷剂的净化作业（检测已回收到制冷剂罐中的制冷剂纯度，纯度小于96%，开始净化作业）

（5）仪器启动制冷剂罐制冷剂净化	（6）净化结束，自动停机

4）抽真空、保压检漏，见表3-7。

表3-7　AC350抽真空、保压检漏操作流程

（1）检查制冷系统压力应小于70kPa，否则重新回收后再抽真空	（4）打开仪器高低压阀

（2）选择抽真空键	（5）抽真空至真空度100kPa

（3）设置抽真空时间，应不小于15min	（6）抽真空同时，仪器进行工作罐制冷剂净化
	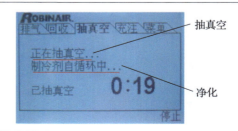

（续）

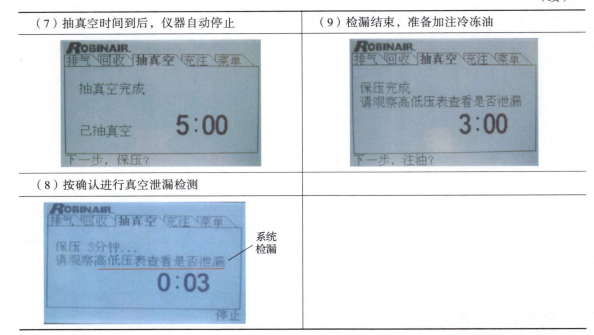

5）加注冷冻油、制冷剂，见表3-8。

表3-8　AC350加注冷冻油、制冷剂操作流程

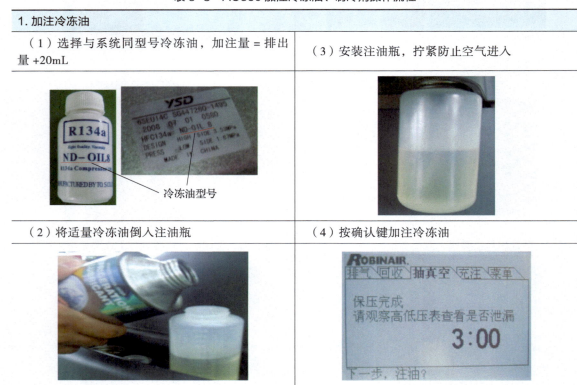

1. 加注冷冻油

（5）采用单管加注，关闭低压阀（防止冷冻油进入压缩机），打开高压阀	（7）观察注油瓶分液位，按确认键可暂停，达到加注量后，按"取消"结束加注
	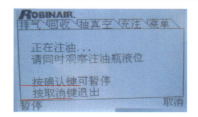
（6）根据界面提示，查看注油瓶油位	（8）注油结束，准备充注制冷剂
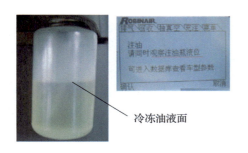 冷冻油液面	
	（9）注油结束后，可对管路二次抽真空 操作：关闭高压阀，打开低压阀，抽真空5min，然后关闭低压阀，关闭管路低压阀

2. 加注制冷剂

（1）查阅维修手册，确认制冷剂类型和加注量	（3）按确认键，进入制冷剂充注界面
	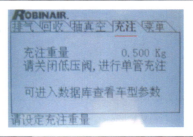
（2）检测工作罐中制冷剂重量（达到加注量3倍以上）	（4）按数字键，选择制冷剂充注量

（续）

2. 加注制冷剂

（5）根据界面要求，采用单管加注，关闭低压阀（防止液态制冷剂进入压缩机），逆时针旋转低压快速接头（防止加注制冷剂从低压检测口出来），打开高压阀	（8）仪器对管路清洁后，按"确认"键退出

（6）按确认键，进行制冷剂充注	（9）关闭控制面板上的高低压阀

（7）加注结束，根据界面显示，高压快速接头逆时针旋转，将加注管与制冷系统断开，准备进行管路清理	（10）将高低压快速接头从车上取下

五 汽车空调制冷系统故障诊断与排除

汽车空调制冷系统是汽车中的常用装备，尤其是炎热的夏天，汽车空调制冷系统经常处于高负荷运行状态。而且，汽车空调制冷系统运行于汽车振动、热负荷多变、雨水、腐蚀等恶劣的工作环境下，容易出现管路破损及老化泄漏、制冷剂被杂质污染或渗入空气、制冷系统部件损坏不工作、换热器脏堵散热不良、电气系统故障等故障，从而导致制冷系统不制冷、制冷不足等现象。另外采用劣质的制冷剂、冷冻油，制冷空调维护与保养不当，检修不规范等也是造成汽车制冷空调系统故障的原因。当汽车空调系统出现故障时，需采用上述的仪器设备对其进行故障诊断与排除。

1. 汽车空调制冷性能测试

汽车空调制冷性能简单的测试方法如下：

1）起动发动机，将发动机转速保持在 1500~2000r/min（电动汽车将开关打至 ON 档），打开 A/C 开关，将风量调至最大，温度调至最低，出风模式设置为吹头，打开车门。

图 3-20　出风口温度测量

2）空调制冷系统稳定运转 15min 后，用温度计测量中间出风口温度，如图 3-20 所示。在环境温度为 25~35℃时，出风口的温度应为 1~10℃，若温度大于 10℃，说明汽车空调制冷系统制冷不良。

2. 汽车空调制冷系统检修的步骤

对于汽车空调制冷系统的故障，我们可能通过听、看、摸、查、修、验的步骤来进行诊断和排除。

（1）听　听主要包括两个方面：一是听取用户对故障现象的描述，并进行记录；二是听汽车空调运行时产生的声音。正常时，声音比较平稳；异响主要来源于驱动带、电磁离合器等，通常声音很尖锐；压缩机出现液击、发卡等现象时，也会产生噪声，有时这种声音比较难辨别，要用听诊器才可以判断出来。

（2）看　看主要集中于汽车空调的以下四个方面问题：

1）看冷凝器是否干净：冷凝器是否干净影响散热效果。

2）看制冷系统是否泄漏：若有油迹，排除其他可能原因后，可以判断该处是泄漏点。

3）看视液镜制冷剂的流动状况：可判断制冷系统内制冷剂的量是否合适。汽车发动机怠速稳定时，视液镜内看到的是透明的液体；如果发现有气泡存在，说明制冷剂不够；如果发现有油丝一起流动，说明制冷剂内冷冻油太多；如果提高发动机转速时有气泡，说明制冷剂的量合适，反之则说明制冷剂太多。

4）看制冷系统管道表面是否结霜或结露：可判断制冷系统运行情况。如果回气管结霜，说明制冷剂太多；或者蒸发器表面太脏，传热性能差；或者蒸发器温度传感器、温控器故障；或者膨胀阀故障。

（3）摸　制冷系统在制冷剂在各部位的温度不一样，通过摸可初步判断制冷系统故障。从压缩机出来到冷凝器入口的管道，摸起来烫手（70~80℃），温度由入口到出口会均匀下降，冷凝器出口（40℃左右）；从蒸发器出口到压缩机入口管路会结露，摸起来很凉，特别是蒸发器的出口处，摸起来凉得刺手。如果回气管不凉，排气管不热，说明制冷剂不够或压缩机压缩性能下降。在液管段，包括冷凝器，如果出现明显的温度下降，说明有地方堵塞。

（4）查　听、看、摸都是通过经验来判断汽车空调故障，但要准确判断故障，还必须借助专用设备来检查。可使用电子检漏仪或荧光检漏仪检查制冷系统泄漏位置；用歧管压力表检查和判断制冷系统故障；用故障诊断仪读取控制系统故障码、数据流等。

（5）修　　修就是当准确判断故障后，根据故障来维修，维修内容包括制冷剂回收或排空，更换或修理有故障的制冷系统部件，制冷系统抽真空、检漏，充注制冷剂和冷冻机油。

（6）验　　当维修完毕后，最后一道程序就是检验汽车空调维修效果，一般来说，汽车空调维修后，通过前文所述汽车空调制冷性能检测的简易程序来进行验证，出风口的温度应低于10℃。

3. 用歧管压力表来判断制冷系统故障

根据汽车空调制冷循环原理，蒸发温度降低，制冷量减少，制冷效果变差，制冷效率会显著降低。蒸发温度降低的可能原因是蒸发器表面脏堵、结霜、鼓风机运转不正常、制冷剂不足、膨胀阀开启过小或冰堵、低压管道堵塞等。冷凝温度升高，制冷量减少，压缩机机械功增加，制冷效果变差，制冷效率会显著降低。冷凝温度升高的可能原因是冷凝器表面的脏堵、冷凝风扇运转不正常、制冷剂过量、膨胀阀开启过大、高压管道堵塞、系统中有空气等。

蒸发温度取决于蒸发压力（低压侧压力），冷凝温度取决于冷凝压力（高压侧压力），因此，通过测量系统的高低压侧压力是判断系统故障的有效方法。下面以R134a制冷空调系统为例，在表3-9所列测量条件下对制冷系统高低压压力进行分析。

表3-9　测量条件下对制冷系统高低压压力进行分析

测量条件	环境温度	发动机转速	电动压缩机转速	出风口风速	温度设置
	30~35℃	1500~2000r/min	>2000r/min	最大	最低

（1）制冷系统正常　　高压：1.37~1.57MPa，低压：0.15~0.25MPa，如图3-21所示。

（2）低压过高，高压过高　　测量情况如图3-22所示。

图3-21　系统高低压正常　　　　图3-22　低压过高，高压过高

故障现象：出风口温度低，但不是很低，制冷效果不佳。

原因分析：

1）制冷剂过量。

检查方法：当汽车空调系统内的制冷剂过量，测量冷凝器的排出侧的温度要比正常空调系统的工作温度要低，且空调系统观察窗看不到制冷剂流动和气泡。

维修方法：用可回收空调加氟机回收制冷剂，重新按车型标准加注制冷剂。

2）冷凝器散热效果不佳。

检查方法：检查冷凝器是否脏污或是否空气流通不畅，冷凝器有无散热芯片变形或散热扁管弯折现象，散热风扇高低速运转是否正常。

维修方法：清洁冷凝器，当冷凝器出现堵塞（内堵）或节流现象时，可通过对比冷凝器前后温度差确定节流位置，必要时更新冷凝器。

3）膨胀阀失效。

检查方法：检查空调系统低压管路是否有结霜现象。膨胀阀感温包安装位置不正确或膨胀阀感温包与低压管壁没有被包扎带严密包扎，或者是膨胀阀弹簧疲劳，从而导致膨胀阀开度过大，造成过多的制冷剂进入蒸发器。过多的制冷剂不能在蒸发器中完全汽化，部分制冷剂在低压管中汽化使管路温度降低形成结霜。

维修方法：检查膨胀阀感温包安装是否到位，确认感温包工作正常时部分膨胀阀开度可做调整，必要时更换新膨胀阀。

（3）低压过低，高压正常或较高　测量情况如图3-23所示。

故障现象：出风口温度不够低或较高，制冷效果不佳或无制冷。

原因分析：系统高压侧有堵塞。

检查方法：检查高管路有无弯折现象，当有不完全堵塞情况出现时，相应部位会出现节流现象使外部出现结霜（温差）。同时要检查膨胀阀感温包有无因跑气使阀门处于常闭状态形成循环回路堵塞。

维修方法：疏通或更换相应堵塞元件。

（4）低压过高，高压过低　测量情况如图3-24所示。

图3-23　低压过低，高压正常或较高

图3-24　低压过高，高压过低

故障现象：出风口温度不够低，制冷效果不佳。

原因分析：压缩机工作不良。

检查方法：观察电磁离合器是否正常吸合（定排量压缩机）；检查压缩机传动带有无打滑或松脱；用听诊器听压缩机工作噪声是否过高；检查压缩机泵头有无晃动；拆下压缩机侧高低压管路观察内部有无金属碎屑；测量压缩机电磁离合器间隙是否合适；测量电磁离合器线圈阻值是否在正常范围内；转动压缩机泵头有无卡滞。变排量压缩机驱动保护装置是否打滑，电动压缩机电机是否工作不良。

维修方法：更换新压缩机，并清洗系统，抽空按维修标准添加冷冻油和制冷剂。

（5）低压偏低，高压正常或过低　测量情况如图 3-25 所示。

故障现象：出风口温度偶尔过低，但是持续运转时出风口冷气不足，制冷效果不佳。

原因分析：系统内制冷剂不足。

检查方法：通过目测方法查找泄漏部位，观察哪里有油污痕迹，采用电子检漏仪或荧光检漏仪对制冷系统进行检漏。

维修方法：更换相应泄漏部件，并重新加注制冷剂进行保压测试，检漏并加注冷冻油，抽真空并充注标准量制冷剂。

（6）低压过低，高压过低　测量情况如图 3-26 所示。

图 3-25　低压偏低，高压正常或过低　　　　图 3-26　低压过低，高压过低

故障现象：出风口温度不够凉，制冷效果不佳。

原因分析：空调压缩机到高压检修阀之间存在堵塞。

检查方法：用手在空调压缩机到高压检修阀之间接触时，前端为温热而后端有凉的感觉甚至有结霜，该部位存在堵塞。除空调管路有堵塞现象，储液干燥罐内也常常会发生堵塞。

维修方法：更换相应产生堵塞部件，必要时清洗系统内污物。

（7）低压正常或极低，高压正常或过高　测量情况如图 3-27 所示。

故障现象：出风口温度先低后高，制冷时有时无。

原因分析：

1)制冷剂循环回路中有水分。

检查方法:循环回路中的水分通常在蒸发器或膨胀阀局部造成结冰然后又融化,导致出风口温度在高与低之间变换。当空调不制冷时高压侧压力升高,低压侧降低甚至接近真空。

维修方法:更换干燥瓶,回收制冷剂后并对系统抽真空至少 30min 后重新加注。

2)压力传感器或蒸发箱温度传感器信号错误。

检查方法:当压力传感器或蒸发箱温度传感器测量值有所偏差或传感器间歇性发生故障时,由控制单元采用其错误参数或识别故障后被迫调低或关闭制冷功能,或者控制单元自身原因不能正确识别传感器信号。发生这种情况时,我们可以通过实际测量值对比传感器测量值确定故障原因。

维修方法:更换相应故障传感器或控制单元。

(8)低压正常至过高-晃动,高压偏高至过高-晃动 测量情况如图 3-28 所示。

图 3-27 低压正常或极低,高压正常或过高

图 3-28 低压正常至过高-晃动,高压偏高至过高-晃动

故障现象:出风口温度较高或自然风,不制冷。

原因分析:制冷剂循环回路中有空气。

检查方法:观察视液窗看到制冷剂流动和气泡。向冷凝器上泼水看到大量气泡,说明空调系统的制冷剂中有空气。因为向冷凝器上泼水,冷凝器内的制冷剂温度会迅速下降,会造成比容下降,此时储液干燥罐内的液体会向冷凝器逆流,所以就会看见大量气泡。

维修方法:进行抽真空(更换制冷剂)并重新充注。

六 项目实施

实施准备

安全防护:做好车辆安全防护与隔离(车辆挡块、警示隔离带、高压危险警示牌)

工具设备:歧管压力表、电子检漏仪、荧光检漏仪、真空泵、AC350 制冷剂回收充注

机、制冷剂开瓶器

实训车辆：吉利 EV450

辅助资料：汽车原厂维修手册、原厂电路图

任务一　电动空调系统制冷剂检漏

1. 接收任务

一辆 2018 款吉利帝豪 EV450 电动汽车出现空调不制冷、制冷效果不佳的故障。

你知道电动空调与传统空调的区别吗？电动汽车空调制冷系统的检漏方法有哪些？请你对电动汽车空调制冷系统进行检漏。

2. 收集信息

1）高压表检测压缩机高压侧的压力，压力量程不小于_____kPa。

2）歧管压力表由_____、_____、_____、_____、_____等组成。

3）汽车空调制冷系统常用的检漏设备有_____、_____、_____。

4）采用荧光检漏仪时需在制冷系统中加入_____。

5）制冷系统高压检修阀盖上有字母_____，低压检修阀盖上有字母_____。

6）多功能制冷剂回收充注机具有_____、_____、_____、_____、_____等多种功能。

7）环境温度为 30~35℃，R134a 制冷系统工作时，高压压力为_____MPa，低压压力为_____MPa。

8）对空调系统进行检漏的方法有_____、_____、_____、_____、_____。

9）压力检漏是向制冷系统充注_____，利用_____涂抹相应部位检查泄漏的方法。

10）起动真空泵，持续抽真空 10min 后，真空度应达_____kPa，否则说明制冷系统有泄漏处。

3. 任务实施

1）作业前准备（场地布置、防护装备检查穿戴、仪器设备检查、汽车防护三件套安装）。

2）记录车辆信息。

3）测量电动空调制冷系统高低压压力。

4）目测检漏与压力检漏。

5）用电子检漏仪进行检漏。

6）制冷系统真空检漏。

7）整理恢复场地。

任务二　电动空调系统制冷剂回收与充注

1. 接收任务

一辆 2018 款吉利帝豪 EV450 电动汽车出现空调不制冷、制冷效果不佳的故障。

你知道电动空调与传统空调的区别吗？电动汽车空调制冷系统制冷剂的回收与充注方法是什么？请你对电动汽车空调制冷系统进行制冷剂回收与充注。

2. 收集信息

1）吉利 EV450 电动汽车采用水暖 PTC 加热器，主要部件包括＿＿＿＿＿、＿＿＿＿＿、＿＿＿＿＿、＿＿＿＿＿。

2）简述采用歧管压力表从高压侧加注制冷剂的过程。

3）简述采用歧管压力表从高压侧加注制冷剂的过程。

4）标出图 3-29 中斯必克 AC350 制冷剂回收加注机各部件及按键名称。

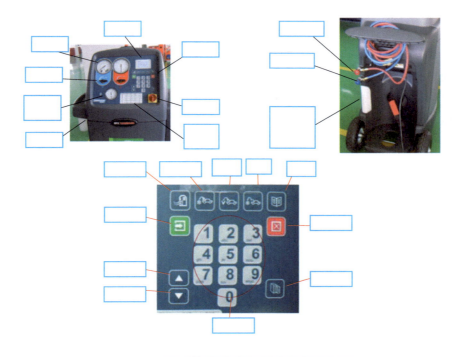

图 3-29　斯必克 AC350 制冷剂回收加注机部件图

5）简述斯必克 AC350 制冷剂回收加注机工作罐初始化操作步骤。

3. 任务实施

1）作业前准备（场地布置、防护装备检查穿戴、仪器设备检查、汽车防护三件套安装）。
2）记录车辆信息。
3）采用歧管压力表进行制冷剂充注（低压侧充注制冷剂）。
4）采用 SPX AC350 进行制冷剂回收与充注。
5）制冷性能检测。
6）整理恢复场地。

复习题

1. 填空题

1）为了减少弯管造成的开裂，弯管前可在弯曲部位进行_____处理。
2）切管时进刀量不宜过大，否则容易压扁铜管，一般选取进刀旋钮_____圈。
3）电子检漏仪通过_____或（与）_____提示制冷剂泄漏。
4）打开小罐制冷剂时，需要使用专用的_____。
5）大气压力为 0.1MPa，真空度为 80kPa 时，绝对压力为_____kPa。
6）制冷系统抽真空的目的是_____。
7）更换新压缩机时，按_____的加注量补充冷冻油。
8）汽车空调制冷系统加注冷冻油的方法有_____和_____两种。

2. 选择题

1）手动低压阀开启状态下，低压管路与低压表（　　）。
   A. 相通　　　　B. 不相通　　　　C. 无法确定
2）顺时针旋转手动高低压阀，（　　）高低压管路与中间管路连接。
   A. 关闭　　　　B. 打开　　　　C. 无法确定
3）利用歧管压力表进行抽真空操作时，手动高低压阀均处于（　　）状态。
   A. 打开　　　　B. 关闭　　　　C. 一开一闭
4）利用歧管压力表完成抽真空作业后，应先关闭（　　），再关闭（　　）。
   A. 真空泵，手动高低压阀　　　　B. 手动高低压阀，真空泵
   C. 手动高压阀，真空泵
5）冷凝器散热片上有脏物覆盖，可用（　　）对冷凝器进行清洗。
   A. 高压水枪　　　　B. 中压水枪　　　　C. 中压喷雾枪

6）吉利 EV450 采用（　　）压力开关。
　　A. 高压压力开关　B. 低压压力开关　　C. 三态压力开关

7）车外温度传感器一般安装在（　　）或散热器之前，极易受到环境影响。
　　A. 车门　　　　B. 车顶　　　　C. 后保险杠　　　　D. 前保险杠

8）在标准大气压状态下，R134a 的沸点是（　　）。
　　A. -26.5℃　　B. -29.8℃　　C.0℃　　　　　　D.100℃

9）R134a 制冷系统冷冻油采用（　　）。
　　A. 合成油　　　B. 矿物油　　　C. 发动机油

10）蒸发器压力损失较大时，宜选用（　　）。
　　A. 内平衡式热力膨胀阀　　　　B. 外平衡式热力膨胀阀
　　C. 节流孔管

3. 简答题

1）简述采用歧管压力表进行制冷系统真空检漏的过程。

2）简述采用歧管压力表从高压侧加注制冷剂的过程。

3）简述采用 AC350 进行制冷剂回收的操作过程。

项目四　电动空调系统鼓风机检修

新能源汽车电动空调、转向和制动系统检修

项目导入

一辆 2018 款吉利帝豪 EV450 电动汽车出现鼓风机不工作的故障。

你知道电动空调通风与配气系统的组成、结构和工作原理吗？电动汽车空调通风与配气系统的控制策略是什么？请你对电动汽车空调通风与配气系统鼓风机不工作的故障进行诊断与排除，并对风向调节电机总成及内外循环调节电机总成进行更换。

教学目标

知识目标：

1）掌握电动汽车空调通风系统、净化系统和配气系统的类型和工作原理。
2）掌握电动汽车空调配气系统主要传感器、执行器检修。
3）掌握电动汽车空调配气系统故障诊断与分析方法。

能力目标：

1）能正确认知电动汽车空调通风、净化和配气系统主要的部件。
2）能正确对电动汽车空调配气系统主要部件进行检修。
3）能正确对 EV450 电动空调通风、净化和配气系统进行维护与故障排除。

一　汽车空调通风系统

汽车乘员舱是一个相对封装的空间，驾驶员、乘客长时间处于车内，他们的呼吸不断消耗着车内的氧气，增加了二氧化碳和水蒸气，同时人体蒸发汗液、异味等造成车内空间空气污浊。为了驾乘人员的健康和舒适，必须从车外引入新鲜空气以替换车内的空气，这就是汽车空调通风系统。

汽车空调通风系统的新鲜空气配送量除了考虑人们因呼吸排出的二氧化碳、蒸发的汗液、吸烟以及从车外进入的灰尘、花粉等污染物的影响外，还必须考虑造成车内正压和局部排气量所需风量。新鲜空气进入量必须大于排出和泄漏的空气量，才能保持车内压力略大于车外的压力。保持车内空气正压的目的是防止外面空气不经空调装置直接进入车内，同时还可以避免发动机废气通过回风道进入车内污染空气。

根据我国对轿车和客车的空调新鲜空气要求，换气量按人体卫生标准最低不少于 $20m^3/h \cdot 人$，且车内的 CO_2 的体积分数一般应控制在 0.03% 以下，风速在 $0.2 m/s$。

汽车空调的通风方式有自然通风、强制通风两种。

1. 自然通风

自然通风也称为动压通风，它是利用车辆运动所产生的空气压力差，使外部空气进入车内、车内的空气排出车外的通风形式。车辆行驶时，空气气流与车身接触部位不同，将产生不同的压力值。图 4-1 所示为普通乘用车车身的模型进行风洞试验的表面压力分布图。可见，车身外部大多受到负压，只有在车前及风窗玻璃周围为正压区。

自然通风的进气口安装在产生正压力的部位，排气口安装在产生负压力的部位，就会形成压差推动空气流动。根据风压分布图，一般乘用车的进风口设置在风窗玻璃的下部正风压区，排风口设置在轿车尾部负压区，如图 4-2 所示。进风口风道设有进气阀门和内外循环风门，用来控制新鲜空气的流量，并防止灰尘、噪声以及雨水的侵入。由于自然通风不消耗动力，且结构简单，通风效果也较好，因此，轿车大多设有自然通风。

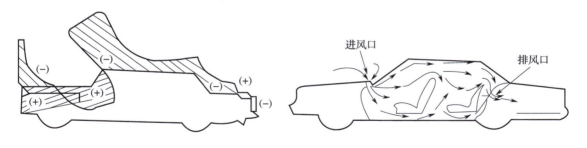

图 4-1　乘用车车身表面风压分布　　　　图 4-2　自然通风进排风口的位置

2. 强制通风

强制通风指利用鼓风机将车外空气送入车内，推动车内空气从排风口流出的通风方式。目前乘用车采用冷暖一体化的汽车空调系统，将通风、供暖和制冷通过风道进行混合配置，由鼓风机将车外空气与空调冷暖空气混合后送入车内，如图 4-3 所示。

乘用车一般同时兼有自然通风和强制通风，强制通风的进排风口与自然通风一致，汽车空调使用时,开启外循环模式,打开鼓风机,有利于加强通风。

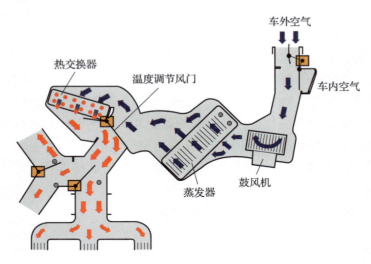

图 4-3 强制通风的风道布置形式

二 汽车空调净化系统

进入车内的空气由车外空气和车内循环空气两部分构成。车外空气受到环境的污染,包含有粉尘、烟尘以及汽车尾气排出的含有 CO、CO_2、SO_2 等有害气体。车内循环空气受到人的活动和工作过程的污染,如人体呼出的 CO_2、身体散发出的汗味以及汽车废气通过缝隙漏入车内,这些都影响人体的健康,降低了空调的舒适性。因此,汽车空调还必须保证通风过程送入的新鲜空气是健康的,并同时具有对车内的空气进行净化的功能,完成净化的这个系统就是汽车空调净化系统。

汽车空调净化系统按工作原理不同可以分为过滤式、静电式、紫外线杀菌式和负离子式等。一般车型都配置过滤式净化装置,随着人们对车内空气质量要求越来越高,其他的净化装置也被配置到中高档车型中。

1. 过滤器

汽车空调过滤器的基材是无纺布,是由定向的或随机的纤维而构成。无纺布具有防潮、透气、柔韧、质轻、不助燃、容易分解、无毒无刺激性等特点,多采用聚丙烯(PP 材质)粒料为原料,经高温熔融、喷丝、铺纲、热压卷取等系列步骤生产而成。普通无纺布过滤器结构简单,成本低,故广泛用于各种汽车空调系统中,如图 4-4 所示。不同的车型空调过滤器安装位置主

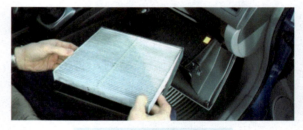

图 4-4 汽车空调过滤器更换

要有两种：

1）安装在风窗玻璃下面，在更换滤芯时，先把发动机舱盖掀开，拆下流水槽。

2）安装于前排乘客侧杂物箱内或附近，拆卸起来极为方便，只需要将杂物箱取下或可直接拆卸。

汽车空调过滤器随着使用时间的增加，表面附着的灰尘和空气漂浮物越来越多，导致通风阻力持续上升，达到一定程度就会影响其通风效果，使得空调性能变差。所以，空调过滤器的寿命由容尘量决定。通常情况，空调过滤器的更换周期是汽车每使用6个月或者行驶里程达10000km。

目前汽车空调过滤器根据滤芯的材质不同可分为单效滤芯，双效滤芯（带活性炭）、多效滤芯（多元酚或者静电层吸附抗菌层等）和HEPA（High Efficiency Particulate AirFilter）PM2.5滤芯（类似空气净化器滤芯）等几类，如图4-5所示。

图4-5 汽车空调过滤器

（1）单效滤芯　单效滤芯主要过滤层为普通滤纸或无纺布材质，通过将白长丝无纺布折叠，形成一定厚度的褶皱，从而实现对空气的过滤。由于不具备其他吸附或过滤材料，只是利用无纺布对空气进行单纯的过滤，这种滤芯不能抵御细小灰尘、病菌、PM2.5颗粒物和有害气体，过滤效果差，但是这种滤芯一般空气流量最大。

（2）双效滤芯　双效是指在单效的基础上，增加了活性炭，起到了吸附外界异味和甲醛的作用。这类空调过滤器相对于单效的风量会低一些。双效汽车空调过滤器主要有曼牌cuk、马勒lak系列等。

（3）多效滤芯　多效空调过滤器一般在双效空调过滤器的基础上会增加抗菌和静电吸附的材质，通过静电层对微小的颗粒进行吸附。相对于传统的双效滤芯，多效滤芯对PM2.5这类的过滤会有明显的提升，抗菌涂层可以让空调过滤器在潮湿天气下不滋生细菌。这类空调过滤器相比HEPA的这类注重过滤效果的空调过滤器，可以在风量和过滤性上找到一个平衡点。

（4）HEPA滤芯　HEPA滤芯采用了椰壳活性炭的结构，尤其是对于过滤PM2.5的效果很出色，但是相对于前面几种空调滤芯，其最大的缺点就是因为过滤效果的增加，空气的流动效率很差，很多小型车空调鼓风机的风力没有那么大，用了这种滤芯即便开至很大的档位也没有充足的风量，影响空调的制冷制热效果和舒适性，而且价格也要更高。

2. 静电式

静电除尘装置是利用高压电极产生高压电场,对空气进行电离,使尘粒带电,然后在电场作用下产生定向运动,沉降在正负电极上,从而实现对空气净化的装置。

它由电离部、集尘部、活性炭吸附器三部分组成,如图 4-6 所示。电离部和集尘部可做成一体,也可分开,它是静电式净化器的主要组成部分。电离部在电极之间加以 5kV 的电压差,产生电晕放电,粉尘被电离带上负电荷并被正极板所吸引。正极板就是集尘部,带负电荷的粉尘在集尘部受洛伦兹力的作用而附在正极板上。当集尘部上积尘达到一定量时,可进行清洗、除尘或更换。除去粉尘后的空气再用活性炭吸附,除去臭味及有害气体,净化后的空气被送至车内。有的静电除尘净化器还设有负离子发生器,改善车内空气品质,以利于驾乘人员的健康。

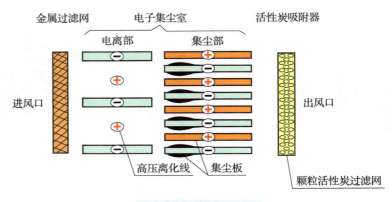

图 4-6 静电集尘原理

3. 紫外线杀菌式

紫外杀菌装置是指利用适当波长(254nm)的紫外线能够破坏微生物机体细胞中的 DNA(脱氧核糖核酸)或 RNA(核糖核酸)的分子结构,造成生长性细胞死亡和(或)再生性细胞死亡,达到杀菌消毒效果的装置。紫外线杀菌装置一般安装于静电集尘板的附近或空调过滤器后面的汽车空调箱内。采用空调箱内置式安装,可避免在运行时对车内环境和人体造成不良影响。图 4-7 所示为上汽荣威 Ei5 车型上可以选装的紫外线杀菌空调净化装置。

图 4-7 内置式紫外线空调净化装置

4. 负离子式

负离子是指原子、分子获得电子后所形成的带负电粒子。自然界中负离子的产生一般有以下这几种方式：宇宙射线、紫外线、雷电、瀑布、植物光合作等自然现象。瀑布冲击时，水在重力的作用下进行激烈撞击，大量水分子裂解而产生负离子。绿色植物光合作用形成的光电效应，也会使空气电离而产生负离子。

空气中的负离子与细菌、霉菌、病毒等接触，由于负离子本身携带多余电子，会破坏它们的分子蛋白结构，从而使细菌病毒等微生物死亡。适量浓度的负离子不但对人体无害，而且还有益于人体健康，所以"负离子杀菌"是比臭氧或紫外线杀菌更为环保的杀菌方式。

此外负离子作为一种带负电粒子，能使空气中肉眼看不见的颗粒以及飘尘（粒径小至 $0.01\mu m$）异味分子，通过正、负离子间相互吸引、碰撞、中和，而形成中性分子团，下沉落地，达到降尘、除臭、净化的效果。有实验证实，当室内空气中负离子的浓度达到 20000 个 $/cm^3$ 时，空气中的微粒飘尘量减少 98% 以上。

车用负离子净化装置利用高压电使空气电离而产生负离子，目前只在一些中高端车型上使用，负离子净化按键为 ION，如图 4-8 所示。

图 4-8 带负离子净化装置的汽车空调

三 汽车空调配气系统

目前汽车空调已不再是单一制冷或取暖的空调系统，而是冷暖一体化的系统。为了满足驾乘人员对温度、湿度、风速、风向、空气洁净度和除雾除霜的调节要求，汽车空调配气系统由三个部分组成，如图 4-9、图 4-10 所示。

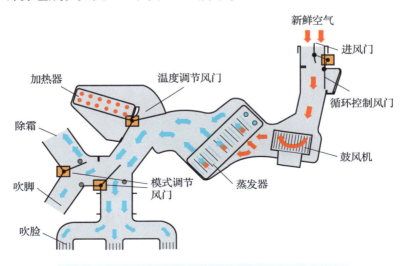

图 4-9 汽车空调配气系统结构组成（外循环制冷状态）

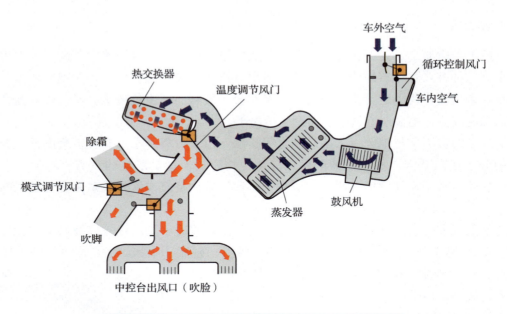

图 4-10　汽车空调配气系统结构组成（外循环制热状态）

第一部分为空气进入段，主要由用来控制新鲜空气和车内循环空气的循环控制风门和伺服器组成；第二部分为空气混合段，主要由加热器、蒸发器和温度调节风门及伺服器组成，用来提供所需温度、湿度的空气；第三部分为空气分配段，通过模式风门控制出风吹脸、吹脚和除霜（吹风窗玻璃）等。

汽车空调配气系统的控制风门可由手动控制钢索（手动空调）、真空气动装置（半自动空调）、电控气动和伺服电机（自动空调）来驱动。目前乘用车控制风门主要采用伺服电机驱动的形式，空调控制器根据空调控制面板按键的指令，控制空调系统制冷、制热系统的运行，驱动各风门协同完成空气调节工作。

汽车空调常见的几种配气模式如下：
1）A/C 开关打开，内循环（或外循环），吹脸。
2）A/C 开关打开，内循环（或外循环），吹脸和吹脚。
3）A/C 开关打开，内循环（或外循环），吹脚。
4）A/C 开关打开，内循环（或外循环），除霜模式。

四　吉利 EV450 自动空调控制系统

1. 吉利 EV450 自动空调控制系统概述

EV450 自动空调控制系统包括空调控制面板及 A/C 空调控制器（热管理控制器），其工作原理见图 1-42。自动空调控制面板如图 4-11 所示。具体的控制方法和策略参见项目一中的相关内容。

项目四　电动空调系统鼓风机检修

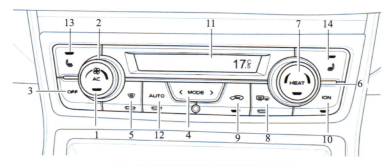

图4-11　EV450自动空调控制面板

1—A/C按键　2—风量调节旋钮　3—OFF按键　4—风向调节按键　5—前风窗除霜除雾按键
6—温度调节旋钮　7—加热按键　8—后风窗/外后视镜除霜按键　9—内外循环按键　10—空气净化器按键
11—显示屏　12—AUTO按键　13—驾驶员座椅加热按键　14—前排乘客座椅加热按键

2. 自动空调控制系统传感器

（1）温度传感器　室外温度传感器、蒸发器温度传感器、加热器（暖风水箱）温度传感器均为负温度系统热敏电阻传感器。室外温度传感器位于车辆前保险杠下面的前格栅区域，A/C空调控制器使用这个传感器来获知周围空气温度信息，并在仪表上显示外部温度。温度为25℃时，室外温度传感器电阻为2.2kΩ（±3%）。蒸发器温度传感器和室外温度传感器电路如图4-12、图4-13所示。

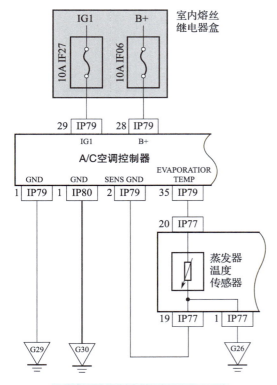

图4-12　蒸发器温度传感器电路

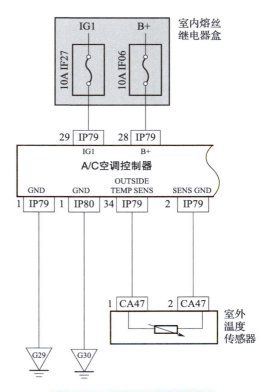

图4-13　室外温度传感器电路

093

（2）环境光及阳光传感器　环境光及阳光传感器位于仪表板装上部装饰衬垫左边，其电路如图4-14所示。

（3）空调压力开关　空调压力开关属于三态压力开关，其电路如图4-15所示。当高压侧压力 $0.196MPa \leq p \leq 3.14MPa$，允许压缩机起动，否则停止压缩机工作。当高压侧压力大于1.77MPa时，A/C空调控制器控制冷凝风扇高速转动；当高压侧压力小于1.37MPa时，A/C空调控制器控制冷凝风扇低速转动。

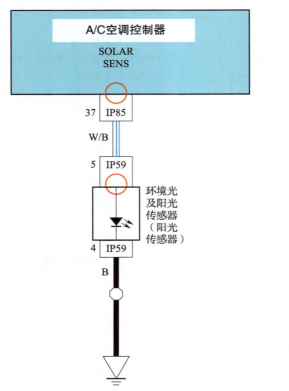

图4-14　阳光传感器电路

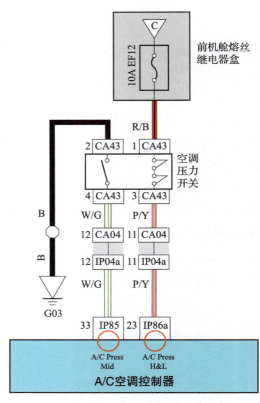

图4-15　空调压力开关电路

（4）空气质量传感器　EV450自动空调系统带有AQS空气质量控制系统，AQS正常情况下均处在外循环状态，当AQS传感器感知车外空气混浊、有害时，能在数秒内将空气循环模式切换到内循环，从而保持车内空气清新。AQS传感器对道路粉尘反应一般，在尘土轻扬的道路上行驶，AQS不会马上切换，只有当道路粉尘较为严重时，AQS才会迅速切换至内循环状态。EV450自动空调系统AQS空气质量传感器电路如图4-16所示。AQS空气质量传感器连接器编号为IP97，IP97/1端子由A/C空调控制器供电，IP97/2端子搭铁，IP97/3连接A/C空调控制器IP85/6端子，输出空气质量信号。

3. 自动空调控制系统执行器

（1）鼓风机　鼓风机由永磁型电动机、轴流式风扇组成，鼓风机转速取决于鼓风机调

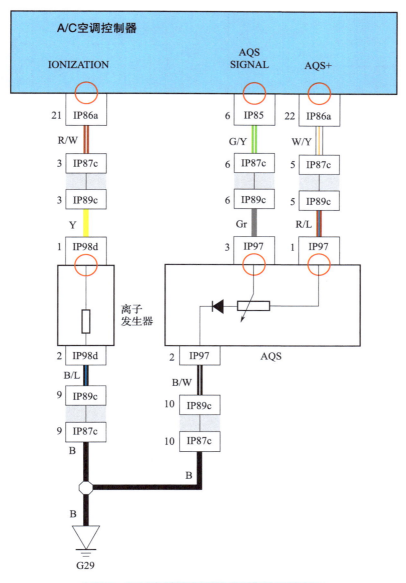

图 4-16　空气质量传感器与负离子发生器电路

速模块。鼓风机控制电路如图 4-17 所示。鼓风机连接器编号为 IP90，鼓风机正极由前舱熔丝继电器盒中的鼓风机继电器 ER10 供电，ER10 通过 A/C 空调控制器 IP86a/24 端子负触发控制，鼓风机负极连接至鼓风机调速模块。鼓风机调速模块连接器编号为 IP93c，A/C 空调控制器通过 IP85/24 端子向鼓风机调速模块输出调速信号，同时鼓风机调速模块通过 IP93c/3 向 A/C 空调控制器反馈鼓风机转速信号。

（2）调节风机　EV450 自动空调通风系统的主要执行元件为各调节电机，包括冷暖风调节电机、出风模式调节电机、内外循环电机。冷暖风调节电机电路如图 4-18 所示，出风模式调节电机电路如图 4-19 所示，内外循环调节电机电路图如图 4-20 所示。

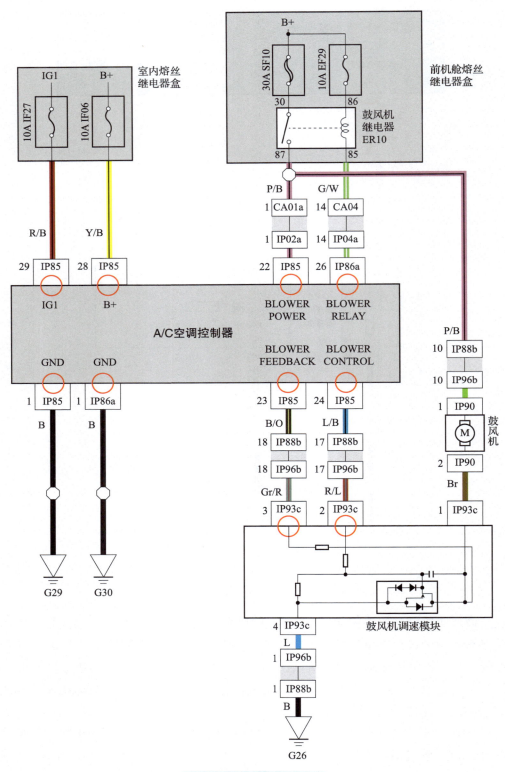

图4-17 鼓风机控制电路

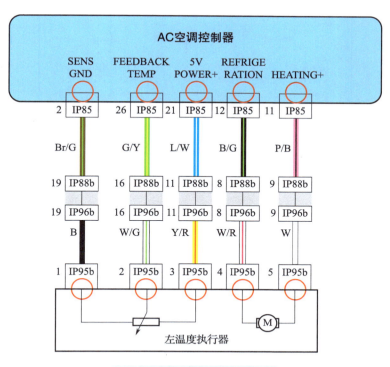

图 4-18 冷暖风调节电机电路

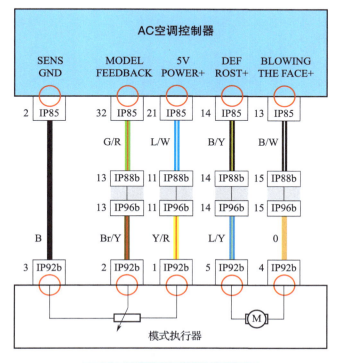

图 4-19 出风模式调节电机电路

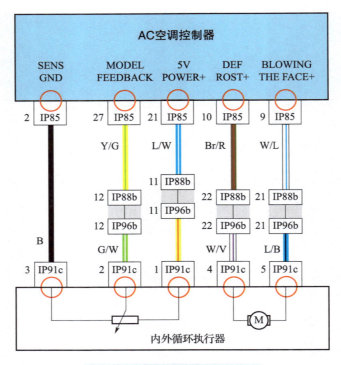

图 4-20 内外循环调节电机电路

五 项目实施

实施准备

安全防护：做好车辆安全防护与隔离（车辆挡块、警示隔离带、高压危险警示牌）
工具设备：万用表、故障诊断仪、真空泵、AC350 制冷剂回收充注机
实训车辆：吉利 EV450
辅助资料：汽车原厂维修手册、原厂电路图

任务一　电动空调鼓风机检测

鼓风机故障检修

1. 接收任务

一辆 2018 款吉利帝豪 EV450 电动汽车出现鼓风机不工作的故障。你知道电动空调通风与配气系统的组成、结构和工作原理吗？电动汽车空调通风与配气系统的控制策略是什么？请你对电动汽车空调通风与配气系统鼓风机不工作的故障进行诊断与排除。

2. 收集信息

1）吉利 EV450 鼓风机由继电器_____供电，A/C 空调控制器通过_____信号进行控制。

2）鼓风机总成插接器编号_____，A/C 空调控制器插接器编号_____。

3）鼓风机速度将由 A/C 空调控制器根据_____的设定温度、风量和温度传感器信号自动控制。

4）吉利 EV450 自动空调系统自动模式（AQS 模式）时，内循环保持_____min 时，自动强制切换为外循环并保持_____。

5）吉利 EV450 配气系统由_____、_____、_____等组成。

3. 任务实施

1）作业前准备（场地布置、防护装备检查穿戴、仪器设备检查、汽车防护三件套安装）。

2）记录车辆信息。

3）用诊断仪读取故障码。

4）检查鼓风机熔丝 EF29、SF10。

5）检查鼓风机电源电压。

6）检查鼓风机继电器 ER10。

7）检查鼓风机的控制与反馈信号线束。

8）整理恢复场地。

任务二 电动空调鼓风机及调速模块更换

1. 接收任务

一辆 2018 款吉利帝豪 EV450 电动汽车出现鼓风机不工作的故障，车间主管检查后确认为鼓风机故障，需对鼓风机及调速模块进行更换。请你按标准操作流程对鼓风机及调速模块进行更换。

2. 收集信息

1）放置鼓风机电机时，不可将_____作为支撑面，以防损坏叶片。

2）吉利 EV450 鼓风机总成由_____、_____和_____等组成。

3）吉利 EV450 鼓风机调速由_____控制_____完成。

4）吉利 EV450 鼓风机及调速模块电路图页码为_____。

5）吉利 EV450 鼓风机风速共分为_____个档。填写表 4-1 中不同转速时鼓风机端电压。

表 4-1 鼓风机不同转速时端电压

鼓风机档位	鼓风机端电压 /V	鼓风机档位	鼓风机端电压 /V
0		2	
1		3	

（续）

鼓风机档位	鼓风机端电压 /V	鼓风机档位	鼓风机端电压 /V
4		6	
5		7	

6）鼓风机插接器编号为_____，鼓风机调速模块插接器编号为_____。

3. 任务实施

1）作业前准备（场地布置、防护装备检查穿戴、仪器设备检查、汽车防护三件套安装）。

2）记录车辆信息。

3）用诊断仪读取故障码。

4）拆卸鼓风机及调速模块。

5）安装鼓风机及调速模块。

6）整理恢复场地。

任务三　电动空调蒸发器温度传感器检测

1. 接收任务

一辆 2018 款吉利帝豪 EV450 电动汽车出现电动压缩机无法起动、不制冷的故障。车间主管检查后诊断为蒸发器温度传感器故障。请你对蒸发器传感器进行检测。

2. 收集信息

1）放置鼓风机电机时，不可将_____作为支撑面，以防损坏叶片。

2）吉利 EV450 蒸发器温度传感器电路图所在页码为_____。

3）EV450 蒸发器温度传感器插接器编号_____，空调控制器侧蒸发器温度传感器信号端子为_____。

4）蒸发器温度低于_____℃，则压缩机停止工作。蒸发器温度增加至_____℃以上，压缩机可起动。

5）温度为 25℃时，蒸发器温度传感器电阻为_____kΩ。

6）画出 EV450 蒸发器温度传感器电路简图。

3. 任务实施

1）作业前准备（场地布置、防护装备检查穿戴、仪器设备检查、汽车防护三件套安装）。

2）记录车辆信息。

3）用诊断仪读取故障码。

4）检查 A/C 空调控制器熔丝 IF06 和 IF27。

5）检查 A/C 空调控制器供电检测。

6）蒸发器温度传感器线束检测。

7）故障恢复验证。

8）整理恢复场地。

复习题

1. 填空题

1）汽车空调通风系统将_____引入_____以保持空气清新度。

2）汽车空调通风系统需保持车内_____，以防止车外空气渗入车内。

3）汽车空调的通风方式有_____、_____两种。

4）一般乘用车的进风口设置_____，进风口风道设有_____和_____。

5）强制通风指_____。

6）汽车空调净化系统按工作原理不同可以分为_____、_____、_____和_____等。

7）空调过滤器的更换周期是_____。

8）空调过滤器根据滤芯的材质不同可分为_____、_____、_____等。

9）HEPA 滤芯最大的缺点_____。

10）静电除尘装置由_____、_____、_____三部分组成。

11）汽车空调配气系统由_____、_____、_____三个部分组成。

12）吉利 EV450 自动空调系统控制系统采用_____的模式。

13）吉利 EV450 自动空调系统自动模式（AQS 模式）时，内循环保持_____min 时，自动强制切换为外循环并保持_____。

14）吉利 EV450 配气系统由_____、_____、_____等组成。

2. 选择题

1）运动中的汽车车前及前风窗玻璃周围为（　　）。
   A. 负压区　　　　B. 正压区　　　　C. 无法确定

2）（　　）与细菌、霉菌、病毒等接触，会破坏它们的分子蛋白结构，从而使细菌病毒等微生物死亡。
   A. 正离子　　　　B. 电子　　　　C. 负离子

3）吉利 EV450 空调控制器与面板、电动压缩机、热交换器控制器等组成（　　）网络。
   A.LIN　　　　　B.CAN　　　　　C.MOST

4）EV450 风向调节按钮选择吹面模式时，风向电压工作电压为（　　）。
   A.0.5V　　　　　B.2.5V　　　　　C.4.5V

5）目前乘用车控制风门主要采用（　　）控制形式。
　　A. 钢索　　　　　　B. 真空阀　　　　　　C. 伺服电机驱动

3. 简答题

1）指出图 4-21 中汽车空调配气系统各部件的名称。

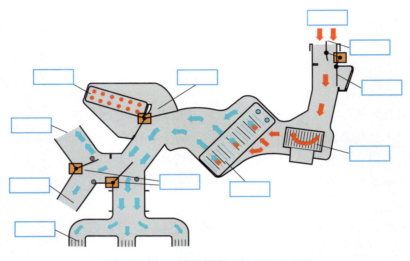

图 4-21　汽车空调配气系统组成结构图

2）画出鼓风机控制电路图，简述鼓风机检修过程。

3）画出循环风门调节电机电路图，简述循环风门调节电机检修过程。

4）画出空调压力开关电路图，简述压力开关可能故障原因及其检修过程。

项目五　电动助力转向系统检修

新能源汽车电动空调、
转向和制动系统检修

项目导入

一辆 2018 款吉利帝豪 EV450 电动汽车出现电动助力转向系统（EPS）指示灯常亮故障。你知道电动助力转向系统的组成、工作原理及检修方法吗？请针对 EPS 指示灯常亮等故障进行诊断与排除。

教学目标

知识目标：

1）了解电动助力转向系统的类型及特点。
2）掌握电动助力转向系统组成、工作原理。
3）掌握电动助力转向系统常见故障诊断及检修流程。

能力目标：

1）能向客户介绍电动助力转向系统的特点及基本知识。
2）能进行 EPS 指示灯常亮故障诊断与排除。
3）能进行转角传感器故障检修。
4）能进行 EPS 通信故障检修。
5）能进行电动助力转向柱管总成的更换。

一　电动助力转向系统概述

电动助力转向系统（Electric Power Steering，EPS）是一种直接依靠电动机提供辅助转矩的动力转向系统。该系统仅仅控制电动机电流的方向和幅值，不需要复杂的控制机构；还可以根据不同的使用工况控制电动机提供不同的辅助动力，满足人们对驾驶轻便性、操控稳定性的要求。

电动转向助力系统是电子技术在汽车上的推广利用，也是中小型乘用车动力转向技术的发展方向。ECU 根据转矩传感器的转矩信号、转向盘转角信号和车速信号，调节电动机的转向助力转矩，替代了液压助力系统，避免了复杂的液压助力系统及其所对应的所有故障，并使系统总重减轻了 25%，降低了油耗和维修费用。因此，EPS 会逐渐取代液压转向助力系统。

1. 类型

电动助力转向系统根据电动机布置位置不同，分为三种类型：转向轴助力式、齿轮助力式和齿条助力式，如图 5-1 所示。

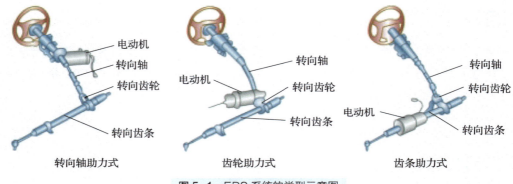

图 5-1　EPS 系统的类型示意图

（1）转向轴助力式　转向轴助力转向系统的电动机固定在转向轴一侧，并装有一个电磁控制的离合器，通过减速机构与转向轴相连，直接驱动转向轴助力转向。它具有结构紧凑、转矩信号与控制直流电机助力的响应性较好的特点，一般用在小型轿车上。

（2）齿轮助力式　齿轮助力转向系统的电动机通过减速机构与转向小齿轮相连，直接驱动齿轮助力转向，可获得较大的转向力。这种方式可使各部件的布置更方便，但当转向盘与转向器之间装有万向传动装置时，转矩信号的取得与助力车轮部分不在同一直线上，其助力特性难以保证准确。

（3）齿条助力式　齿条式助力转向系统的转矩传感器单独安装在转向小齿轮附近，而电动机与减速机构一起安装在小齿轮另一端的齿条上，直接驱动齿条提供助力。这种动力辅助单元可以装在齿条的任何位置，增加了结构设计布置的灵活性。

2. 特点

EPS 系统与传统的液压助力转向系统相比较，具有如下优点：

1）结构简单，节省空间。EPS 取消了传统液压助力转向的液压泵、软管、液压油、传动带和带轮等零件，直接采用电动机提供动力，结构更加简单；电动机和减速机构集成在转向柱或者转向器壳体中，节省空间。

2）节省动力。液压转向助力系统的液压泵在车辆不转向时也工作，加大了能量消耗。而 EPS 只在转向时电动机才提供助力，因此能减少动力消耗，并能在各种行驶工况下提供最佳的转向助力。

3）重量轻。仅在机械转向系基础上增加了一套电动机和减速机构，取代了传统液压助力转向的液压油泵、软管、液压油、传动带和带轮等零件，减轻了转向系统的重量。

4）汽车主动安全性提高。EPS 减小了由于路面不平所引起的对转向系统的干扰，改善了汽车的转向性能，减轻了汽车低速行驶时的转向操纵力，提高了汽车高速行驶时的转向稳定性，进而提高汽车的主动安全性。

5）环保性好。因为 EPS 取消了油泵、液压油、油罐等，不存在液压油泄漏等环境污染问题。

6）可实现转向系统的主动回正。在一定车速下，当驾驶员转动转向盘一个角度后松开，车辆本身具有使车辆回到直线行驶方向的能力，这是由其固有结构所决定的；在传统液压控制系统中，汽车底盘结构设计一旦完成，其回正特性就不能改变。而 EPS 可以对该回正过程进行主动控制，利用软件在最大限度内调整设计参数以使车辆获得最佳的回正特性。

但是同时，EPS 系统也有一些不足：直接助力式电动转向系统提供的辅助动力较小，难以用于大型车辆。减速机构、电动机等部件会影响汽车的操纵稳定性，正确匹配对整车性能至关重要。使用电动机、减速机构和转矩传感器等部件，增加了系统的成本。

二 电动助力转向系统的组成及工作原理

1. 电动助力转向系统的组成

电动助力转向系统主要包括机械式齿轮齿条转向器、转矩传感器、减速机构、离合器、电动机、电子控制单元（ECU）和车速传感器等，如图 5-2 所示，转矩传感器通过扭杆连接在转向轴中间。当转向轴转动时，转矩传感器开始工作，把两段转向轴在扭杆作用下产生的相对转角变成电信号传给 ECU，ECU 根据车速传感器和转矩传感器的信号决定

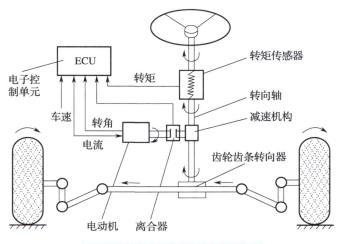

图 5-2　电动助力转向系统示意图

电动机的旋转方向和助力电流的大小,并将指令传递给电动机,通过离合器和减速机构将辅助动力施加到转向系统中,从而完成实施控制的助力转向。它可以方便地实现在不同车速下提供不同的助力效果,保证汽车在低速转向行驶时轻便灵活,高速转向时行驶时稳定可靠。

2. 系统关键部件

(1) 转矩传感器　其作用是检测作用在转向盘上的转矩大小和方向,把不同的电压信号送给 EPS-ECU,其转矩特性如图 5-3b 所示,是电动助力的依据之一。

转矩传感器主要有接触式和非接触式两种。接触式(主要是电位计式)传感器有摆臂式、双排行星齿轮式和扭杆式三种类型,非接触式转矩传感器主要有光电式和磁电式两种。前者的成本低,但受温度与磨损影响易发生漂移,使用寿命较低,需要对制造精度和扭杆刚度进行折中,难以实现绝对转角和角速度的测量。后者的体积小、精度高、抗干扰能力强,刚度相对较高,易实现绝对转角和角速度的测量,但是成本较高,广泛应用于轿车和轻型车中,是 EPS 转矩传感器的主流产品。

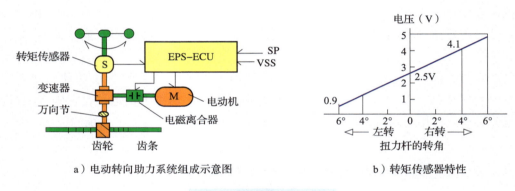

a) 电动转向助力系统组成示意图　　b) 转矩传感器特性

图 5-3　转矩传感器的作用

转矩传感器具有双回路输出特性,如图 5-4 所示,主回路和辅回路输出电压之和恒定为 5V。当转向盘置于中间位置时,主回路和辅回路各为 2.5V;往右打方向时,主回路输出电压升高,辅回路相应降低,往左打方向时则相反;当任意一路电压升高至 3.5V(另外一路降到 1.5V)时,EPS 以最大助力输出。

汽车行驶速度也是 EPS 的控制信号,由车速传感器来测量。

(2) 电磁离合器　当 EPS 发生故障时,离合器分离,转向助力变为普通手动转向。这样可以保证 EPS 在预先设定的车速范围内闭合,当车速超过设定车速范围时,离合器断开,电动机不再提供助力,转入手动转向状态,另外当电动机发生故障时,离合器将自动断开。车速超过 30km/h 时,EPS 不工作。

图 5-5 所示为电磁离合器的结构。当电流通过集电环进入电磁离合器线圈时,主动轮产生电磁吸力,带花键的压板被吸引与主动轮压紧,这样电动机的动力经过轴、主动轮、压板、花键、从动轴传递给执行机构。

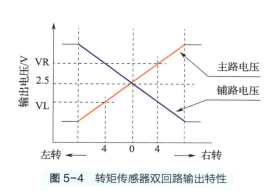

图 5-4 转矩传感器双回路输出特性

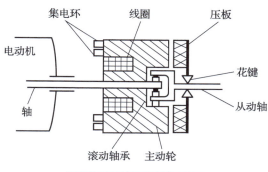

图 5-5 电磁离合器结构

（3）直流电动机和减速机构　直流电动机的特点是转矩大、调速范围宽，改变驱动电流大小，可使其转矩发生改变，在适当的时候提供相应的转向助力转矩。电动机分为直流有刷永磁电动机和直流无刷永磁电动机，前者可靠性差，但控制程序简单；后者可靠性高，但控制程序复杂。

转向助力用直流电动机需要正反转控制，图 5-6 所示是一种比较简单适用的控制电路。a_1 和 a_2 端为触发信号端，从微机系统的 D/A 转换器得到的直流信号输入到 a_1 和 a_2 端，用以触发电动机产生正反转。当 a_1 端得到输入信号时，晶体管 VT_3 导通，VT_2 得到基极电流而导通，电流经 VT_2、电动机、VT_4、搭铁而构成回路，电动机正转；当 a_2 端得到输入信号时，晶体管 VT_4 导通，VT_1 得到基极电流而导通，电流则经 VT_1、电动机、VT_4、搭铁而构成回路，电动机有反向电流流过反转。控制触发信号的导通频率，就可以控制电动机通过电流的大小。

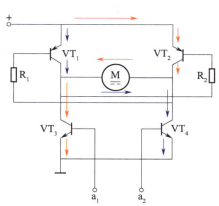

图 5-6 电动机正反转控制电路

减速机构起减速、增矩作用，通常为蜗轮蜗杆式或行星齿轮式，如图 5-7 所示。

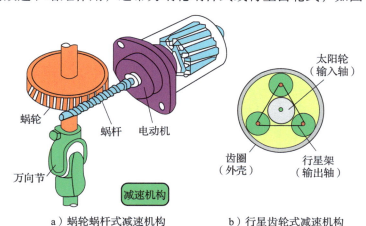

a）蜗轮蜗杆式减速机构　　　b）行星齿轮式减速机构

图 5-7 电动机和减速机构

（4）EPS-ECU　电动转向助力系统的控制单元接受转矩传感器信号、车速传感器信号、发动机转速信号，经分析处理，输出不同电流。通过助力电动机，随时根据驾驶员的操作，提供渐进随动转向助力动作。即：不转—不助；小转—小助；大转—大助；车速低—助力大（轻便）；车速高—助力小（有手感，防止发飘）。

如图 5-8 所示，根据电流特性可知，如果在停车时，不断地来回转动转向盘，会引起 EPS 电动机电流增大，将导致其绕组发热而烧毁，在使用中应加以注意。

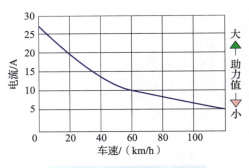

图 5-8　电动机驱动电流特性

3. 电动转向助力系统的工作原理

EPS-ECU 接受转向盘的转向转矩信号、转向盘转角信号和车速信号的高低及发动机转速信号，判断 EPS 是否投入工作，在发动机熄火情况下 EPS 停止工作。经过判断和处理后，根据事先存储器中确定好的助力特性，确定和输出助力转矩电流大小和方向（助力电动机的正反转、工作时间和工作频率）。低速时助力作用大，转向轻便；高速时减小助力，以提高路感和操纵稳定性。

三　转矩传感器工作原理与检修

1. 转矩传感器的工作原理

（1）磁电式转矩传感器　图 5-9 所示为磁电式转矩传感器的结构和工作原理。在输出轴极靴上分别绕有 A、B、C、D 四个线圈，转向盘处于中间位置（直线行驶）时，扭杆的纵向对称面正好处于图示输出轴极靴 AC、BD 的对称面上。当在 U、T 两端加上连续的输入脉冲电压信号 U_i 时，因为通过每个极靴的磁通量相等，所以在 V、W 两端检测到的输出电压信号 $U_0=0$。转向时，由于扭杆和输出轴极靴之间发生相对扭转变形，极靴 A、D 之

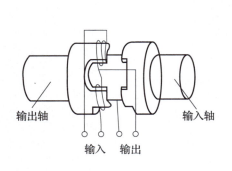
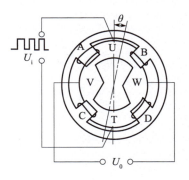

图 5-9　磁电式转矩传感器的结构和工作原理

间的磁阻增加，B、C 之间的磁阻减少，各个极靴的磁通量发生变化，于是在 V、W 之间出现了电位差。其电位差与扭杆的扭转角和输入电压 U_i 成正比。通过测量 V、W 两端的电位差就可以测量扭杆的扭转角，就可以计算出转向盘施加的转矩。

（2）光电式转矩传感器　光电式转矩传感器由遮光盘和光电管组成，属于非接触式转矩传感器，有两个带孔的遮光盘和一个弹性扭力杆，如图 5-10 所示。圆盘随转向盘一起转动，每个遮光器是由一个发光二极管（LED）和一个光电晶体管组成，彼此面对面相对安装，中间有扭力杆弹性连接。当转向盘转动时，因转向阻力的存在，扭杆变形，两个光电元件之间的光电信号值即出现差值，此差值即为转向助力的度量值。转向力矩越大，扭杆变形越大，差值角度就越大。此转矩和方向信号传送给 ECU。ECU 再根据车速传感器信号以及车辆状态信号（静态或动态），经过编程处理，通过助力电动机，提供转向助力量化控制。

（3）磁阻式转矩传感器　磁阻式转矩传感器输入轴上装有多极磁环，输出轴上装有磁阻元件 MRE，两者用扭力杆弹性连接，可相对角位移，如图 5-11 所示。转向时扭力杆变形，多极磁环旋转，引起磁通的变化，使磁阻元件的阻值发生变化，因而输出电压发生变化，它就是转向助力的度量值，此信号输出给 ECU。

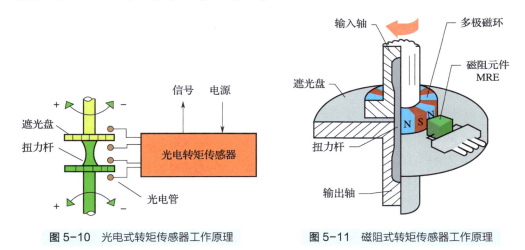

图 5-10　光电式转矩传感器工作原理　　　图 5-11　磁阻式转矩传感器工作原理

2. 转矩传感器的检修

（1）丰田卡罗拉动力转向系统　以丰田卡罗拉为例，其动力转向系统的电路如图 5-12 所示。通过安装在转向柱轴上的电动机和减速齿轮的运作，动力转向系统产生转矩以增大转向力矩。根据车速信号和内置于转向柱总成的转矩传感器信号，动力转向 ECU 决定辅助动力的方向和大小，从而在低速行驶时控制转向力矩变小，在高速行驶时控制转向力矩适度增大。主要组成如下：

1）动力转向 ECU：根据来自转矩传感器的转向力矩信号和来自防滑控制 ECU 的车速信号，动力转向 ECU 计算辅助动力。

2）转矩传感器：转矩传感器检测转向盘转动时产生的转向力矩，并将其转换为电信号。

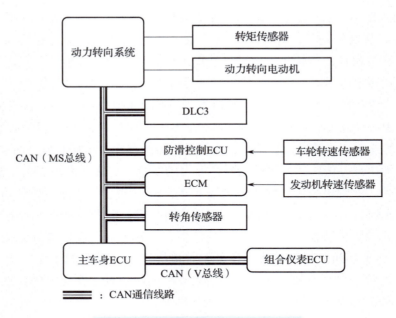

图 5-12 丰田卡罗拉动力转向系统电路

3）动力转向电动机：动力转向电动机由动力转向 ECU 的电流激活，并产生转矩以辅助转向力矩。

（2）转矩传感器故障检修　丰田卡罗拉动力转向系统中有关转矩传感器的故障码有 C1511（转矩传感器 TRQ1 信号错误或中止）、C1512（转矩传感器 TRQ2 信号错误或中止）、C1513（转矩传感器 TRQ1 和 TRQ2 之间的偏差超过规定值）、C1514（转矩传感器电源电压错误）和 C1517（与转矩传感器相关的故障导致暂时控制持续很长时间）等。故障部位集中在转矩传感器和动力转向 ECU。另外，还有转矩传感器零点调整未进行（C1515）、转矩传感器零点调整未完成（C1516）等故障。对应的电路图如图 5-13 所示，检测步骤如下。

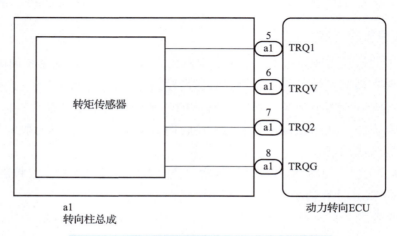

图 5-13 转矩传感器与动力转向 ECU 的端口电路

步骤 1：读取检测仪上的值（转矩传感器输出值）

① 将点火开关置于 OFF 位置。
② 将智能检测仪连接到 DLC3。
③ 将点火开关置于 ON（IG）位置并接通智能检测仪。
④ 进入以下菜单项：Chassis / EMPS / Data List。
⑤ 选择数据表中的"Torque Sensor 1 Output"和"Torque Sensor 2 Output"项，并读取智能检测仪上的显示值，见表 5-1。

表 5-1　转矩传感器数据流

检测仪显示	测量项目/范围	正常状态	诊断备注
Torque Sensor 1 Output	转矩传感器 1 输出值 最低：0V，最高：5V	1. 2.3~2.7V 2. 2.5~4.7V 3. 0.3~2.5V	1. 转向盘不转动（无负载） 2. 车辆停止时向右转动转向盘 3. 车辆停止时向左转动转向盘
Torque Sensor 2 Output	转矩传感器 2 输出值 最低：0V，最高：5V		

⑥ 检查"Torque Sensor 1 Output"和"Torque Sensor 2 Output"值的差别。正常值：电压差低于 0.3 V。如果正常，检查间歇性故障；如果异常，转入步骤 2。

步骤 2：检查动力转向 ECU（输出）

① 将点火开关置于 ON（IG）位置。
② 测量电压：检测仪连接 a1-6（TRQV）至 a1-8（TRQG）端口，标准电压为值为 7.5~8.5V，如图 5-14 所示。

如果异常，更换动力转向 ECU；正常，转入步骤 3。

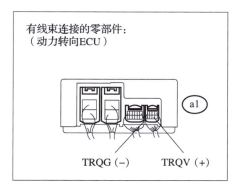

检测仪连接	开关状态	规定状态
a1-6（TRQV）-a1-8（TRQG）	点火开关置于ON（IG）位置	7.5~8.5V

图 5-14　转向 ECU 输出电压值

步骤 3：检查转向柱总成（转矩传感器）

① 将点火开关置于 ON（IG）位置。
② 根据图 5-15 中的检测内容测量相应端子的电压。

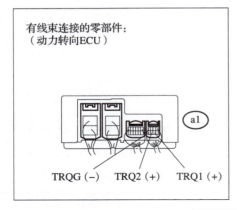

检测仪连接	状态（转向位置）	规定状态
a1-5（TRQ1）-a1-8（TRQG）	中心位置	2.3~2.7V
a1-7（TRQ2）-a1-8（TRQG）	中心位置	2.3~2.7V
a1-5（TRQ1）-a1-8（TRQG）	向右转	2.5~4.7V
a1-7（TRQ2）-a1-8（TRQG）	向右转	2.5~4.7V
a1-5（TRQ1）-a1-8（TRQG）	向左转	0.3~2.5V
a1-7（TRQ2）-a1-8（TRQG）	向左转	0.3~2.5V

图 5-15 转矩传感器信号电压值

如果异常，更换转向柱总成；正常，更换动力总成 ECU。

四 转角传感器的工作原理

各种角度传感器在原则上都可用于检测转向盘角度。常用的转向盘转角传感器有光电式、磁阻式和霍尔式。

1. 光电式转角传感器

以大众车系为例，该传感器在转向柱锁开关和转向盘之间的转向柱上，安全气囊带滑环的回位环集成在该传感器内且位于该传感器下部，如图 5-16 所示。其作用是将转向盘的转角信息传递给电控单元（ESP-ECU）。角度变化范围为 ±720°，也就是转向盘转四圈。

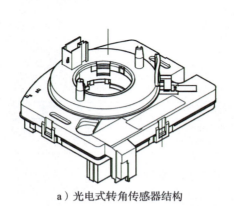

a) 光电式转角传感器结构　　　　　b) 光电式转角传感器电路

图 5-16 光电式转角传感器结构和电路

大众车系的转向盘角度传感器为 G85，是 ESP 中唯一直接通过 CAN 总线将信息传递给控制单元的传感器，只要转向盘转角达到 4.5°，接通点火开关后，该传感器就开始初始化，相当于转动了 15mm。

该传感器通过光栅原理测量角度，其工作原理如图 5-17 所示，基本构件有光源 a、编码盘 b、光学传感器 c 和 d、计数器 e（用于传递转动的圈数）。

编码盘由两个环构成，一个是绝对环，一个是增量环，每个环由两个传感器进行扫描，如图 5-17a 所示。

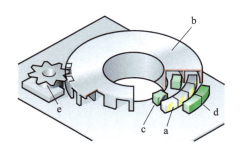
a）光电式转角传感器组成构件
a—光源　b—编码盘　c、d—光学传感器
e—计数器

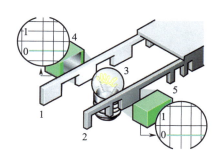
b）光源遮蔽时无信号
1—增量蔽光框　2—绝对蔽光框　3—光源
4、5—光学传感器

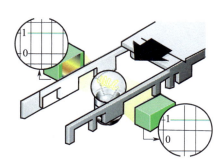
c）光源透过缝隙产生电压信号

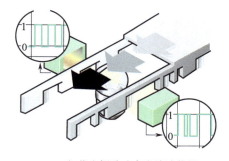
d）蔽光框移动产生脉冲信号

图 5-17　光电式转角传感器的工作原理

为简化结构，将两个带孔的蔽光框单独展示，如图 5-17b 所示，件 1 是增量蔽光框，件 2 是绝对蔽光框。在两个蔽光框之间有光源 3，其外侧是光学传感器。

如果光透过缝隙照到传感器上，就会产生一个电压信号（图 5-17c）；如果光源被遮住，这个电压信号就消失了。如果移动蔽光框，就会产生两个不同的电压（图 5-17d）：增量传感器传送一个均匀的信号，这个因为间隙是均匀分布的；绝对传感器传送一个不均匀信号，这是因为间隙是不均匀分布的。对比这两个信号，就可计算出蔽光框移动的距离，于是就可以确定部件运动的绝对起始点、转动的方向和转过的角度。

2. LWS3 型磁阻式转向盘角度传感器

Bosch 的 LWS3 型磁阻式转向盘角度传感器带有各向异性的磁阻式传感器（AMR），如图 5-18 所示。齿轮 3 和齿轮 7 由转向轴上的齿轮 6 驱动，齿轮 3 和齿轮 7 转动带动其上的磁铁转动，磁阻式传感器电阻随外部磁场强度改变而改变。齿轮 3 和齿轮 7 相差 1 个齿,通过磁阻测量齿轮3和齿轮7的角度值就可知道转向盘位置。该传感器可测量转向盘旋转4整圈的所有角度信号。

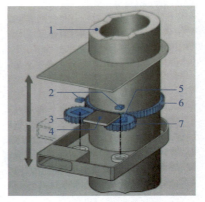

a) LWS 3 型 AMR 传感器　　　b) LWS 3 型 AMR 传感器结构原理

图 5-18　LWS 3 型 AMR 传感器结构及原理

1—转向轴　2—AMR 传感器　3—m 个齿的齿轮　4—信号处理电路　5—磁铁
6—n 个齿的齿轮,$n>m$　7—$m+1$ 个齿的齿轮

3. Hella（海拉）转角传感器

Hella 转角传感器（图 5-19）是一种转矩转角传感器（Torque and Angle Sensor,TAS），既可以测转矩,也可以测转向盘转角,广泛应用于 EPS 中。TAS 的转矩检测功能,其本质上还是一个转角传感器,TAS 与扭杆组装在一起构成转矩传感器总成;转向盘转动时,扭杆与转矩传感器的上半部分与下半部分存在一个相对偏转角,TAS 就是通过检测这个相对转角来测量转向盘力矩的,如图 5-19 所示。

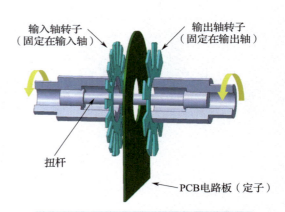

图 5-19　Hella 转角传感器扭杆安装位置

Hella 转角传感器是一种霍尔式非接触式转矩转角传感器,显然如果要利用霍尔效应产生电动势,需要以下几个条件:①磁场（可以是永磁体生磁,也可以是电生磁）;②半导体薄片（霍尔元件）;③半导体薄片上通过一个电流。其结果为,在半导体薄片上与磁场和电流平面垂直的方向产生一个电势,该电势大小与磁场方向及电流大小有关。该传感器最大的创新在于:完全抛弃永磁体,通过在 PCB 电路板上的印制线路形成电感线圈,在线圈两端施加电压以后即在空中形成霍尔效应所需要的磁场,如图 5-20 所示。

检测的原理:两个转子分别检测 40°信号（以 40°为周期）和 20°信号（以 20°为周期）,每一个转子实际上有三组相位互差 120°的接收线圈,三组接收线圈同时接入感知芯片中,如图 5-21 所示。通过协议发送给 ECU 的信号是 20°传感器和 40°传感器所感测到的绝对转角信号，在 ECU 内部通过一定的算法将两个绝对转角信号做同步处理及冗余校验后相减，才能得到相对转角信号——即扭杆偏转角。

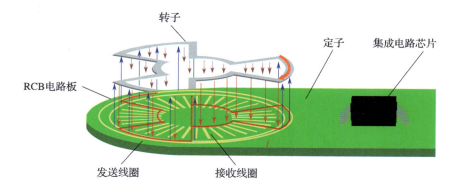

图 5-20 Hella 转角传感器电磁场产生

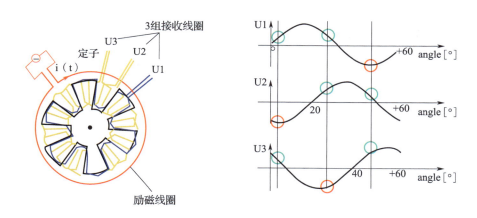

图 5-21 Hella 转角传感器检测原理

同时，Hella 传感器提供的转矩信号还有 PWM 版本，即把同步处理和冗余校验的工作放在传感器内部完成了，无需 ECU 来做此工作。

五 吉利 EV450 电动转向系统

吉利 EV450 的 EPS 系统电气原理图如图 5-22 所示。EPS 控制器通过 CAN 总线与转向盘转角传感器、ESC 控制器、诊断接口和组合仪表等进行通信，采集转向盘转角、转矩信号（来自转向盘转角传感器）和轮速信号（来自 ESC 控制器），控制 12V 的 EPS 转向电动机实现电动助力转向。当 EPS 系统故障时，点亮组合仪表 EPS 故障指示灯。

吉利 EV450 的 EPS 控制器有三个插接器，分别为 IP35a、IP36 和 IP37，其电路如图 5-23 所示，其中 IP35a/5 为 IG 供电，IP35a/6、IP35a/2 为 CAN-L 和 CAN-H 线，IP36、IP37 分别为 EPS 助力电机电源与搭铁线。

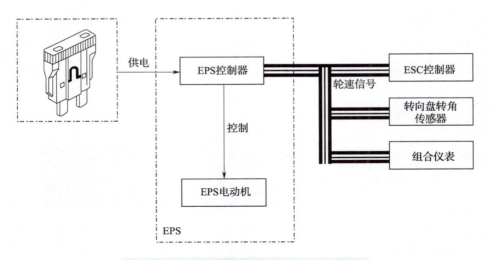

图 5-22 吉利 EV450 的 EPS 系统电气原理图

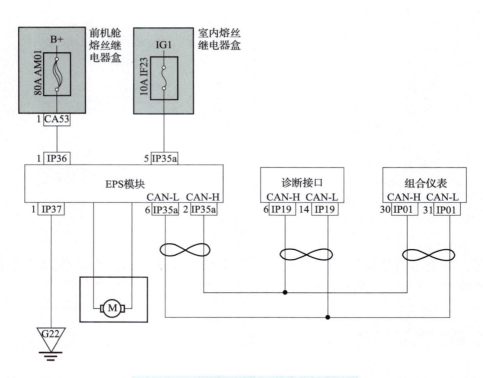

图 5-23 吉利 EV450 的 EPS 控制器电路

EPS 指示灯常亮故障的原因包括电源故障、电路故障、CAN 线路故障、控制器自身故障和组合仪表自身故障等，其中吉利 EV450 车型 EPS 控制器故障码有 0XF000（控制器校验码故障、控制器存储单元故障、控制器车辆助力参数错误、控制器内部电气故障、控制器信号计算故障、控制器子部件内部故障、控制器系统编程故障）、0xC300（内部控制器软件不兼容故障）等。

转向盘转角传感器电路如图 5-24 所示，有四个端子，分别为电源供电，搭铁和 CAN 通信线。转角传感器故障码有 0x600B（转矩传感器信号 1 计算故障、转矩传感器信号 1 不稳定故障、转矩传感器信号 1 比较故障）、0x600C（转矩传感器信号 2 不稳定故障）、0x5B00（转向角度传感器信号计算故障、转向角度传感器信号比较故障、转向角度传感器信号不稳定故障、未正确安装转向角度传感器故障和未匹配转向角度传感器故障）等。

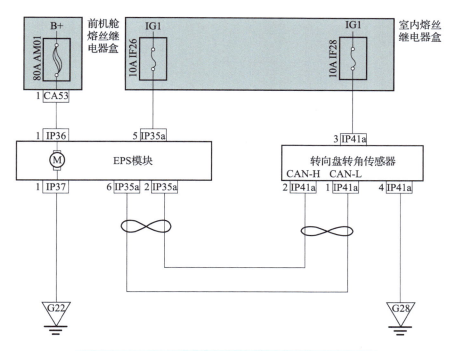

图 5-24　吉利 EV450 的 EPS 系统转向盘转角传感器电路

六 项目实施

实施准备

安全防护：做好车辆安全防护与隔离（车辆挡块、警示隔离带、高压危险警示牌）
工具设备：数字万用表、示波器、解码器
实训车辆：吉利 EV450
辅助资料：汽车原厂维修手册、原厂电路图

电动转向助力系统电源故障检修

任务一　EPS 指示灯常亮故障检修

1. 接收任务

一辆 2018 款吉利帝豪 EV450 电动汽车出现 EPS 指示灯常亮故障。
你知道 EPS 的组成和工作原理吗？会 EPS 典型故障的诊断与排除方法吗？

2. 收集信息

1）熟悉 EPS 的典型故障，完善图 5-25 所示典型故障分析图内容。

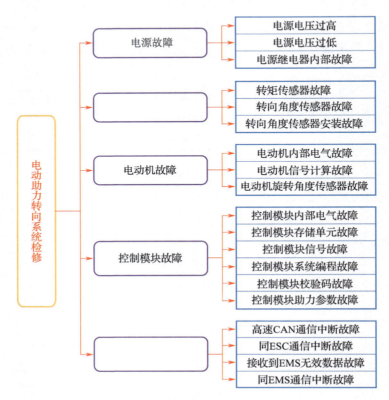

图 5-25　EPS 系统典型故障分析图

2）电动助力转向系统（Electric Power Steering，_____）是一种_____的动力转向系统。该系统仅仅控制电动机_____，不需要复杂的控制机构；还可以根据不同的使用工况控制电动机提供不同的辅助动力，满足人们对_____的要求。

3）EPS 类型分为_____、_____、_____。

4）电动助力转向系统主要包括机械式转向器、_____、减速机构、离合器、电动机、电子控制单元（ECU）和_____等。

5）当转向轴转动时，_____开始工作，把两段转向轴在扭杆作用下产生的相对转角变成_____传给电子控制单元（ECU），ECU 根据_____和_____的信号决定电动机的_____和_____小，并将指令传递给电动机，通过离合器和_____将辅助动力施加到_____中，从而完成实施控制的助力转向。

6）转矩传感器具有_____输出特性，主回路和辅回路输出电压之和恒定为_____V。当转向盘置于中间位置时，主回路和辅回路各为_____V；往_____打方向时，主回路输出电压_____，辅回路相应降低，往左打方向时则相反；当任意一路电压升高至_____V（另外一路降到_____V）时，EPS 以_____输出。

7）画出转矩传感器输出特性图（电压-转角特性图）。

8）看图5-26说明直流电动机的正反转控制原理。

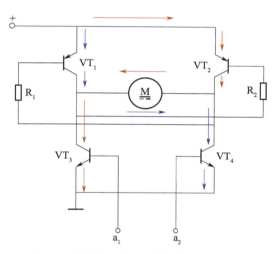

图5-26 直流电动机的正反转控制原理

9）EPS工作时，能实现低速时助力作用＿＿＿＿，转向＿＿＿＿；高速时助力＿＿＿＿，以提高路感和＿＿＿＿。

10）查阅电路图，EPS模块与诊断接口的线束插接器分别为：＿＿＿＿和＿＿＿＿。EPS模块与组合仪表的线束插接器分别为＿＿＿＿和＿＿＿＿。

3. 任务实施

1）作业前准备（场地布置、防护装备检查穿戴、仪器设备检查、汽车防护三件套安装）。

2）记录车辆信息。

3）读取故障码、数据流。

4）检查蓄电池电压。

5）检查熔丝IF16、AM01是否熔断。

6）检查EPS控制单元电源。

7）检查EPS控制单元搭铁。

8）检查EPS控制单元IG1电路。

9）检查 V-CAN 网络完整性。

10）检修 EPS 控制单元 CAN 线路。

11）检修组合仪表控制单元 CAN 线路。

12）整理恢复场地。

任务二　转角传感器检修

1. 接收任务

一辆 2018 款吉利帝豪 EV450 电动汽车出现 EPS 指示灯常亮故障。

你知道 EPS 的组成和工作原理吗？会 EPS 典型故障的诊断与排除方法吗？能完成转角传感器的检修吗？

2. 收集信息

1）熟悉 EPS 系统典型故障，完善图 5-27 典型故障分析图内容。

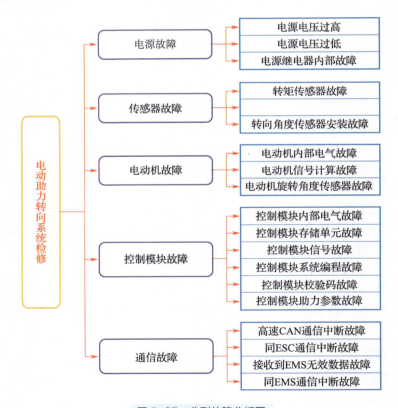

图 5-27　典型故障分析图

2）磁电式转矩传感器：转向盘处于中间位置（直线行驶）时，V、W 两端检测到的输出电压信号_____。

3）磁阻式转矩传感器输入轴上装有多极磁环，输出轴上装有_____，两者用扭杆弹性连接，可相对角位移；转向时扭杆变形，多极磁环旋转，引起_____的变化，使磁阻元件的_____发生变化，因而_____发生变化，它就是转向助力的度量值，此信号输出给ECU。

4）吉利 EV450 的转角传感器有四个端口，一条电源供电，一条搭铁，两条通信线_____向_____提供_____。写出表 5-2 中转角传感器线束的颜色。

表 5-2 转角传感器线束的颜色

序号	定义	线束颜色
1	CAN-L	
2	CAN-H	
3	供电	
4	搭铁	

3. 任务实施

1）作业前准备（场地布置、防护装备检查穿戴、仪器设备检查、汽车防护三件套安装）。

2）记录车辆信息。

3）读取故障码、数据流。

4）检查蓄电池电压。

5）检查 EPS 线束模块控制插接器。

6）检查 EPS 线束模块插接器的端子电压。

7）检查 EPS 控制器线束插接器（接地端子导通性）。

8）检查 EPS 控制器与转向盘转矩传感器之间的线路。

9）检查 EPS 控制器与转角传感器之间线路。

10）整理恢复场地。

任务三 EPS 通信故障检修

1. 接收任务

一辆 2018 款吉利帝豪 EV450 电动汽车出现 EPS 指示灯常亮故障。

你知道 EPS 的组成和工作原理吗？会 EPS 典型故障的诊断与排除方法吗？请你根据本任务的要求，使用合适的检测工具，完成 EPS 通信故障检修。

2. 收集信息

1）查阅维修手册，填写表 5-3 中 EPS 通信故障的故障码及定义。

表 5-3　EPS 通信故障的故障码及定义

序号	故障码	故障码定义
1	0xC001	
2	0xC401	
3	0xC100	
4	0xC402	
5	0xC401	

2）查阅电路图，VCU 控制器的_____与诊断接口的_____相连，是 P CAN-H；VCU 控制器的_____与诊断接口的_____相连，是 P CAN-L；ESC 控制器的_____和 EPS 控制器的_____与诊断接口的_____相连，是 V CAN-H；ESC 控制器的_____和 EPS 控制器_____与诊断接口的_____相连，是 V CAN-H。

3. 任务实施

1）作业前准备（场地布置、防护装备检查穿戴、仪器设备检查、汽车防护三件套安装）。

2）记录车辆信息。

3）读取故障码、数据流。

4）检查蓄电池电压。

5）检查熔丝 IF23 是否熔断。

6）检查 EPS 控制单元电源。

7）检查 EPS 控制单元搭铁。

8）检查 EPS 控制单元 IG1 电路。

9）检查 EPS 控制器的通信电路。

10）检查 ESC 模块的通信线路。

11）整理恢复场地。

复习题

1. 填空题

1）电动助力转向系统是一种直接依靠_____的动力转向系统。

2）电动助力转向系统根据电动机布置位置不同，分为三种类型：_____、_____和_____。

3）ECU 根据_____和_____的信号决定电动机的_____和_____的大小。

4）转矩传感器具有_____特性。

2. 问答题

1）图示并说明转矩传感器的输出特性。

2）画出电动机正反转电路图并简答其控制过程。

3）电动助力转向系统控制单元的助力特性是什么？

4）磁电式转矩传感器的工作原理是什么？

5）Hella 转角传感器的工作原理是什么？

6）光电式转角传感器的工作原理是什么？

项目六　电控制动系统检修

新能源汽车电动空调、转向和制动系统检修

项目导入

一辆 2018 款吉利帝豪 EV450 电动汽车行驶中仪表盘上部显示制动系统故障，仪表盘下部系统故障灯点亮，车辆前部持续传来响声，经检查电控制动系统有故障。你能安全、规范地对电控制动系统进行检修吗？

教学目标

知识目标：

1）理解电控制动系统的组成与工作原理。
2）理解 EPB 系统的组成及工作原理。
3）理解 ABS 的组成及工作原理。
4）理解 ESC（ESP）系统组成及工作原理。
5）掌握 ABS、ESC 系统常见故障诊断与排除方法。

能力目标：

1）能完成制动警告灯保持常亮故障检修。
2）能完成 EPB 左电机不工作故障诊断与排除。
3）能完成真空度传感器故障诊断与排除。

一　电控制动系统认知

1. 电控制动系统概述

使行驶中的汽车减速甚至停车，使下坡行驶的汽车速度保持稳定，以及使已停驶的汽车保持不动,这些作用统称为汽车制动。汽车上装设一套专门装置,使来自制动踏板的机械力由制动总泵转变为油液压力,经过液压电子控制单元调整后,通过制动硬管和软管输送到制动分泵,制动分泵再将油液压力转换成机械力,从而使制动衬块压紧制动盘,实现车辆的制动。

电控制动系统包括以下组件:

1)制动踏板:从驾驶员处接收、放大和传输制动系统输入力。

2)制动踏板推杆:将经过放大的制动踏板输入力传递到真空助力器。

3)真空助力器:制动系统输入力通过制动踏板而放大,并由制动踏板推杆传递到真空助力器,经过真空助力器助力后施加到液压制动总泵。真空助力器利用真空源进行助力,减少驾驶员施加在制动踏板的操纵力。

4)电动真空泵:使用车载电源驱动泵体,用于形成制动助力器真空源。

5)真空软管:用于输送真空助力器所需的真空源。

6)制动总泵储液罐:内部装有供液压制动系统使用的制动液。

7)制动总泵和制动分泵:制动总泵将机械输入力转换为液压输出压力,液压输出压力从总泵分配到两个液压油路,为对角式车轮制动油路供油;制动分泵将液压输入压力转换为机械输出力。

8)制动硬管和制动软管:传递制动液流经液压制动系统各部件。

9)液压电子控制单元:来自制动踏板的机械力由总泵转换成油液压力,经过液压电子控制单元的调整后,通过制动硬管和软管输送到制动分泵,制动分泵再将油液压力转换成机械力,从而使制动衬块压紧制动盘,进行车辆的制动。

10)制动系统故障指示灯:组合仪表检测到制动液液面过低情况,组合仪表将点亮制动系统故障指示灯。

2. 电动真空助力系统的组成和工作原理

传统燃油汽车广泛采用真空助力器作为制动助力器,利用发动机进气歧管处的真空度来帮助驾驶员操纵制动踏板。纯电动汽车的真空由一套专用的电动真空助力系统提供,该系统由电动真空泵、真空储存罐、真空压力传感器和ESC控制单元等组成。

(1)电动真空助力系统的基本工作过程 图6-1为吉利帝豪EV450电动真空助力系统工作电路图,电动真空泵的供电电压(12V)由蓄电池经过一个10A的熔丝EF02、真空泵继电器ER03的线圈连接到ESC控制单元插接器CA20的3号端子;同时蓄电池正极通过一个20A熔丝EF05、真空泵继电器ER03与电动真空泵的正极相连,电动真空泵的负极搭铁。真空泵是否工作受ESC控制单元控制,其控制依据是根据真空压力传感器送入的信号电压大小来决定。当真空度低于50kPa时,ESC控制器使真空泵工作;当真空度高于75kPa时,真空泵停止工作;当真空度低于34kPa时,系统报警。

真空压力传感器有三个端子,供电端子CA16a/1和搭铁端子CA16a/2由ESC控制单元提供,分别接入ESC控制单元的端子CA20/5和CA20/32,传感器的信号电压由端子CA16a/3送入ESC控制单元端子CA20/9。

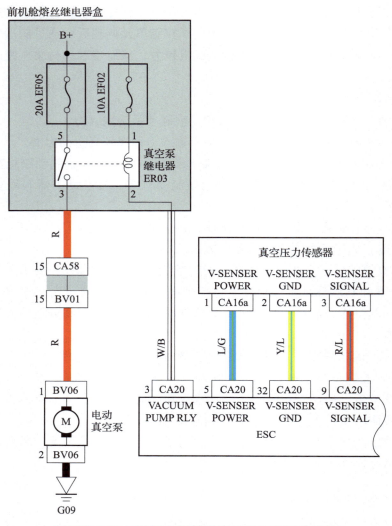

图 6-1 吉利帝豪 EV450 电动真空助力系统工作电路图

（2）电动真空泵的分类及结构　电动真空泵根据结构不同可分为膜片式真空泵、叶片式真空泵、摇摆式活塞真空泵等。其结构组成和工作原理分述如下。

1）膜片式真空泵。膜片式真空泵利用特殊设计的膜片取代活塞，在驱动电机作用下实现往复运动，在泵头的吸气侧和排气侧各设一个单向阀，在行程的前半程将气体吸入并于后半程将气体排除，完成吸气—排气过程，并通过改变行程的往复运动频率或往复运动的行程，可达到调节抽真空度的目的。

如图 6-2a 所示，处于吸气状态时，曲轴带给活塞向右移动，拉杆拉动膜片向右移动，吸气阀打开，从真空罐内抽取空气，真空罐内真空度增加，此时排气阀关闭；如图 6-2b 所示，处于排气状态时，曲轴推动活塞向左移动，使膜片向左挤压，此时吸气阀关闭，排气阀打开，前半程从真空罐内吸入的空气从排气阀挤压排出。如此往复循环，真空罐内的空气不断抽出，真空度持续增加。

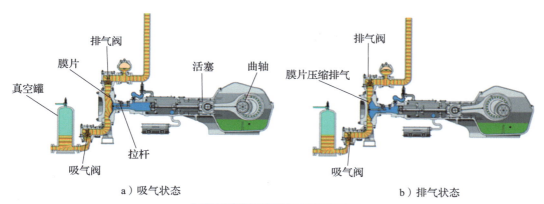

图 6-2 膜片式真空泵工作工程

2）叶片式真空泵。叶片式真空泵（图 6-3）主要由泵体、转轴、偏心转子和叶片组成。叶片式真空泵内的转子在电机带动下旋转，转子上嵌入的叶片在离心力作用下紧贴在泵体内壁上，转子与叶片旋转过程中，左侧腔体空间逐渐增大，右侧腔体空间逐渐减小。空气由吸气侧吸入，从排气侧排出，达到抽真空的效果。

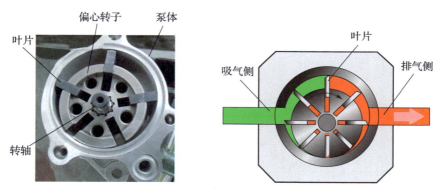

图 6-3 叶片式真空泵结构与工作原理

3）摇摆式活塞真空泵。摇摆式活塞真空泵如图 6-4 所示，主要由驱动电机、曲轴箱、连杆机构、活塞、气缸等组成。

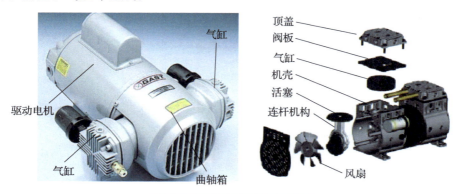

图 6-4 摇摆式活塞真空泵结构

摇摆式活塞真空泵工作原理如图 6-5 所示。工作时曲柄旋转，通过连杆带动活塞上下运动，从真空罐吸入口吸入空气，在排气行程中将吸入的气体通过排气口排出，如此往复循环运动，不断抽吸空气，达到产生真空的效果。

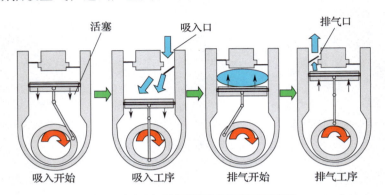

图 6-5 摇摆式活塞真空泵的工作原理

（3）真空助力器的结构及工作原理　真空助力器和制动主缸通过螺栓固定在车身前围上，借推杆与制动踏板连接，伺服气室由前后壳体组成，其间夹装有膜片和座，它的前腔经单向阀通真空罐，后腔膜片座中装有控制阀，空气阀与推杆固定连接，橡胶阀门与在膜片座上加工出来的阀座组成真空阀，如图 6-6 所示。

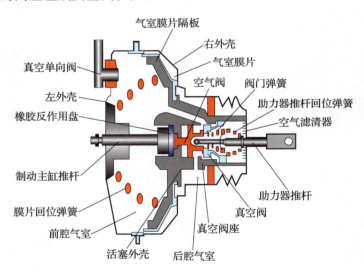

图 6-6 真空助力器结构示意图

在非工作状态下，控制阀推杆回位弹簧将控制阀推杆推到右边的锁片锁定位置，真空阀口处于开启状态，控制阀弹簧使控制阀皮碗与空气阀座紧密接触，从而关闭了空气阀口。此时助力器的真空气室和应用气室分别通过活塞体的真空气室通道与应用气室通道经控制阀腔处相通，并与外界大气相隔绝。

当进行制动时，制动踏板被踏下，踏板力经杠杆放大后作用在控制阀推杆上。首先，控制阀推杆回位弹簧被压缩，控制阀推杆连同空气阀柱前移。当控制阀推杆前移到控制阀皮碗与真空阀座相接触的位置时，真空阀口关闭。此时，助力器的真空、应用气室被隔开。此时，空气阀柱端部刚好与反作用盘的表面相接触。随着控制阀推杆的继续前移，空气阀口将开启。外界空气经过滤气后通过打开的空气阀口及通往应用气室的通道，进入到助力器的应用气室（右气室），伺服力产生。

二 EPB 系统检修

1. EPB 系统概述

（1）EPB 的组成　电子驻车制动（Electronic Parking Brake，EPB）系统是由驻车制动控制电机直接控制后轮制动卡钳来实现驻车制动的。其主要部件包括驻车制动开关、驻车制动控制单元和驻车制动执行电机等三部分，如图 6-7 所示。

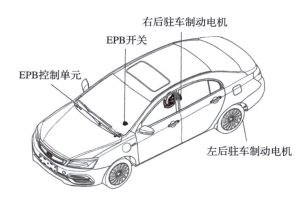

图 6-7　EPB 系统组成示意图

1）驻车制动开关：位于变速杆左侧控制面板上，向上拉动驻车制动开关时驻车制动锁止，向下按下驻车制动开关时驻车制动释放。

2）EPB 控制单元：该控制单元安装在变速杆安装支架内的车身底板上面，主要功能就是接收 EPB 开关的信息和 CAN 数据总线上的信息，通过对这些信息的处理和分析，对驻车制动控制电机进行控制。

3）驻车制动控制电机：分别安装于后轮的左右制动卡钳上，该电机分为直流电机和齿轮箱两部分，并且与后轮制动卡钳集成到一起，部件出现故障后需更换带有 EPB 控制电机的制动卡钳总成，不能对 EPB 执行器进行单独更换。控制电机在驻车制动锁止期间工作，控制电机内部没有相应的传感器检测制动片的夹紧力，而是通过啮合制动片时负荷的变化导致电机电流的变化来了解制动片的夹紧力，然后由 EPB 控制单元控制直流电机的工作情况。

如果出现了驻车制动不能够释放的故障时，需要将驻车制动控制电机的后盖板打开，然后使用一个专用的扳手旋转电机内的推杆使制动卡钳释放。完成这项操作后，需要使用专用的诊断仪对 EPB 制动卡钳进行复位。

（2）EPB 的优点

1）驱动电机关闭后自动施加驻车制动。

2）不同驾驶员力量大小有差别，传统驻车制动系统的实际驻车制动力存在差异；但 EPB 制动力稳定，不会因人而异，代替了传统的驻车制动系统，可以通过简单的手动开关操作来实现驻车制动,大大提升了整车舒适性与安全性。

3)可以增加辅助起步等自动功能,占空间较小,使车辆内部设计更加方便。

2. EPB 系统工作原理

(1)EPB 的功能　EPB 系统可以完成静态驻车及解除、动态应急制动和坡道驻车及辅助等功能。

1)静态驻车及解除。车辆在停止时,拉起 EPB 开关(无论启动开关是 ON 或 OFF,以及行车制动状态),EPB 系统工作制动锁止车辆。

释放驻车制动时,启动开关处于 ON 位置(电机工作或不工作均可),踩下行车制动踏板,按下 EPB 开关,EPB 系统停止制动锁止。当然如果车辆的前机舱盖和行李舱盖以及四个车门都是 OFF 状态时,变速杆从 P 位移到 R 位或 D 位时,EPB 系统也会自动释放。

2)动态应急制动。车辆在行驶过程中,驾驶员拉起 EPB 开关,EPB 控制单元收到开关信号后通过数据总线要求 ESC 系统控制行车制动,如果行车制动系统或 ESC 系统故障,由 EPB 控制单元直接控制驻车制动系统工作(仅限于后轮)来应对这种紧急情况。EPB 系统动态制动控制是持续进行的,直到松开 EPB 开关为止。在动态制动工作期间,驻车制动警告灯将会一直闪烁。

3)坡道驻车及辅助。坡道驻车时,EPB 会根据集成在液压电子控制单元中的纵向加速度传感器来测算坡度,从而计算出车辆在斜坡上由于重力而产生的下滑力,EPB 系统就会对后轮施加制动力平衡下滑,实现坡道驻车。

当车辆坡道起步时,EPB 坡道辅助功能会根据坡道角度、驱动电机转矩、加速踏板位置、档位等信息来计算释放时机,当车辆的牵引力大于下滑力的时候,自动释放驻车制动,辅助坡道起步。

(2)工作原理　吉利帝豪 EV450 EPB 系统电气原理如图 6-8 所示,EPB 控制器采集轮速信号(来自 ESC 控制器)、EPB 开关信号,控制左、右后轮的 EPB 卡钳电机产生制动力从而实现 EPB 控制功能。当 EPB 系统故障时,控制 EPB 故障指示灯点亮。

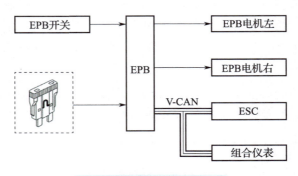

图 6-8　EPB 系统电气原理

吉利帝豪 EV450 EPB 系统电路如图 6-9 所示,EPB 控制器线束插接器为 IP27,EPB 开关线束插接器为 IP64,插接器 IP27、IP64 的各端子定义及颜色见表 6-1、表 6-2。

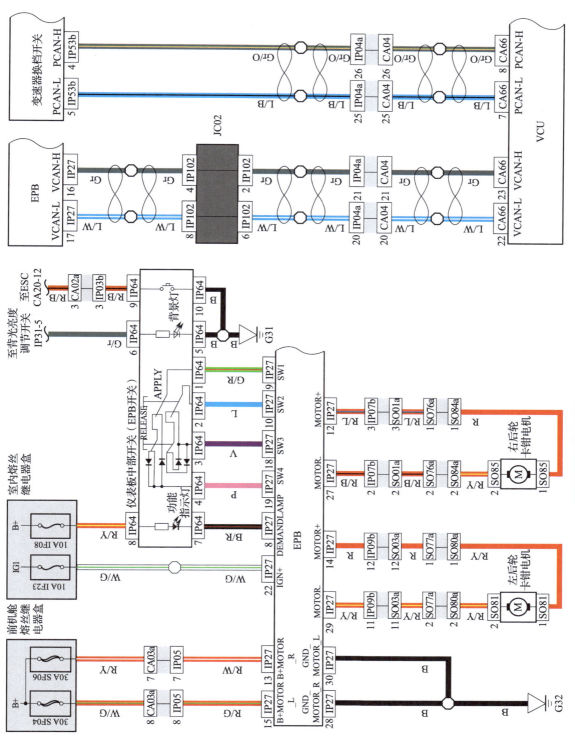

图 6-9 吉利帝豪 EV450 EPB 系统电路

表 6-1　EPB 开关插接器 IP64 各端子定义及线束颜色

端子号	端子定义	颜色
1	开关 1	G/R
2	开关 2	L
3	开关 3	V
4	开关 4	P
5	搭铁	B
6	背景灯信号	Gr
7	功能指示灯	B/R
8	电源	R/Y
9	ESC OFF 开关	R/B
10	搭铁	B

表 6-2　EPB 控制器线束插接器 IP27 各端子定义及线束颜色

端子号	端子定义	颜色
8	功能指示灯	B/R
9	接 EPB 开关	G/R
10	接 EPB 开关	L
12	接右卡钳电机正	R/L
13	右卡钳电机电源	R/W
14	接左卡钳电机正	R
15	左卡钳电机电源	R/G
16	CAN-H	Gr
17	CAN-L	L/W
18	接 EPB 开关	V
19	接 EPB 开关	P
22	12V 电源	W/G
27	接右卡钳电机负	R/Y
29	接左卡钳电机负	R/Y

三、ESC 系统检修

1. ESC 系统概述

帝豪 EV450 标配了电子稳定控制（Electronic Stability Control，ESC）系统，采用的是

博世 ESP9.0+RBS 系统，也就是电子稳定程序 + 智能能量回收系统。它具有基本的 EBD、ABS、TCS、VDC 等安全功能，还具有 ESC 增值功能比如 HHC、HBA、CDP 等。RBS 制动能量回收模块集成在 ESC 电子控制单元中。

电子稳定控制系统（ESC）有诸多的别名，如 ESP（Electronic Stability Program）、DSC（Dynamic Stability Control）、VSC（Vehicle Stability Control）、VSA（Vehicle Stability Assist）、VSM（Vehicle Stability Management）、PSM（Porsche Stability Management）以及 VDIM（Vehicle Dynamics Integrated Management）等。不同厂家的此类系统虽然称呼不同，但都是由传感器、电子控制单元（ECU）和执行器三大部分组成，通过电子控制单元监控汽车运行状态，对车辆的发动机及制动系统进行干预控制。典型的汽车电子稳定控制系统的传感器主要包括四个轮速传感器、转向盘转角传感器、侧向加速度传感器、横摆角速度传感器、横向加速度传感器、制动主缸压力传感器等；执行部分则包括传统制动系统（真空助力器、管路和制动器）、液压调节器等；电子控制单元与发动机管理系统联动，可对发动机动力输出进行干预和调整。

2. ESC 系统功能

（1）EBD　电子制动力分配（EBD）系统能够识别后轮先于前轮抱死的趋势，及时调整后轮制动力，保证后轮不先于前轮抱死，保证车辆稳定性。系统为自动开启状态，当驾驶员制动时，系统自动监控前后轮的滑移率并进行比较，在 ABS 起作用前，通过阀门调节后轮管路压力，使前后轮能够同时抱死。系统监测到故障时，EBD 会立即关闭。EBD 失效时，仪表上黄色的 EBD 故障灯会点亮，直至故障排除。故障排除后，在下一点火循环恢复功能。

（2）ABS　制动防抱死系统（ABS）能够在早期识别出某一个或几个车轮抱死的趋势，并降低这一个或几个车轮的制动压力，保证即使是在紧急制动车辆时，驾驶员能够躲避障碍物并降低车速或是停车。系统为自动开启状态，当驾驶员制动时，系统自动监控各前后轮的滑移率，在车轮抱死前，通过保压、减压、增压等阶段，调节轮缸液压，使车轮滑移率处于规定的范围，防止车轮抱死。系统监测到故障时，ABS 功能会立即关闭。

系统上电时，会进行自检，此时仪表指示灯常亮，几秒后若无故障则熄灭。系统监测到 ABS 失效时，仪表上黄色 ABS 故障灯会点亮，直至故障排除。故障排除后，在下一点火循环恢复功能。

（3）TCS　牵引力控制系统（TCS）能够识别车辆起步或者加速过程中的驱动轮打滑趋势，通过干预动力管理控制或者施加车轮制动，控制车轮滑转率，保证车辆的驱动稳定性和舒适性。系统为自动开启状态，驾驶员可以通过面板上的 ESC OFF 开关进行关闭。功能开启，起步或加速时，系统自动监控驱动轮的滑转率，超过设定值范围时，系统通过降低动力输出转矩或对车轮进行液压制动，防止车轮打滑以致侧向附着力降低；低于设定值范围时，增加动力输出（不高于驾驶员需求）和降低制动力矩。系统监测到故障时，TCS 会立即关闭。当驾驶员需求转矩小于可能的输出转矩时，TCS 对动力输出的干预会立即停止。

系统上电时，会进行自检，此时仪表指示灯常亮，几秒后若无故障则熄灭。TCS 失效时，仪表上黄色 ESC 故障灯会点亮，若故障不排除，故障灯会一直点亮。故障排除后，在下一点火循环恢复功能。ESC OFF 开关被按下，TCS 功能关闭，仪表上 ESC OFF 灯常亮。

（4）VDC　车辆动态稳定性控制（VDC）系统能够识别整车实际状态与驾驶意图的差别，通过调整车轮制动压力或干预动力管理控制（或干预驱动电机管理控制），防止车辆失控，提高车辆稳定性。系统为自动开启状态，驾驶员可以通过面板上的 ESC OFF 开关进行关闭。功能开启，系统会监控驾驶员的操纵输入（如打转向盘、踩加速踏板等），并和整车实际行驶轨迹做比较，当汽车出现转向不足或转向过度时，系统会根据情况对动力输出和车轮制动进行操作，修正汽车的行驶轨迹，防止车辆滑出车道或甩尾，保证行车安全。

系统上电时，会进行自检，此时仪表指示灯常亮，几秒后若无故障则熄灭。系统监测到 VDC 失效时，仪表上黄色 ESC 故障灯会点亮，直至故障排除。ESC OFF 开关被按下，VDC 功能关闭，仪表上 ESC OFF 灯常亮。

（5）HHC　坡道辅助（HHC）系统又被称为上坡辅助（Hill-start Assist Control，HAC）系统，是基于 ABS_ASR 集成控制系统的汽车坡道起步辅助装置。系统为自动开启状态，车辆在坡道上踩制动踏板静止，当驾驶员意图行驶，松开制动踏板去踩加速踏板时，坡道起步辅助系统继续在四个车轮上施加液压制动力，防止车辆后溜，保持车辆停止时间为 2s，当驱动力大于起步阻力时，该系统会立即释放车轮上的液压制动力，让车辆顺利起步。该功能激活时，后制动灯点亮。

（6）HBA　紧急制动辅助（HBA）系统可防止紧急情况下驾驶员踩下制动踏板的力度不足，能够在需要紧急制动时为驾驶员提供最大制动辅助，缩短制动距离。系统为自动开启状态，若监测到驾驶员踩下踏板的速度和力度超过门限值，则自动增加制动液压至车轮抱死压力。

系统监测到 HBA 失效时，仪表上黄色 ESC 故障灯会点亮，直至故障排除。

（7）HBB　液压助力辅助（HBB）系统能够在真空度不足时，由 ESC 提供液压制动。系统为自动开启状态，系统若检测系统真空度低，ESC 自动按照设定曲线增加制动液压，当制动灯开关、助力器、轮速传感器故障时，系统按照设定的策略进行液压助力，保证基本减速度的情况下又不至于过度制动造成车轮抱死甩尾。

系统监测到 HBB 激活时，仪表上黄色 ESC 故障灯会点亮；当 HBB 功能失效时，仪表上红色驻车系统故障灯、黄色 ESC 故障灯会点亮。

（8）CDP　紧急行车制动（CDP）系统的作用是在行车过程中拉驻车开关做紧急制动时，ESC 对四轮进行液压制动，减少制动距离。系统为自动开启状态，当车速大于 3km/h，需要做紧急制动时，驾驶员直接拉起 EPB 开关时，ESC 对四轮进行液压制动，减速度可达到 $6m/s^2$。

系统监测到 CDP 失效时，仪表上黄色 ESC 故障灯会点亮。CDP 激活时，红色制动灯点亮。

（9）VAM　真空管理（VAM）系统对电动真空泵的工作进行控制管理。系统默认为自动开启状态，当助力系统真空度低于设定值时，ESC 控制电动真空泵工作，为助力器提供真空，真空度值高于设定值时，ESC 控制电动真空泵停止工作；真空度设定值会随着车速的变化而相应提高，保证行车安全的前提下延长 EVP 的使用寿命。

系统监测到 VAM 失效时，仪表上黄色 ESC 故障灯会点亮。

（10）RBS　制动能量回收系统（RBS）在满足整车稳定的前提下，踩制动踏板制动时，进行电机制动力矩输出控制，进而回收制动能量。系统默认为自动开启状态，当驾驶员需要减速踩制动时，RBS 会控制电机进行制动能量回收，电机制动力矩与液压制动力矩直接叠加，在减速度 0.2g 时可达到 65% 的电机制动比率，整车制动能量回收率约为 9%。

系统监测到 RBS 失效时，仪表上黄色 ESC 故障灯会点亮。

3. ABS 组成及工作原理

（1）ABS 组成　如图 6-10 所示，ABS 通常指电控防抱死制动系统（简称电控 ABS）。电控 ABS 由传感器、制动压力调节器、电子控制单元（ECU）和 ABS 警示装置等组成。

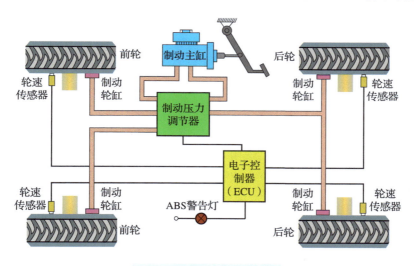

图 6-10　ABS 组成示意图

在紧急制动时，即使路面滑溜，ABS 也能确保车轮不抱死，以维持轮胎的抓地力，同时保持制动效果在最大限度，控制车辆在适当的滑行率状态直至车辆停止。具体来说，每个车轮上安置一个轮速传感器，它们将各车轮的转速信号及时输入电子控制单元；电子控制单元是 ABS 的控制中心，它根据各个车轮轮速传感器输入的信号对各个车轮的运动状态进行监测和判定，并形成响应控制指令，再适时发出控制指令给制动压力调节器；制动压力调节器是 ABS 的执行器，它是由调压电磁阀总成、电动泵总成和储液器等组成的一个独立整体，并通过制动管路与制动主缸和各制动轮缸相连，制动压力调节器受电子控制单元（ECU）的控制，对各制动轮缸的制动压力进行调节。

（2）ABS 的控制方式

1）四传感器四通道 ABS。该方式分为以下两类：

① 四轮独立控制。四轮独立控制如图 6-11a 所示。该控制系统是通过各车轮车速传感器的信号分别对各车轮制动压力进行单独控制。

在对称路面上，该控制系统的制动距离和操纵性最好；但在左右轮路面附着系数相差很大的不对称路面，制动时同一轴上左右车轮的制动力不同，会产生较大的偏转力矩，造成车辆制动跑偏，方向稳定性较差。

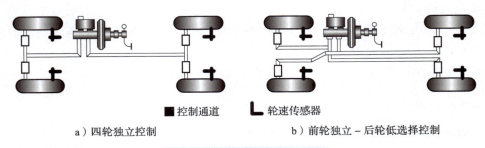

a）四轮独立控制　　　　　　　　b）前轮独立-后轮低选择控制

图 6-11　四传感器四通道 ABS

② 前轮独立-后轮低选择控制。前轮独立-后轮低选择控制方式如图 6-11b 所示，该系统前轮左右各自独立控制，而后轮不是采用左右轮独立控制，是利用后两轮中当有一轮发生滑动时，后两轮同时减压的选择低速控制方式，即以转速较慢的一边为基准进行两后轮的同步控制，制动力相等，车身偏转力矩较小，此种形式的操纵性、稳定性较好，但制动效能稍差。

2）三传感器或四传感器三通道 ABS。三传感器三通道 ABS 采用前轮独立、后轮低选择控制方式，如图 6-12a 所示。该系统用于制动管路前后布置的后轮驱动汽车。前轮各有一个转速传感器，独立控制。而后轮轮速则由装于差速器上的一个测速传感器检测，按低选择的控制方式用一条制动管路对后轮进行制动控制。

四传感器三通道 ABS 也采用前轮独立、后轮低选择控制方式，如图 6-12b 所示。该系统用于制动管路前后布置的后轮驱动汽车。由于采用四个车速传感器，检测左右后驱动轮的轮速，实现低选择控制方式，其性能与四传感器四通道 ABS 的前轮独立-后轮低选择控制相同，操纵性、稳定性较好，但制动性能稍差。

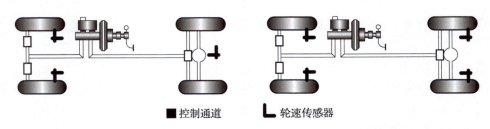

a）三传感器三通道 ABS　　　　　　　　b）四传感器三通道 ABS

图 6-12　三传感器或四传感器三通道 ABS

（3）ABS 的关键部件

1）轮速传感器。轮速传感器的功用是检测车轮的旋转速度，并将速度信号输入电子控制单元。目前，常用的轮速传感器主要有电磁式和霍尔式两种。

① 电磁式轮速传感器。电磁式轮速传感器主要由传感头和齿圈两部分组成，如图 6-13 所示。

齿圈随车轮或传动轴一起转动，通常用磁阻很小的铁磁材料制成。传感头通常由永久磁铁、电磁线圈和磁极等组成，如图 6-14 所示。它对应安装在靠近齿圈而又不随齿圈转动的部件上，如转向节、制动底板、驱动轴套管或差速器、变速器壳体等固定件上。传感头与齿圈的端面有一空气间隙，此间隙一般为 1mm，通常可移动传感头的位置来调整间隙。

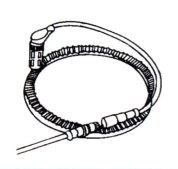

图 6-13 电磁式轮速传感器外形

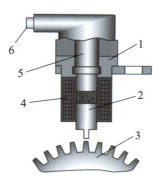

图 6-14 电磁式轮速传感器的结构

1—传感器外壳　2—极轴　3—齿圈　4—电磁线圈　5—永久磁铁　6—导线

电磁式轮速传感器的工作原理如图 6-15 所示。传感器齿圈随车轮旋转的同时，即与传感头极轴作相对运动。当传感头的极轴与齿圈的齿隙相对时，极轴距齿圈之间的空气间隙最大，即磁阻最大，传感头的磁极磁力线只有少量通过齿圈而构成回路，在电磁线圈周围的磁场较弱，如图 6-15a 所示；当传感头的极轴与齿圈的齿顶相对时，两者之间的空隙较小，即磁阻最小，传感头的磁极磁力线通过齿圈的数量增多，在电磁线圈周围的磁场较强，如图 6-15b 所示。

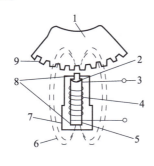 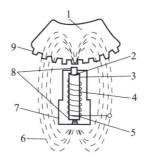

a）齿隙与磁心端部相对时　　b）齿顶与磁心端部相对时

图 6-15 电磁式轮速传感器的工作原理

1—齿圈　2—极轴　3—电磁线圈引线　4—电磁线圈　5—永久磁体
6—磁力线　7—电磁式传感器　8—磁极　9—齿圈齿顶

齿圈随车轮不停地旋转，就使传感头电磁线圈周围的磁场以强—弱—强—弱……周期性地变化，因此电磁线圈就感应出交变电压信号，即车轮转速信号，如图6-16所示。交变电压信号的频率与齿圈的齿数和转速成正比，因齿圈的齿数一定，因而车轮转速传感器输出的交流电压信号频率只与相应的车轮转速成正比。

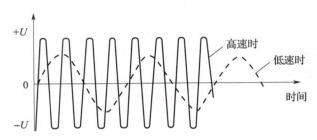

图6-16　电磁式轮速传感器输出电压信号

轮速传感器由电磁线圈引出两根导线，将其速度变化产生的交变电压信号送至ABS的电子控制单元。为防止外部电磁波对速度信号的干扰，传感器的引出线采用屏蔽线，以保证反映车轮速度变化的交变电压信号准确地送至ABS的电子控制单元。

② 霍尔式轮速传感器。霍尔式轮速传感器也是由传感头、齿圈组成。其齿圈的结构及安装方式与电磁式轮速传感器的齿圈相同，传感头由永磁体、霍尔元件和电子电路等组成。

传感器的工作原理如图6-17所示，永磁体的磁力线穿过霍尔元件通向齿圈，齿圈相当于一个集磁器。当齿圈位于图6-17a所示位置时，穿过霍尔元件的磁力线分散，磁场相对较弱；而当齿圈位于图6-17b所示位置时，穿过霍尔元件的磁力线集中，磁场相对较强。齿圈转动时，使得穿过霍尔元件的磁力线密度发生变化，因而引起霍尔元件电压的变化，霍尔元件将输出毫伏级的准正弦波电压。此信号由电子电路转化成标准的脉冲电压。

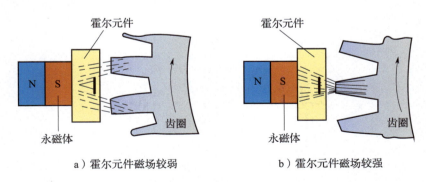

图6-17　霍尔式轮速传感器

③ 两类传感器的比较。电磁式轮速传感器结简单，成本低。但存在以下缺点：其一，其输出信号的幅值是随转速变化而变化的。在规定的转速范围内，其输出信号的幅值一般

在1~15V范围内变化，若车速过低，其输出信号低于1V，电子控制单元无法检测。其二，频率相应不高。当转速过高时，传感器的频率响应跟不上，容易产生误信号。其三，抗电磁波干扰能力差。

霍尔式车轮转速传感器克服了电磁式传感器的缺点，其输出信号电压幅值不受转速的影响，频率响应高，抗电磁波干扰能力强。因而，霍尔传感器在ABS中应用越来越广泛。

2）制动压力调节器。制动压力调节器的功用是接收ECU指令，通过电磁阀的动作来实现车轮制动器制动压力的自动调节。根据用于不同制动系统的ABS，制动压力调节器主要有液压式、气压式和空气液压加力式等。现代轿车制动系统主要采用液压式，以下详细介绍液压式制动压力调节器。

液压式制动压力调节器主要由电磁阀、液压泵和蓄能器等组成。制动压力调节器串联在制动主缸和轮缸之间，通过电磁阀直接或间接地控制轮缸的制动压力。液压式制动压力调节器分为两种：一种是循环式，是指电磁阀直接控制轮缸制动压力的制动压力调节器；一种是可变容积式，是指间接控制制动压力的制动压力调节器。

① 循环式制动压力调节器。目前在液压制动系统中，大多数采用循环式制动压力调节器。它主要由回油泵、蓄能器、电磁阀等组成。这种调节器直接装在汽车原有的制动管路中，通过串联在制动主缸和制动轮缸之间的三位三通电磁阀直接控制轮缸的压力，可以使轮缸的工作处于常规工作状态、增压状态、减压状态或保压状态。三位是指电磁阀有三个不同位置，分别控制轮缸制动压力的增、减或保压；三通是指电磁阀上有三个通道，分别通制动主缸、制动轮缸和蓄能器。回油泵的作用是当电磁阀在"减压"过程中，从制动轮缸流出的制动液经蓄能器由回油泵泵回制动主缸。蓄能器也叫储液器，其作用是当电磁阀在"减压"过程中。从轮缸流出的制动液由蓄能器暂时储存，然后由回油泵泵回主缸。

循环式制动压力调节器的电磁阀多采用三位三通电磁阀（3/3电磁阀）。在四通道制动控制系统中每个轮缸有一个3/3电磁阀；在三通道制动控制系统中，每个前轮有一个3/3电磁阀，两后轮共享一个3/3电磁阀。

电磁阀线圈受ECU的控制。阀上有三个孔分别通制动主缸、车轮轮缸和蓄能器。电磁线圈流过的电流受ECU控制，能使阀处于"增压""保压""减压"三种位置，即"三位"，如图6-18所示。当电磁线圈中无电流通过时，由于主弹簧力大于副弹簧弹力，进油阀被打开，卸荷阀关闭，制动主缸与轮缸油路相通；当向电磁线圈输入1/2最大电流时（保持电流），电磁力使柱塞向上移动一定距离将进油阀关闭。此时，电磁力不足以克服两个弹簧的弹力，柱塞便保持在中间位置，卸荷阀仍处于关闭状态。此状态时，三孔间相互密封，轮缸压力保持一定值；当电子控制单元向电磁线圈输入最大工作电流时，电磁力足以克服主、副弹簧的弹力使柱塞继续上移将卸荷阀打开，此时轮缸通过卸荷阀与储液器相通，轮缸中制动液流入储液器，压力降低。

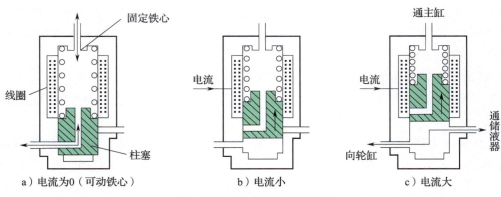

图6-18 3/3电磁阀基本结构

循环式制动压力调节器工作原理如下：

a）常规制动过程：如图6-19所示，在常规制动过程中，ABS不工作，电磁线圈中无电流通过，电磁阀柱塞在回位弹簧的作用下处于"下端"位置。此时制动主缸与轮缸相通，由制动主缸来的制动液直接进入轮缸，轮缸压力随主缸压力的升高而升高。

b）保压制动过程：如图6-20所示，当电子控制单元向电磁线圈输入一个较小的电流时（约为最大电流的1/2），电磁线圈产生较小的电磁力，使柱塞处于"中间"位置。此时制动主缸、制动轮缸和回油孔相互隔离，轮缸中的制动压力保持一定。

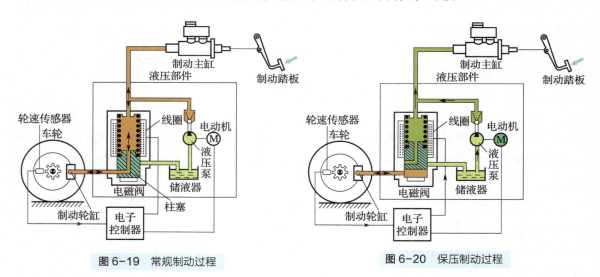

图6-19 常规制动过程　　　　　图6-20 保压制动过程

c）减压制动过程：如图6-21所示，当电子控制单元向电磁线圈输入一个最大电流时，电磁线圈产生更大的电磁力，使柱塞处于"上端"位置。此时电磁阀柱塞将轮缸与回油通道或储液器接通，轮缸中的制动液经电磁阀流入储液器，轮缸压力下降。与此同时，电动机起动，带动液压泵工作，将流回储液器的制动液输送回主缸，为下一个制动周期做好准备。

d）增压制动过程：当制动压力下降后，车轮的转速增加，当电控制单元检测到车轮转速增加太快时，便切断通往电磁阀的电流，使制动主缸与制动轮缸再次相通，制动主缸的高压制动液再次进入制动轮缸，制动力增加，如图6-22所示。

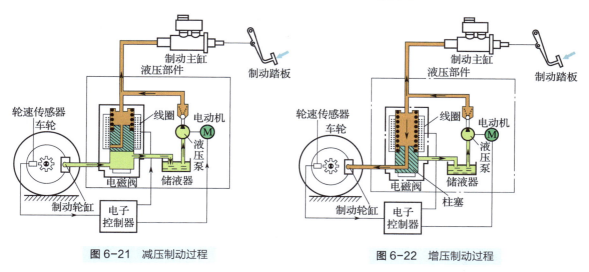

图6-21 减压制动过程　　　　　　图6-22 增压制动过程

制动时，上述过程反复进行，直到解除制动为止；并且，压力调节是脉冲式的，频率为4~10次/s。

② 可变容积式压力调节器。可变容积式制动压力调节器是在汽车原有制动管路上增加一套液压控制装置，用它控制制动管路中制动液容积的增减，从而控制制动压力的变化。它主要由电磁阀、控制活塞、液压泵、蓄能器等组成，其工作原理如下：

a）常规制动：常规制动过程如图6-23所示，电磁线圈中无电流通过，电磁阀柱塞在

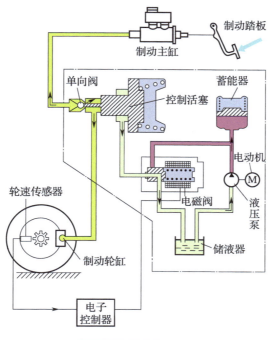

图6-23 常规制动状态

回位弹簧作用下使柱塞处于"左端"位置,将控制活塞的工作腔与回油管路接通,控制活塞在弹簧的作用下被推至最左端,活塞顶端推杆将单向阀打开,使制动主缸与制动轮缸的制动管路接通,制动主缸的制动液直接进入制动轮缸,制动轮缸内制动液的压力随制动主缸的压力升高而升高。

b)减压:如图 6-24 所示,当电子控制单元向电磁线圈输入一大电流时,电磁阀内的柱塞在电磁力作用下克服弹簧弹力移到右边,将蓄能器与控制活塞的工作腔管路接通,制动液进入控制活塞工作腔推动活塞右移,单向阀关闭,制动主缸与制动轮缸之间的通路被切断。同时,由于控制活塞右移使制动轮缸侧容积增大,制动压力减小。

c)保压:如图 6-25 所示,当电子控制单元向电磁线圈输入一小电流时,由于电磁线圈的电磁力减小,柱塞在弹簧力的作用下左移,将蓄能器、回油管及控制活塞工作腔管路相互关闭。此时,控制活塞左侧的油压保持一定,控制活塞在油压和强力弹簧的共同作用下保持在一定的位置,而此时单向阀仍处于关闭状态,制动轮缸的容积也不发生变化,制动压力保持一定。

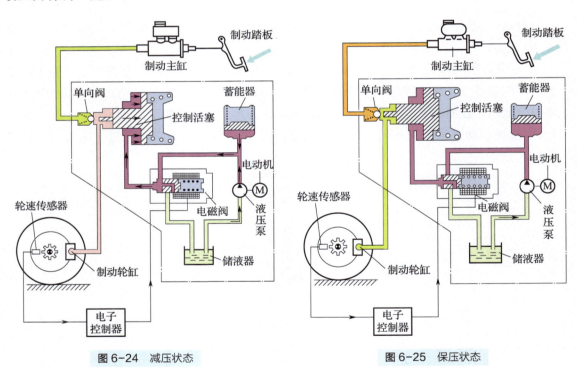

图 6-24　减压状态　　　　　　　　图 6-25　保压状态

d)增压:如图 6-26 所示,需要增压时,电子控制单元切断电磁线圈中的电流,柱塞回到左端的初始位置,控制活塞工作腔与回油管路接通,控制活塞左侧控制油压解除,控制活塞左移至最左端时,单向阀被打开,制动轮缸内的制动液压力将随制动轮缸的压力增大而增大。

(4)ABS 工作过程

1)开始制动阶段(系统油压建立)。开始制动时,驾驶员踩制动踏板,制动压力由制

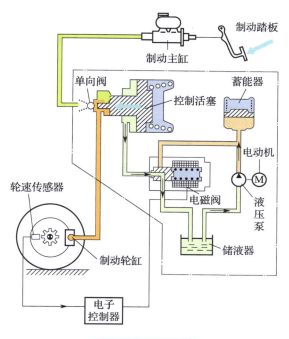

图 6-26 增压状态

动主缸产生,通过常开的不带电压的进油阀作用到车轮制动轮缸上,此时,不带电压的出油阀依然关闭,ABS 没有参与控制。整个过程和常规液压制动系统相同,制动压力不断上升,如图 6-27 所示。

2)油压保持。当驾驶员继续踩制动踏板,油压继续升高到车轮出现抱死趋势时,ABS 电子控制单元发出指令使进油阀通电并关闭阀门,出油阀依然不带电压而保持关闭,系统油压保持不变,如图 6-28 所示。

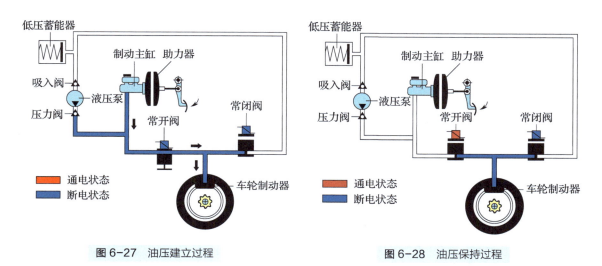

图 6-27 油压建立过程　　　　　　图 6-28 油压保持过程

3）油压降低。若制动压力保持不变，车轮有抱死趋势时，ABS ECU 给出油阀通电打开出油阀，系统油压通过低压储液罐降低油压，此时进油阀继续通电保持关闭状态，有抱死趋势的车轮被释放，车轮转速开始上升。与此同时，电动液压泵开始工作，将制动液由低压储液罐送至制动主缸，如图 6-29 所示。

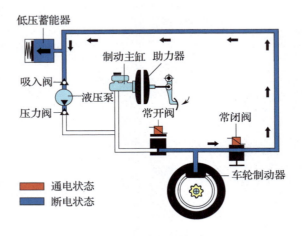

图 6-29 减压过程

4）油压增加。为了使制动最优化，当车轮转速增加到一定值后，电子控制单元给出油阀断电，关闭此阀门，进油阀同样也不带电而打开，电动液压泵继续工作从低压储液罐中吸取制动液泵入液压制动系统，如图 6-30 所示。随着制动压力的增加，车轮转速又降低。这样反复循环，控制工作频率为 5~6 次 /s，将车轮的滑移率始终控制在 20% 左右。

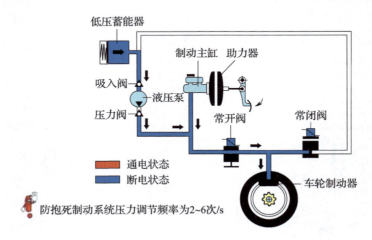

图 6-30 增压过程

4. ESP（ESC）组成及工作原理

（1）ESP 组成　ESP 系统可分为四个部分：用于检测汽车状态和驾驶员操作的传感器部分；用于估算汽车侧滑状态和计算恢复到安全状态所需的旋转动量和减速的 ECU 部分；

用于根据计算结果来控制每个车轮制动力和发动机输出功率的执行器部分；用于告知驾驶员汽车失稳的信息部分，如图 6-31 所示。ESP 系统的主要传感器及其功能如下：①转向传感器，监测转向盘旋转角度，帮助确定汽车行驶方向是否正确；②轮速传感器，监测每个车轮速度，确定车轮是否打滑；③偏航率传感器，记录汽车绕垂直轴线的运动，确定汽车是否在打滑；④横向加速度传感器，检测汽车转弯时产生的离心力，确定汽车通过弯道时是否打滑。

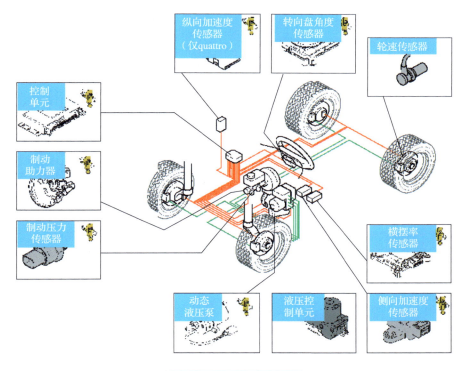

图 6-31 ESP 系统组成

（2）ESP 系统的关键部件

1）光电式转角传感器。以大众车系为例，该传感器在转向柱锁开关和转向盘之间的转向柱上，安全气囊的带滑环的回位环集成在该传感器内且位于该传感器下部。其作用是将转向盘的转角信息传递给 ESP-ECU 电控单元。角度变化范围为 ±720°，也就是转向盘转四圈。

大众车系的转向盘角度传感器为 G85，是 ESP 系统中唯一直接通过 CAN 总线将信息传递给控制单元的传感器，只要方向盘转角达到 4.5°，接通点火开关后，该传感器就开始初始化，相当于转动了 15mm，如图 6-32 所示。

该传感器通过光栅原理测量角度，其工作原理如图 6-33 所示。

编码盘由两个环构成，一个是绝对环，一个是增量环，每个环由两个传感器进行扫描，如图 6-33a 所示。

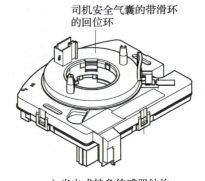
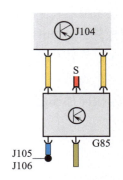

a）光电式转角传感器结构　　　　　b）光电式转角传感器电路

图 6-32　光电式转角传感器结构和电路

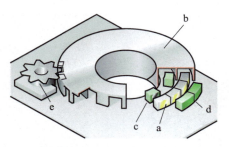
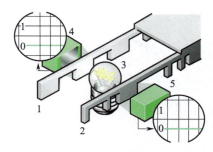

a）光电式转角传感器组成构件　　　　b）光源遮蔽时无信号
a—光源　b—编码盘　c、d—光学传感器　　1—增量蔽光框　2—绝对蔽光框　3—光源
　　　　　e—计数器　　　　　　　　　　　　　4、5—光学传感器

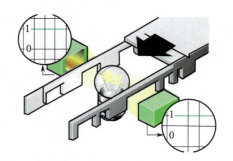
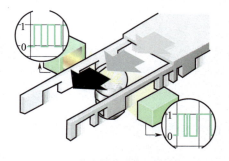

c）光源透过缝隙产生电压信号　　　　d）蔽光框移动产生脉冲信号

图 6-33　光电式转角传感器的工作原理

为简化结构，将两个带孔的蔽光框单独展示，如图 6-33b 所示，件 1 是增量蔽光框，件 2 是绝对蔽光框。在两个蔽光框之间有光源 3，其外侧是光学传感器。

如果光源透过缝隙照到传感器上，就会产生一个电压信号（图 6-33c）；如果光源被遮住，这个电压信号就消失了。如果移动蔽光框，就会产生两个不同的电压（图 6-33d）：增量传感器传送一个均匀的信号，这个因为间隙是均匀分布的；绝对传感器传送一个不均匀信号，这是因为间隙是不均匀分布的。对比这两个信号，就可计算出蔽光框移动的距离，于是就可以确定部件运动的绝对起始点和转过的角度。

2）横向加速度传感器。横向加速度传感器由一块永久磁铁 1，一个弹簧 2，一个阻尼盘 3 及一个霍尔传感器 4 组成，如图 6-34 所示。永久磁铁、弹簧及阻尼器构成了一个磁力系统。该磁铁与弹簧牢固地捆在一起，并可由阻尼盘来回摇动。如果缺少横向加速度信息，控制单元就无法计算出车辆的实际状态，ESP 也就失效了。当横向加速度 a 作用到车上时，永久磁铁也会有相应运动，但因惯性原因，这个运动要稍迟发生。也就是说，阻尼盘与传感器壳体及整车一同偏离永久磁铁（该磁铁先前处于静止状态），如图 6-35 所示。

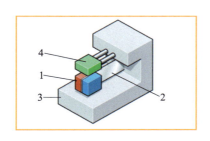

图 6-34 横向加速度传感器组成

1—永久磁铁 2—弹簧 3—阻尼盘 4—霍尔传感器

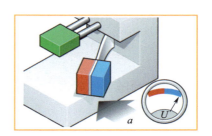

图 6-35 横向加速度传感器工作原理（一）

这个运动会在阻尼盘内产生电涡流，而电涡流又会产生一个与永久磁铁磁场极性相反的磁场。因此，总磁场的强度就被削弱了，这会使霍尔传感器的电压改变，电压的变化是与横向加速度的大小成比例的，如图 6-36 所示。也就是说，阻尼器与磁铁之间的运动幅度越大，那么磁场强度削弱得越厉害，霍尔传感器电压变化得就越明显。如果没有横向加速度，霍尔传感器电压保持恒定，如图 6-37 所示。

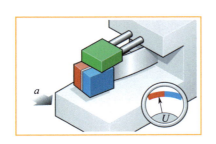

图 6-36 横向加速度传感器工作原理（二）

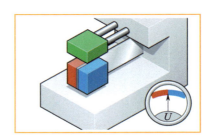

图 6-37 横向加速度传感器工作原理（三）

3）制动压力传感器。该传感器安装在行驶动态调节液压泵内，该传感器向发动机控制单元提供制动管路内的实际压力信号。发动机控制单元根据这个压力信号计算出车轮制动力及作用在车上的纵向力。如果需要 ESP 工作，控制单元会将此值用于计算侧导向力。其组成及工作原理如图 6-38 所示。

如果缺少实际制动压力信号，那么系统就无法计算正确的侧导向力，ESP 也就失效了。不可从液压泵上拧下压力传感器，而应与该泵一同更换。

该传感器的核心部件是一个压电元件 a，制动液的压力就作用在其上。另一个是传感器电子元件 b。

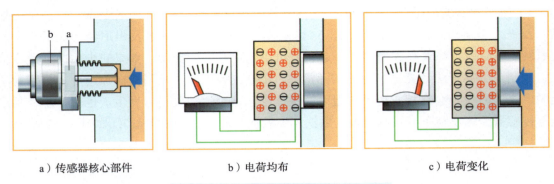

a）传感器核心部件　　　　b）电荷均布　　　　c）电荷变化

图 6-38　制动压力传感器组成及工作原理

如果制动液的压力作用到压电元件上，那么该元件上的电荷分布就会改变。

如果没有压力作用，电荷分布是均匀的（图 6-38b）。有压力作用时，电荷分布在空间发生变化（图 6-38c），于是就产生了电压。压力越大，电荷分离的趋势越强，产生的电压就越高。这个电压由电子装置放大，然后作为信号传给控制单元。电压的高低就是制动压力大小的直接反应。

（3）ESP 液压装置及 ESP 工作过程

1）ESP 液压装置。ESP 系统独立于制动回路，需要 12 个电磁阀，如图 6-39 所示。制动系统从主缸出来有两个制动回路，每条制动回路有高压阀（常闭型二位二通电磁阀）和转换阀（常开型二位二通电磁阀）；每个制动回路有一回油泵，回油泵受回油泵电机驱动；每个制动回路有一个储液罐与主缸相通；每个轮缸有一常开型二位二通进液电磁阀和

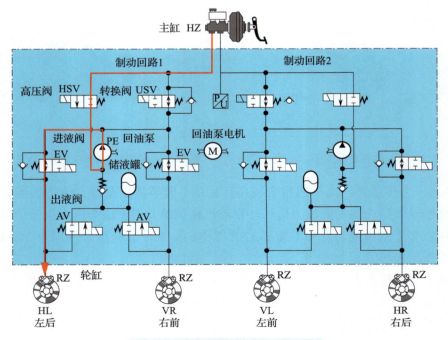

图 6-39　ESP 液压装置液压线路图

常闭型二位二通出液电磁阀。

2）ESP 工作过程。制动管路部件包括控制阀、高压阀、进液阀、出液阀、制动分泵、回液泵、行驶动态调节泵和制动助力器，如图 6-40 所示。

① 建压：当 ESP 开始工作时，高压阀通电打开，控制阀通电关闭，行驶动态调节泵就将制动液从储液罐输送到制动管路，制动分泵和回液泵产生制动压力。回液泵供液，提高制动压力（图 6-41）。

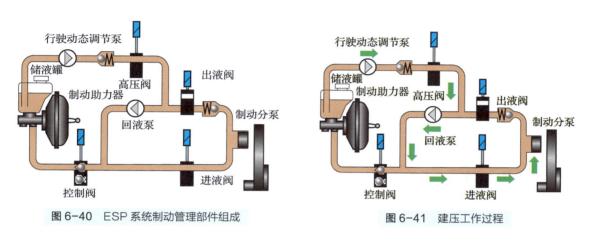

图 6-40　ESP 系统制动管理部件组成　　　　图 6-41　建压工作过程

② 保压：高压阀断电关闭，控制阀保持关闭，进液阀通电关闭，出液阀保持关闭。制动分泵内的压力不会卸掉，回液泵停止工作（图 6-42）。

③ 减压：高压阀保持关闭，控制阀断电打开。进液阀保持关闭，出液阀通电打开。制动液通过回液泵流回储液罐（图 6-43）。

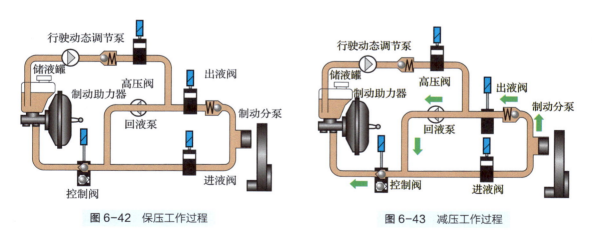

图 6-42　保压工作过程　　　　图 6-43　减压工作过程

四　吉利帝豪 EV450 ESC 系统

吉利帝豪 EV450 ESC 控制系统电气原理如图 6-44 所示。ESC 控制单元接收 ESC OFF 开关、制动真空度传感器转向盘转角传感器和轮速传感器信号，根据真空压力传感器信号通过电动真空泵继电器控制电动真空泵工作,实现制动真空助力;控制 ABS 泵和各车轮制动回路的导向阀与进排油电磁阀,实现车身稳定控制。其中转向盘转角传感器直接通过 VCAN 传送到 ESC 控制器,制动开关信号由整车控制器通过 VCAN 传送到 ESC 控制器。ESC 系统主要的故障症状及其可能故障原因见表 6-3。

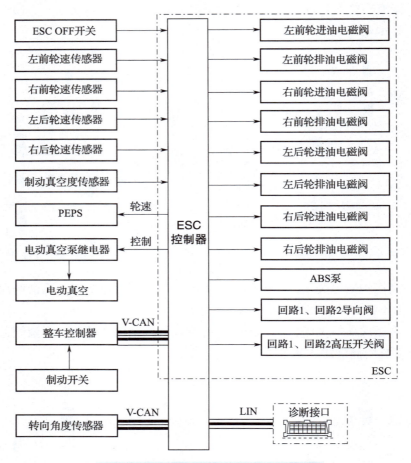

图 6-44 吉利 EV450 车型 ESC 电气原理

表 6-3 ESC 系统故障原因分析表

症状	怀疑部位	维修方法
ESC 不工作	1. 检查 DTC,确认没有历史和当前故障	利用诊断仪访问
	2. IG1 电源电路	
	3. 前转速传感器电路	
	4. 后转速传感器电路	
	5. 利用诊断仪主动测试功能检查液压电子控制单元;如果异常,则检查液压管路是否泄漏	
	6. 如果怀疑部位的上述电路经过检查并确认正常后,症状仍然存在,则应更换液压电子控制单元	

（续）

症状	怀疑部位	维修方法
ESC 无法有效运行	1. 检查 DTC，确认没有历史和当前故障码	
	2. 前转速传感器电路	
	3. 后转速传感器电路	
	4. 制动灯开关电路	确认制动灯工作正常，否则是制动灯开关故障
	5. 利用诊断仪主动测试功能检查液压电子控制单元，如果异常，则检查液压管路是否泄漏	
	6. 如果怀疑部位的上述电路经过检查并确认正常后，症状仍然存在，则应更换液压电子控制单元	
ABS 警告灯故障（保持常亮）	1. 液压电子控制单元	
	2. 仪表失去与 ESC 的 CAN 网络通信，点亮 ESC、ABS、EBD 故障灯	
ABS 警告灯故障（不亮）	1. 组合仪表	
	2. 液压电子控制单元	
制动警告灯故障（保持常亮）	1. 制动警告灯电路	
	2. 检测电动真空泵控制电路	

吉利 EV450 ESC 控制系统电路图如图 6-45 所示，ESC 控制器线束插接器为 CA20，CA20 各端子定义见表 6-4。

表 6-4　ESC 控制器线束插接器 CA20 端子定义及颜色

端子号	端子定义	颜色
1	供电线	R/G
2	右前轮速输出（Wheel_Speed FL）	B/R
3	EVP 控制线（VACUUM PUMP RLY）	W/B
4	右前轮速传感器信号线（FR-）	Y/R
5	真空压力传感器电源线（V-SENSER POWER）	L/G
8	左前轮速传感器信号（FL-）	Y
9	真空压力传感器输入信号（V-SENSER SIGNAL）	R/L
10	车速信号输出	G
12	ESC OFF 开关	R/B
13	泵电机接搭铁	B
14	VCAN-L	L/W
16	右前轮速传感器电源线（FR+）	W/R

（续）

端子号	端子定义	颜色
17	右后轮速传感器电源线（RR-）	W/G
18	左后轮速传感器信号线（RR+）	Y/BL
19	左前轮速传感器电源线（FL+）	W
25	供电线	R
26	VCAN-H	Gr
28	ESC唤醒信号	W/BL
29	右后轮速传感器信号线（RR+）	Y/G
31	左后轮速传感器电源线（RL+）	W/L
32	真空压力传感器接地（V-SENSER GND）	Y/L
38	搭铁	B

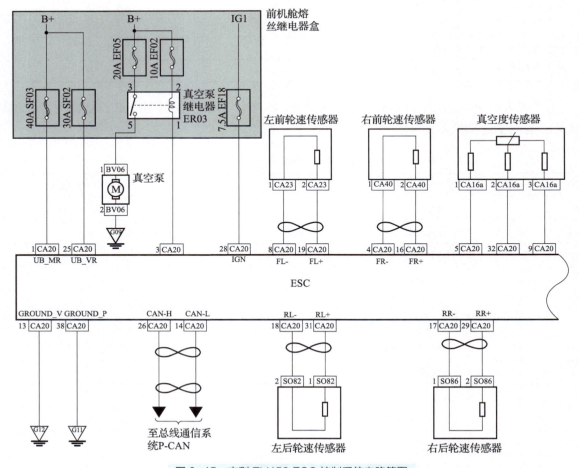

图6-45　吉利EV450 ESC控制系统电路简图

五 吉利 EV450 真空助力器总成的更换

真空助力器总成的更换操作见表 6-5。

表 6-5 吉利 EV450 真空助力器总成的更换

步骤名称	更换部位	更换方法
1.断开蓄电池负极	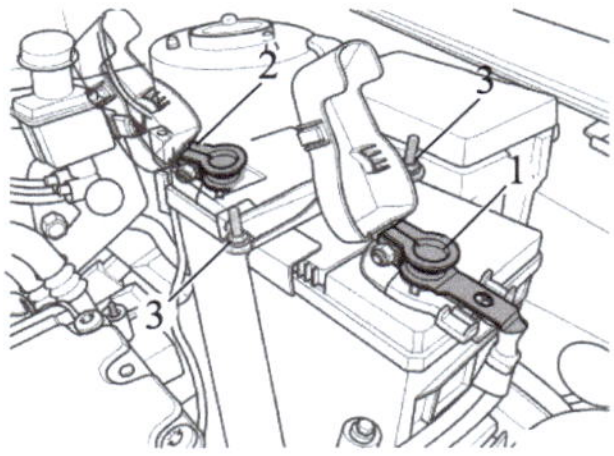	1）操作启动开关使电源模式至"OFF"状态 2）打开蓄电池负极电缆保护盖 3）拆卸蓄电池负极电缆固定螺母 4）脱开蓄电池负极电缆1 5）打开蓄电池正极电缆保护盖 6）拆卸蓄电池正极电缆固定螺母 7）脱开蓄电池正极电缆2 8）拆卸蓄电池挂钩固定螺母3，取下蓄电池压条及挂钩 9）取出蓄电池总成
2.拆卸仪表台左下护板	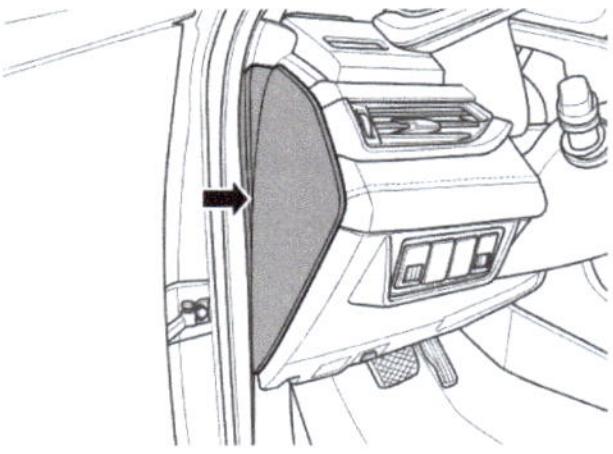	
3.排放制动液	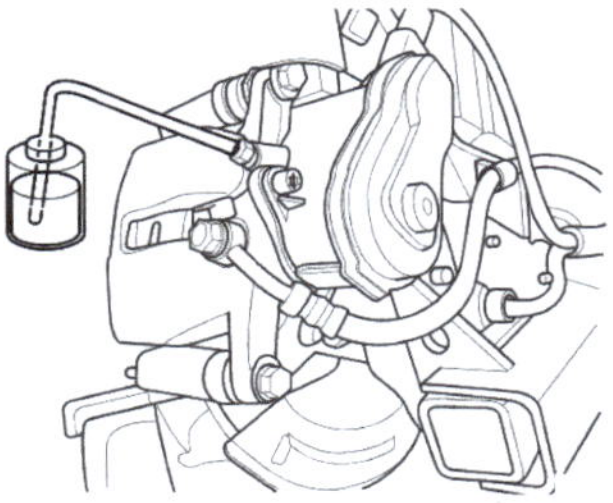	
4.拆卸真空助力器总成		1）拆卸制动液液面传感器线束插接器 2）拔出真空管3 3）拆卸制动油管两个接头螺母1 4）拆卸制动总泵两个固定螺栓2，取出制动总泵

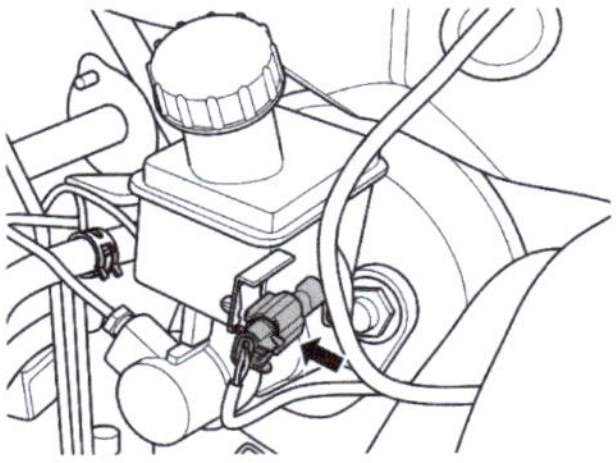

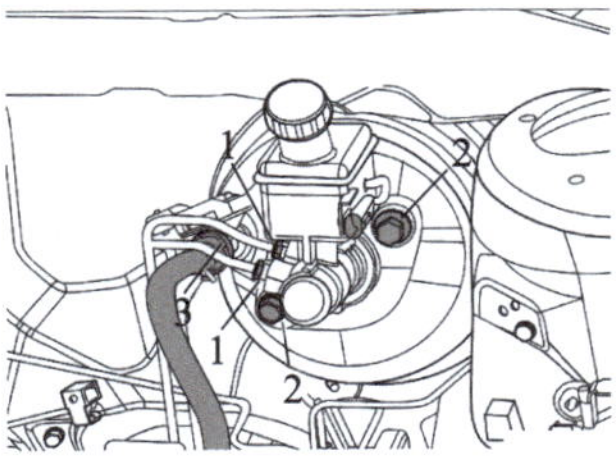

（续）

步骤名称	更换部位	更换方法
4.拆卸真空助力器总成	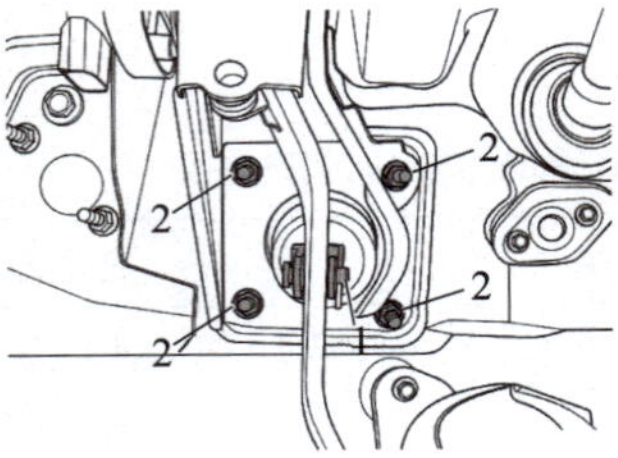	5）断开真空助力器连杆U形夹与制动踏板的连接锁销1 6）拆卸真空助力器与制动踏板固定螺母2，取出真空助力器总成
5.分解真空助力泵	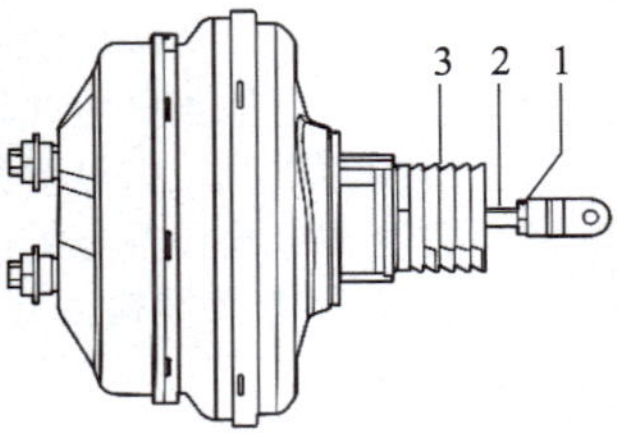	1）松开连杆上U形夹的锁止螺母，旋出U形夹和锁止螺母1 2）拆卸弹簧卡夹2 3）拆卸橡胶护套和密封垫3
6.安装真空助力器总成	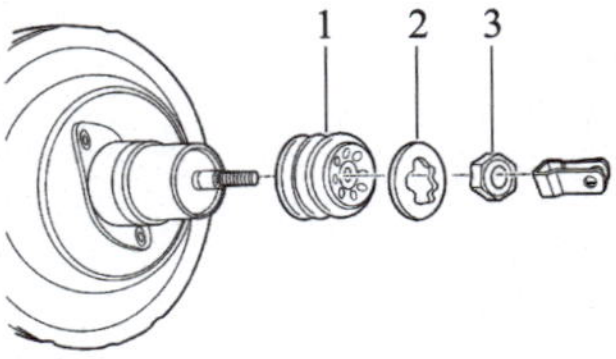	1）安装新的密封垫，再将橡胶护套1套在助力器连杆上 2）安装弹簧卡夹2 3）拧入U形夹的锁止螺母和连杆U形夹，并拧紧螺母3 4）调整连杆U形夹的行程：连杆U形夹与助力器后端面的距离133mm 5）紧固U形夹的锁止螺母。力矩20 N·m
7.安装真空助力器	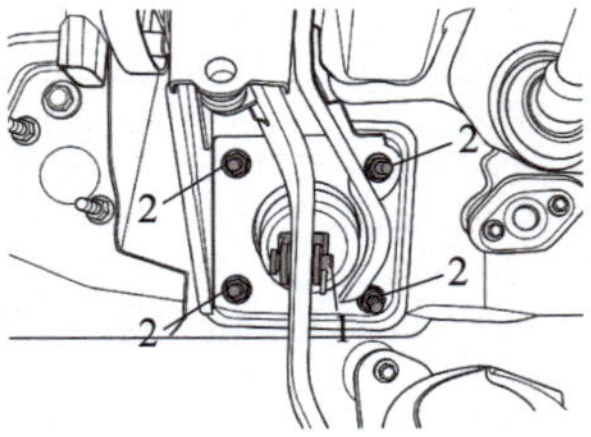	1）放置真空助力器总成，紧固真空助力器与制动踏板固定螺母2。力矩23N·m 2）连接真空助力器连杆U形夹与制动踏板锁销1 3）放置制动泵总成，紧固制动总泵两个固定螺栓2。力矩23 N·m 4）安装制动油管两个接头螺母1。力矩16N·m 5）连接真空管3

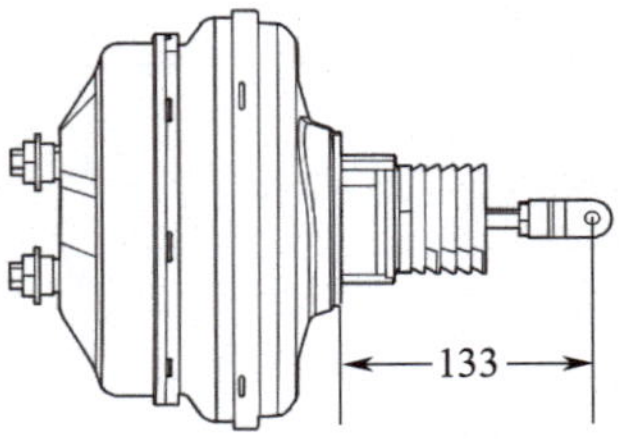

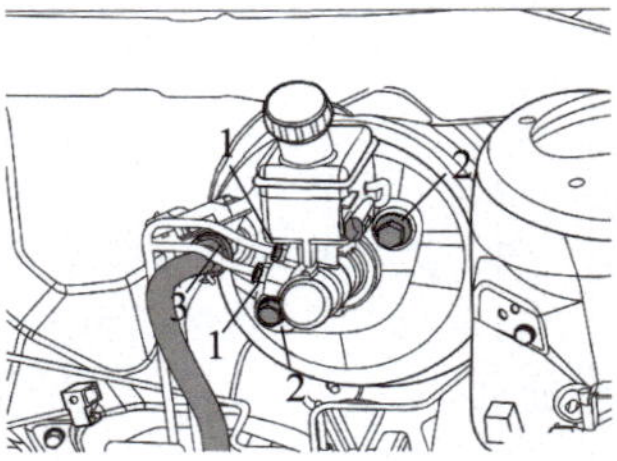

（续）

步骤名称	更换部位	更换方法
7.安装真空助力器	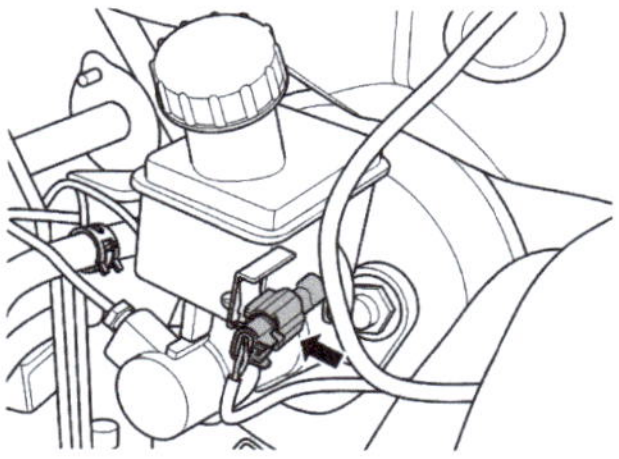	6）连接制动液液面传感器线束插接器
8.安装仪表台左下护板		
9.连接蓄电池负极电缆		
10.加注制动液		
11.制动系统排气		

六 吉利 EV450 组合仪表总成更换

组合仪表总成更换操作见表 6-6。

表 6-6 吉利 EV450 组合仪表总成的更换

拆装步骤		拆装部位图例	具体方法
拆卸程序	1.断开蓄电池负极电缆		
	2.拆卸转向管柱上、下护罩	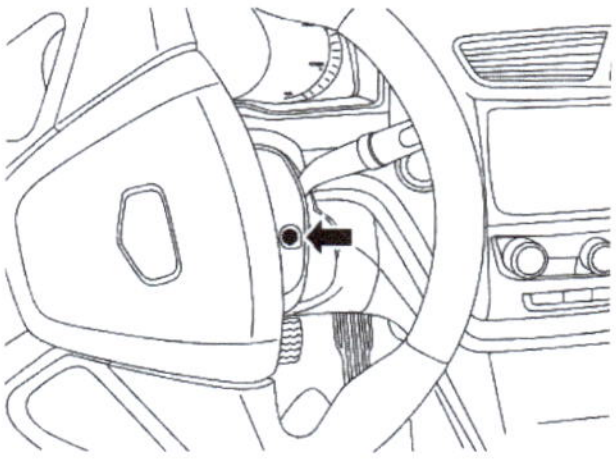	1）向右转动转向盘约 90°，拆卸转向柱护板右侧上部固定螺钉
		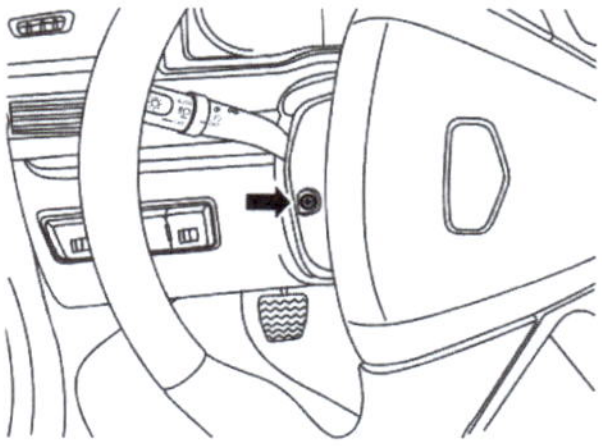	2）向左转动转向盘约 180°，拆卸转向柱护板左侧上部固定螺钉

（续）

拆装步骤		拆装部位图例	具体方法
拆卸程序	2. 拆卸转向管柱上、下护罩	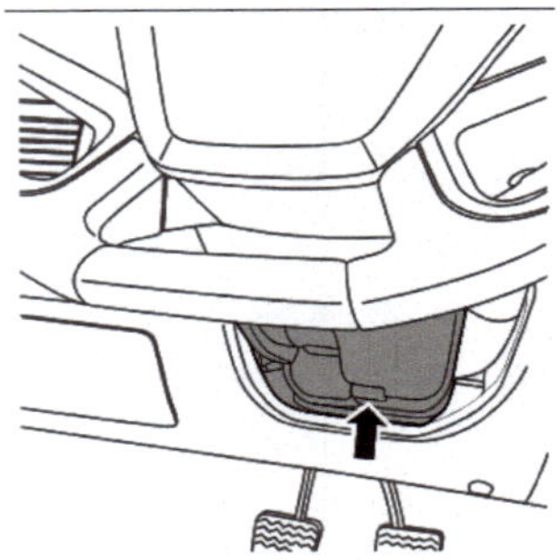	3）拆卸转向柱护板下部固定螺钉 4）拆卸转向柱上下护板
	3. 拆卸组合仪表总成	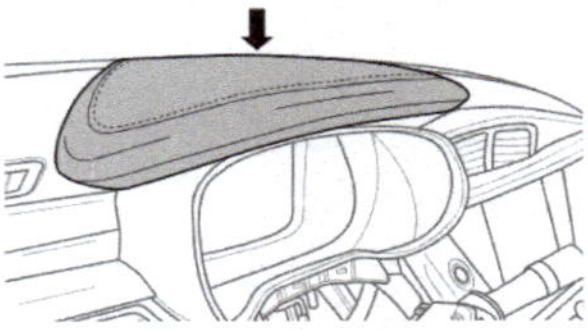	1）拆卸组合仪表上盖板
		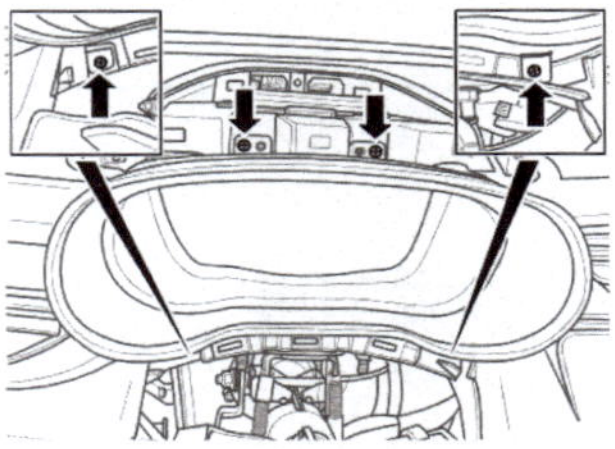	2）拆卸组合仪表四个固定螺钉
		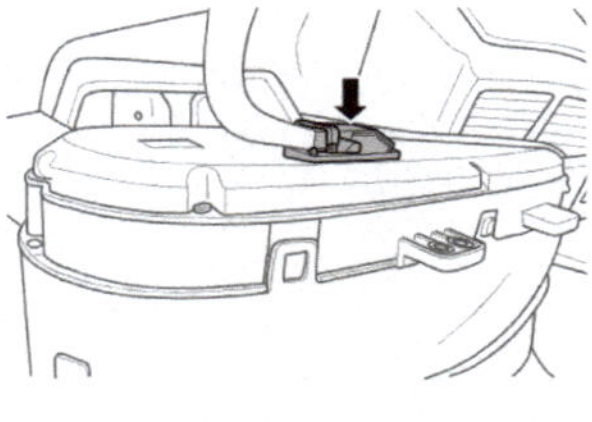	3）断开组合仪表线束插接器，取出组合仪表
安装程序	1. 安装组合仪表总成	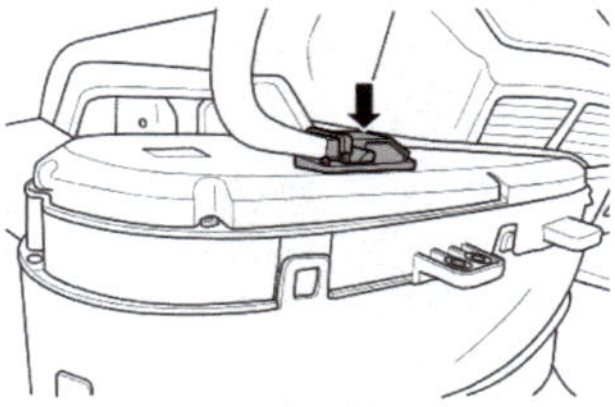	1）连接组合仪表线束插接器，向下锁紧卡扣
		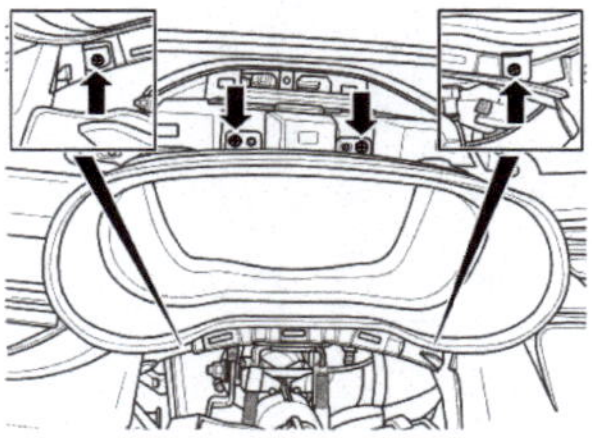	2）安装组合仪表，紧固四个螺钉。力矩 3.5N·m

（续）

拆装步骤		拆装部位图例	具体方法
安装程序	1. 安装组合仪表总成	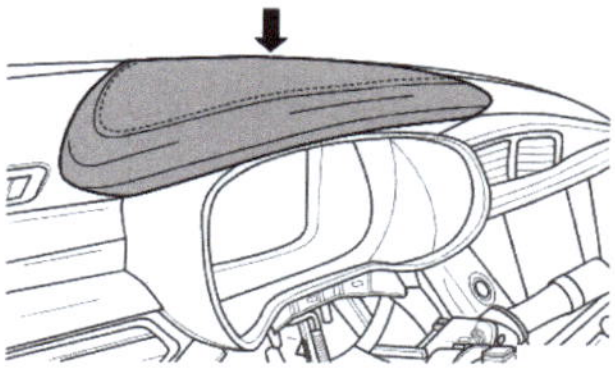	3）安装组合仪表上盖板
	2. 安装转向柱上下护板	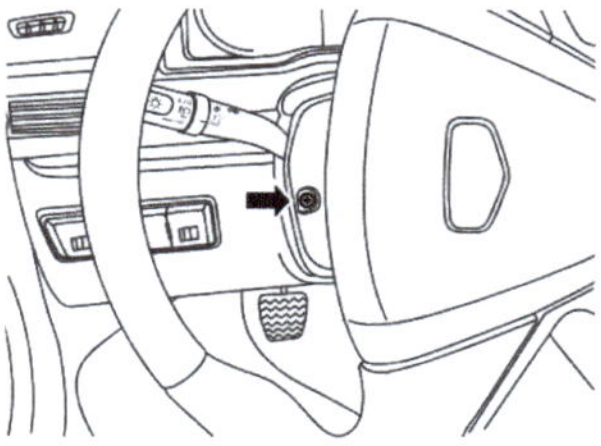	1）安装转向柱护板上部左侧固定螺钉并紧固。力矩 3.5N·m
		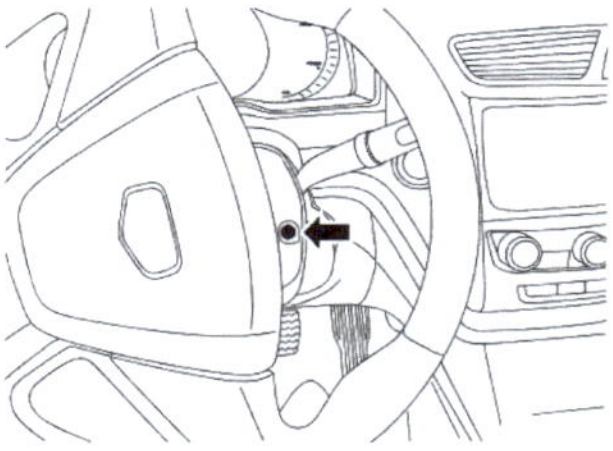	2）朝右转动 180°，安装转向柱护板上部右侧固定螺钉并紧固。力矩 3.5N·m
		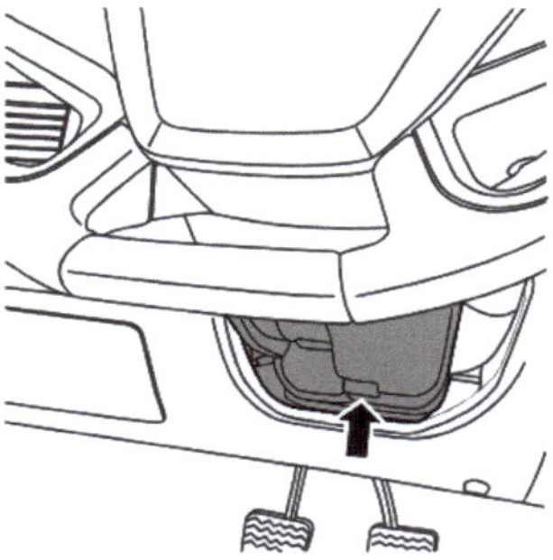	3）安装转向柱护板下部固定螺钉并紧固。力矩 3.5N·m
	3. 连接蓄电池负极电缆		

七 项目实施

实施准备

安全防护：做好车辆安全防护与隔离（车辆挡块、警示隔离带、高压危险警示牌）
工具设备：数字万用表、示波器、解码器
实训车辆：吉利 EV450
辅助资料：汽车原厂维修手册、原厂电路图

任务一 制动警告灯常亮故障检修

1. 接收任务

一辆 EV450 电动汽车行驶中仪表盘上部显示制动系统故障,仪表盘下部系统故障灯点亮,车辆前部持续传来异响,经检查确认电控制动系统有故障。你能安全、规范地检测电控制动系统吗?

2. 收集信息

1)熟悉制动系统的组成,看图 6-46 填空。

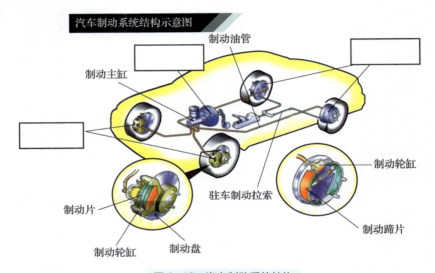

图 6-46 汽车制动系统结构

2)熟悉纯电动汽车制动系统的组成,看图 6-47 填空。

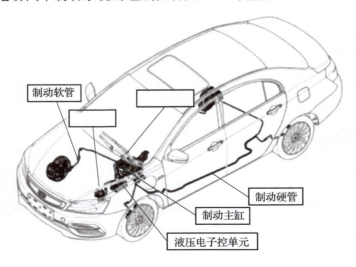

图 6-47 纯电动汽车制动系统结构

3）查阅电路图，电动真空助力系统由_____、真空储存罐、_____和ESC控制单元等组成；电动真空泵的供电电压（12V）由蓄电池经过10A的熔丝_____到ESC控制单元端口_____，通过真空泵继电器_____控制电动真空泵工作；电动真空泵的正极通过真空泵继电器_____和20A熔丝_____与供电电路相连，电动真空泵的负极直接_____。

4）真空泵是否工作受ESC控制器控制，其控制依据是_____。当满足真空泵工作条件后，ESC控制器控制_____工作，给电动真空泵供电，真空泵开始工作。

5）电动真空泵的类型有_____、_____、_____三种。

6）看图6-48填空。

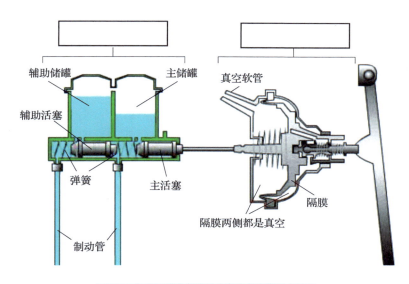

图6-48　制动总泵与制动真空助力器结构

7）认读真空助力器的结构与工作原理，看图填空（图6-49～图6-52）。

①自然状态

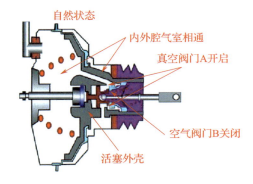

阀	作用	状态
真空阀A	连通前后腔气室	_____
空气阀B	后腔气室与大气相连通	_____
真空助力器前后腔_____，同时又与大气_____		
若发动机正在工作，前后腔气室都处于_____状态		

图6-49　真空助力器自然状态

② 中间状态

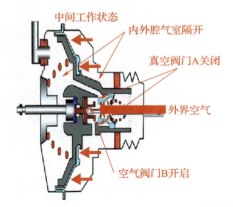

阀	作用	状态
真空阀 A	连通前后腔气室	＿＿＿
空气阀 B	后腔气室与大气相连通	＿＿＿
真空助力器前后腔＿＿＿。		
大气进入＿＿＿，由此产生的＿＿＿推动气室膜片、气室膜板带着活塞外壳向前运动。		

图 6-50　真空助力器中间工作状态

③ 平衡状态

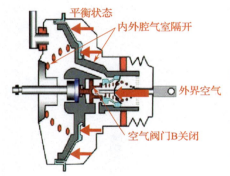

阀	作用	状态
真空阀 A	连通前后腔气室	＿＿＿
空气阀 B	后腔气室与大气相连通	＿＿＿
制动踏板力保持不变，平衡时空气阀 B＿＿＿；增加踏板力，空气阀 B＿＿＿。		

图 6-51　真空助力器平衡状态

④ 松开制动状态

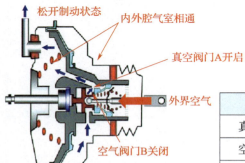

阀	作用	状态
真空阀 A	连通前后腔气室	＿＿＿（后）
空气阀 B	后腔气室与大气相连通	＿＿＿（先）
助力器前后腔气室＿＿＿，真空重新建立，回到＿＿＿状态。		

图 6-52　真空助力器松开制动状态

8）查阅电路图，制动液位传感器线束插接器编号为＿＿＿；制动液位传感器信号线颜色为＿＿＿；搭铁线颜色为＿＿＿。

9）查阅电路图，组合仪表线束插接器编号为_____；填写表 6-7 中组合仪表线束插接器端子定义及线束颜色。

表 6-7 组合仪表线路端子定义与颜色

端子号	端子定义	颜色
11		
12		
13		
16		
18		
19		
24		
27		
30		
31		
32		

3. 任务实施

1）作业前准备（场地布置、防护装备检查穿戴、仪器设备检查、汽车防护三件套安装）。

2）记录车辆信息。

3）读取故障码、数据流。

4）检查蓄电池电压。

5）检查制动液液面。

6）检查组合仪表总成供电和搭铁。

7）检查制动液液位传感器。

8）检查备用电源、电源线路。

9）整理恢复场地。

任务二 EPB 左后电机检修

1. 接收任务

一辆 2018 款吉利帝豪 EV450 电动汽车行驶中仪表盘上部显示制动系统故障，仪表盘下部系统故障灯点亮，经检查确认 EPB 系统有故障。你能完成 EPB 左后电机的检修吗？

2. 收集信息

1）电子驻车制动系统的英文缩写是_____，英文全称是_____，是由_____直接控制_____来实现驻车制动的。

2）看图 6-53 填写 EPB 系统部件名称。

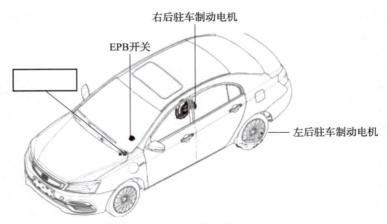

图 6-53　EPB 系统组成结构图

3）驻车制动控制电机分别安装于_____的左右制动卡钳上，该电机分为_____和齿轮箱两部分，并且与_____集成到一起，部件出现故障后需更换带有_____的制动卡钳总成，不能对 EPB 执行器进行单独更换。

4）EPB 系统的功能：

①静态驻车及解除：车辆在停止时，拉起_____（无论启动开关置于 ON 或 OFF，以及行车制动状态），EPB 系统工作制动锁止车辆；释放驻车制动时，启动开关处于_____（电机工作或不工作均可），_____行车制动踏板，按下_____，EPB 系统停止制动锁止。

②动态应急制动：车辆在行驶过程中，驾驶员拉起 EPB 开关，_____收到开关信号后通过数据总线要求_____控制行车制动。

③坡道驻车及辅助：坡道驻车时，EPB 会根据集成在液压电子控制器中的_____来测算_____，从而计算出车辆在斜坡上由于重力而产生的下滑力，EPB 系统就会对后轮施加制动力平衡下滑，实现_____；当车辆坡道起步时，EPB 坡道辅助功能会根据_____、_____、加速踏板位置、档位等信息来计算释放时机，当车辆的牵引力大于下滑力的时候，自动释放驻车制动，辅助_____。

5）查阅电路图，EPB 线束插接器编号为_____；填写表 6-8 中的 EPB 控制单元各端子定义及线束颜色。

表 6-8　EPB 控制单元线路端子定义与颜色

端子号	端子定义	颜色
8		
9		
10		
12		
13		

（续）

端子号	端子定义	颜色
14		
15		
16		
17		
18		
19		
22		
27		
28		
29		
30		

6）查阅电路图，仪表板中部开关线束插接器编号为_____；填写表 6-9 中的各端子定义及线束颜色。

表 6-9　组合仪表线路端子定义与颜色

端子号	端子定义	颜色
1		
2		
3		
4		
5		
6		
7		
8		
9		
10		

3. 任务实施

1）作业前准备（场地布置、防护装备检查穿戴、仪器设备检查、汽车防护三件套安装）。

2）记录车辆信息。

3）读取故障码、数据流。

4）检查蓄电池电压。

5）用诊断仪进行 EPB 警告灯的主动测试。

6）检查左后 EPB 电机熔丝 IF23。

7）检查熔丝 SF04 线路。

8）检测左后 EPB 电机电源电压。

9）检查左后 EPB 控制器与左后 EPB 电机之间的线路。

10）检查左后 EPB 电机与车身搭铁之间线路。

11）检修左后 EPB 电机与车身搭铁之间的断路或短路故障。

12）检查 EPB 开关与 EPB 控制器之间线束导通性。

13）整理恢复场地。

真空度传感器
故障检修

任务三　ESC 系统检修

1. 接收任务

一辆 2018 款吉利帝豪 EV450 电动汽车行驶中仪表盘上部显示 ESC 系统故障，仪表盘下部系统故障灯点亮，经检查确认 ESC 系统有故障。你能安全、规范地检修 ESC 系统吗？

2. 收集信息

1）ABS 由_____传感器、_____传感器、_____、电子控制单元（ECU）和 ABS 警示装置等组成。

2）纵向附着系数影响_____，侧向附着系数影响_____。

3）ABS 的作用就是在制动过程中，通过调节制动器制动力，使滑移率始终控制在_____%，获得最佳的制动效能和较好的制动方向稳定性。

4）三位三通电磁阀："三位"是指工作在三个状态（_____、_____、_____）；"三通"是指电磁阀对外具有三个接口（_____口、_____口、_____口）。

5）ASR 系统是指_____，英文全称是_____；利用控制器控制车轮与路面的滑转率/滑移率（勾选正确的名词），充分利用驱动车轮的_____。

6）识读图 6-54，说明 ABS/ASR 的工作过程。

ABS：

增压：

保压：

ASR：

减小驱动力矩：

减压：

增压：

保压：

项目六 电控制动系统检修

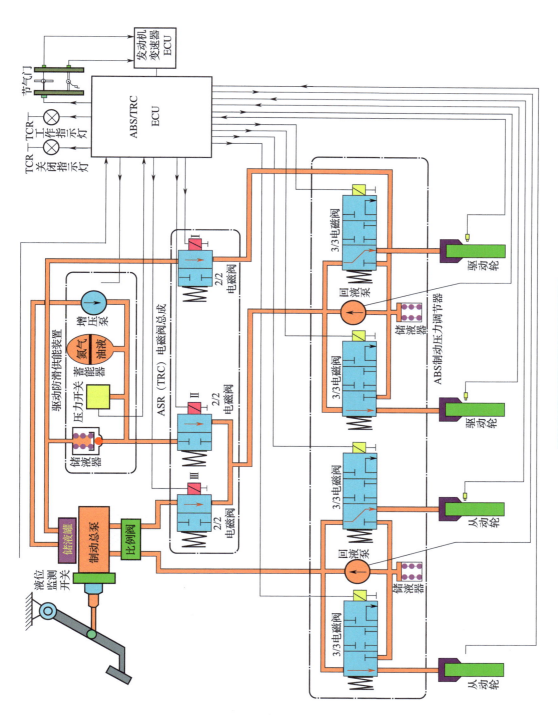

图6-54 ABS/ASR的工作过程

7）参照图 6-55 简述 ESP 液压调节器结构与工作原理。

转换阀（USV）：_____型二位二通电磁阀；高压阀（HSV）：_____型二位二通电磁阀。驾驶员没有设定制动液初始压力条件下，ESP 系统能自行建立制动压力：_____通电关闭，_____通电开启，制动液从储液罐吸出，经主缸压入轮缸并在轮缸中建立制动压力。

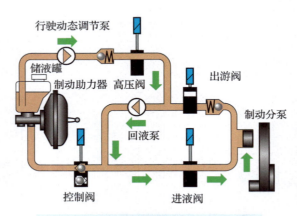

图 6-55　ESP 液压调节器结构与工作原理

8）查阅电路图，ESC 控制器线束插接器为_____。写出表 6-10 中的 ESC 控制器端子定义及线束颜色。

表 6-10　ESC 控制器线路端子定义与颜色

端子号	端子定义	颜色
1		
2		
3		
4		
5		
8		
9		
10		
12		
13		
14		
16		
17		
18		

（续）

端子号	端子定义	颜色
19		
25		
26		
28		
29		
31		
32		
38		

9）查阅电路图，真空度传感器线束插接器_____。写出表6-11中的真空度传感器各端子定义及线束颜色。

表6-11　真空度传感器线路端子定义与颜色

端子号	端子定义	颜色
1		
2		
3		

3. 任务实施

1）作业前准备（场地布置、防护装备检查穿戴、仪器设备检查、汽车防护三件套安装）。

2）记录车辆信息。

3）读取故障码、数据流。

4）检查蓄电池电压。

5）外观检查。

6）检查真空度传感器和液压电子控制单元之间的线束。

7）整理恢复场地。

复习题

1. 填空题

1）电控制动系统组件主要包括_____、_____、_____、_____、_____、_____、_____、_____、_____。

2）电动真空泵根据结构不同分为_____、_____、_____和_____等。

3）EV450当真空度低于_____kPa时，ESC控制器使真空泵工作；当真空度高于_____kPa时，真空泵停止工作；当真空度低于_____kPa时，系统报警。

4）电子驻车制动系统（EPB）主要包括_____、_____和_____等三部分。

2. 问答题：

1）简述EPB系统功能。

2）画出吉利EV450车型EPB系统电路简图并简述左后电机不工作的检修过程。

3）简述ESC系统功能。

4）简述吉利EV450车型ESC系统的工作原理。

5）简述真空度传感器的检修过程。

参考文献

[1] 凌永成. 汽车空调技术[M]. 北京：机械工业出版社，2014.

[2] 张蕾. 汽车空调[M]. 3版. 北京：机械工业出版社，2020.

[3] 李晓娜，刘春晖，张文志. 汽车空调原理与检修[M]. 3版. 北京：机械工业出版社，2019.

[4] 甘堂忠，梁洪丹. 汽车空调检测与维修一体化教程[M]. 北京：机械工业出版社，2020.

[5] 杨柳青. 汽车空调构造与维修[M]. 2版. 北京：人民交通出版社，2017.

[6] 陈虎. 汽车空调构造原理与拆装维修[M]. 北京：化学工业出版社，2020.

[7] 刘凤珠，赵宇. 新能源汽车电控技术[M]. 北京：机械工业出版社，2019.

[8] 王鸿波，谢敬武. 新能源汽车构造与检修[M]. 北京：机械工业出版社，2019.

[9] 林程. 电动汽车工程手册：第一卷 纯电动汽车整车设计[M]. 北京：机械工业出版社，2019.

[10] 李伟. 电动汽车维修快速入门60天[M]. 北京：机械工业出版社，2019.

[11] 王震坡，孙逢春，刘鹏. 电动汽车原理与应用技术[M]. 2版. 北京：机械工业出版社，2016.

[12] 包丕利. 纯电动汽车辅助系统检测与修复[M]. 北京：机械工业出版社，2018.

[13] 莱夫. BOSCH汽车工程手册[M]. 魏春源，译. 4版. 北京：北京理工大学出版社，2020.

目 录 Contents

实训工单一　电动空调压缩机检修　　　　　　　　　　　　　...001

实训工单二　电动空调供暖系统检修　　　　　　　　　　　　...017

实训工单三　电动空调制冷系统检修　　　　　　　　　　　　...036

实训工单四　电控制动系统检修　　　　　　　　　　　　　　...044

实训工单一　电动空调压缩机检修

一、接收任务

一辆 2018 款吉利帝豪 EV450 电动汽车按下 AC 开关，空调不制冷，车间主管初步诊断电动压缩机不工作。

你知道电动汽车空调系统的工作原理吗？请你对电动汽车空调系统不制冷的故障进行诊断与排除。

新能源汽车动力电池认知

二、收集信息

1. 作业前准备

作业图例	作业内容	完成情况
	作业前现场环境检查	□ 规范着装 □ 拉设安全围挡 □ 放置安全警示牌 □ 检查灭火器 □ 检查测量终端状态 □ 铺设防护四件套
安全帽　护目镜 绝缘鞋　绝缘手套	检查并佩戴防护用具	□ 检查绝缘手套 □ 检查护目镜 □ 检查安全帽 □ 检查绝缘鞋
诊断仪　放电工装 万用表　绝缘测试仪	仪表工具检查	□ 检查万用表、绝缘检测仪是否正常 □ 检查故障诊断仪是否正常 □ 检查绝缘工具是否齐全、正常 □ 检查放电工装是否正常 □ 检查维修手册、电路图是否完备

（续）

作业图例	作业内容	完成情况		
		测量值	标准值	判别
	测量绝缘地垫绝缘电阻	___Ω	___Ω	□ 正常 □ 异常

2. 登记车辆基本信息

项目	内容	完成情况
品牌		□ 是 □ 否
VIN		□ 是 □ 否
生产日期		□ 是 □ 否
动力电池	型号：　　　　额定容量：	□ 是 □ 否
驱动电机	型号：　　　　额定功率：	□ 是 □ 否
行驶里程	km	□ 是 □ 否

3. 基本检查

作业图例	作业内容	完成情况		
		测量值	标准值	判断
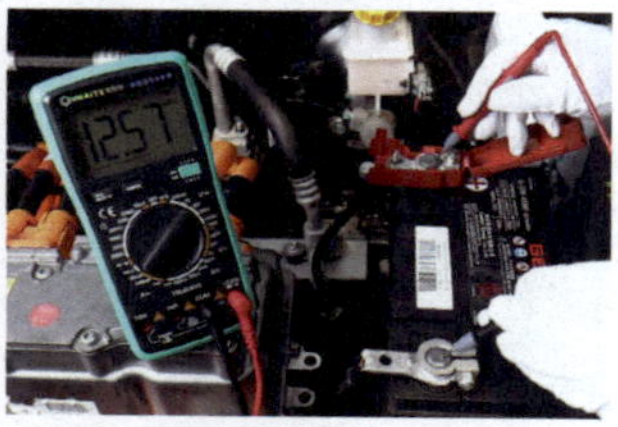	蓄电池电压	___V	___V	□ 正常 □ 异常
	高压部件及其插接器连接情况	□ 正常　□ 异常		
	低压部件及其插接器连接情况	□ 正常　□ 异常		

4. 故障现象确认

作业图例	作业内容	完成情况	
	踩下制动踏板，按下启动开关	□是	□否
	将空调开关打至ON档，按下AC开关	□是	□否
	空调是否制冷	□是	□否
	打开鼓风机，鼓风机工作是否正常	□正常	□异常

作业图例	作业内容	显示	判断	
	观察仪表现象		□正常	□异常
			□正常	□异常
			□正常	□异常
			□正常	□异常
			□正常	□异常

5. 读取故障码、数据流

作业图例	作业内容	完成情况	
	关闭启动开关	□是	□否
	将 OBD-Ⅱ 测量线连接至 VCI 设备	□是	□否
	连接车辆 OBD 诊断座，VCI 设备电源指示灯亮起	□是	□否
	按下启动开关	□是	□否

（续）

作业图例	作业内容	完成情况	
	选择吉利 EV450 并读取故障码	故障码	含义
	读取与故障相关的数据流	数据流名称	数据值

6. 故障范围分析

思维导图

7. 知识技能准备

（1）吉利 EV450 电动汽车采用_____，电动压缩机的工作电压_____，电动压缩机控制器工作电压_____，有制冷剂时绝缘阻值大于_____，泄压阀压力为_____。

（2）吉利 EV450 电动空调压缩机的蒸发器温度_____时，允许电动压缩机工作。

（3）吉利 EV450 电动空调系统当环境温度_____时，允许电动压缩机工作。

（4）温度为 25℃时，室外温度传感器电阻为_____kΩ。

（5）吉利 EV450 电动空调系统采用_____膨胀阀。

（6）查阅吉利 EV450 电路图，电动压缩机线路图所在页码为_____。

（7）查阅电路图，在图 1-1 空调压缩机线路连接图框中填出相关部件的名称。

（8）电动压缩机控制器的低压插接器编号为_____，空调控制面板插接器编号为_____，空调控制器插接器编号为_____，电动压缩机由_____通过_____总线进行控制。

（9）空调控制器的常电端子为_____，IG 电源端子为_____；电动压缩机控制器的常电端子为_____，搭铁端子为_____。

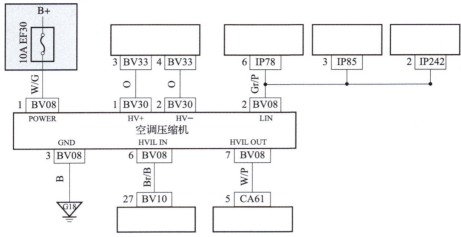

图 1-1 空调压缩机线路连接图

三、制订计划

1. 根据任务要求制订实训计划

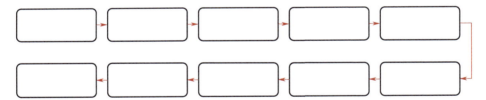

2. 根据操作计划完成小组成员任务分工

主操作人		记录员	
监护人		展示员	

四、任务实施

1. 检查空调制冷系统高低压侧压力

作业图例	作业内容	完成情况	
	连接歧管压力表	□是	□否
	读取空调系统高低压侧压力	高压：____MPa	□正常 □异常
		低压：____MPa	□正常 □异常

（续）

作业图例	作业内容	完成情况	
	踩下制动踏板，按下启动开关，打开空调 AC 开关	□是 □否	
	读取空调系统高低压侧压力	高压：_____MPa	□正常 □异常
		低压：_____MPa	□正常 □异常
	关闭空调 AC 开关，将启动开关置于 OFF 档	□是 □否	
	拆下歧管压力表高低压接头，取出歧管压力表	□是 □否	

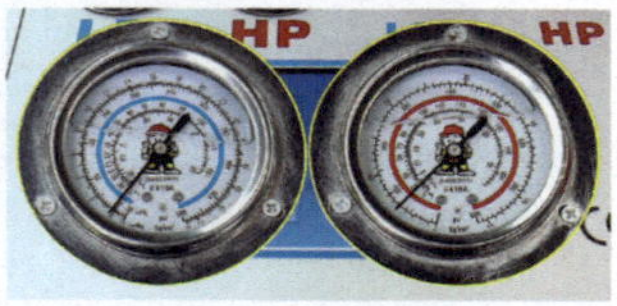

检测分析：

2. 检查蒸发器温度传感器、室外温度传感器和阳光传感器

作业图例	作业内容	完成情况
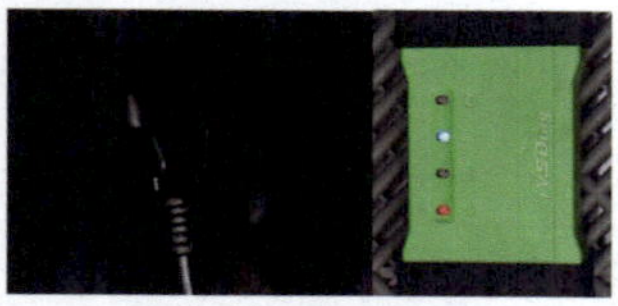	连接故障诊断仪	□是 □否
	把启动开关置于 ON 档	□是 □否

（续）

作业图例	作业内容	完成情况		
	读取蒸发器温度传感器数据流	测量值 ____℃	实际值 ____℃	判断 □ 正常 □ 异常
	读取室外温度传感器数据流	测量值 ____℃	实际值 ____℃	判断 □ 正常 □ 异常
	读取阳光传感器数据流	测量值 ____℃	实际值 ____℃	判断 □ 正常 □ 异常
	蒸发器温度、室外温度和阳光温度是否≥4℃	□ 是　□ 否		
	将启动开关置于OFF档	□ 是　□ 否		
	断开空调控制器插接器 IP85	□ 是　□ 否		
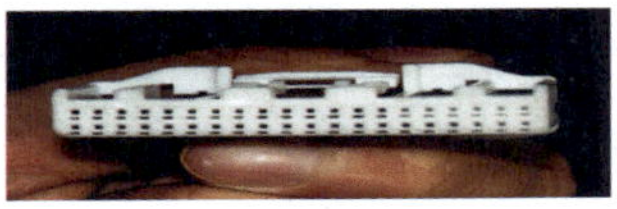 IP85	用万用表测量 IP85/35 与 IP85/2 电阻（蒸发器温度传感器电阻）	测量值 ____kΩ	标准值 4.5~5.2kΩ（0℃） 2~2.7kΩ（15℃）	判断 □ 正常 □ 异常
 IP85	用万用表测量 IP85/34 与 IP85/2 电阻（室外温度传感器电阻）	测量值 ____kΩ	标准值 4.5~5.2kΩ（0℃） 2~2.7kΩ（15℃）	判断 □ 正常 □ 异常

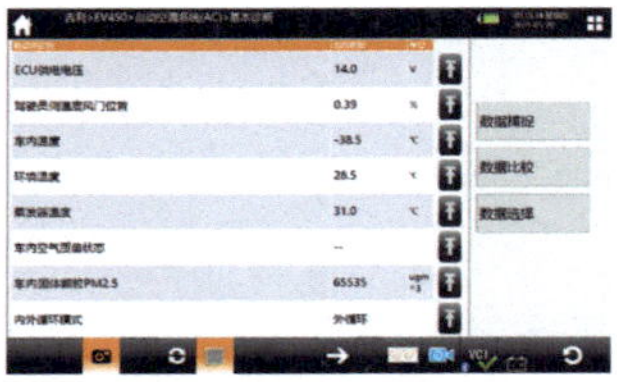

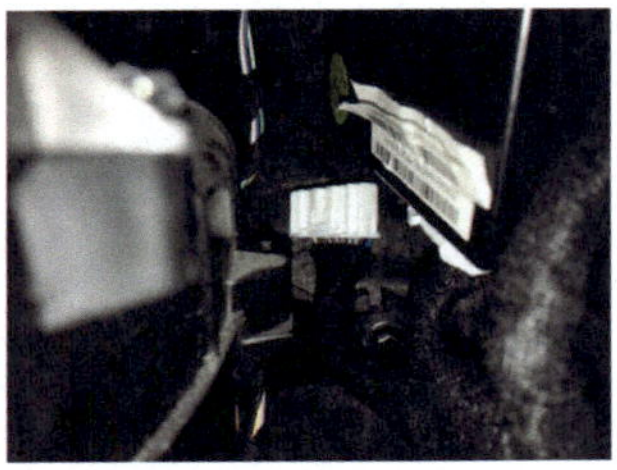

检测分析：

3. 检查熔丝 EF30 是否熔断

作业图例	作业内容	完成情况		
	把启动开关置于 OFF 档	□是　□否		
	拔下熔丝 EF30	□是　□否		
	用万用表测量熔丝 EF30 电阻	测量值 ____Ω	标准值 <1Ω	判断 □正常 □异常
	用万用表检测 EF30 插座端子与搭铁之间电阻	测量值 ____Ω	标准值 ∞	判断 □正常 □异常

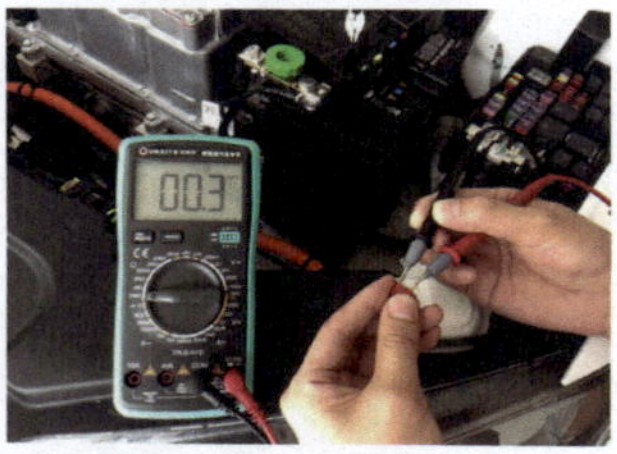

检测分析：

4. 检查电动压缩机控制器低压电源与接地间电压

作业图例	作业内容	完成情况
	把启动开关置于 OFF 档	□是　□否

（续）

作业图例	作业内容	完成情况		
	断开压缩机低压插接器 BV08	□是　□否		
	把启动开关置于 ON 档	□是　□否		
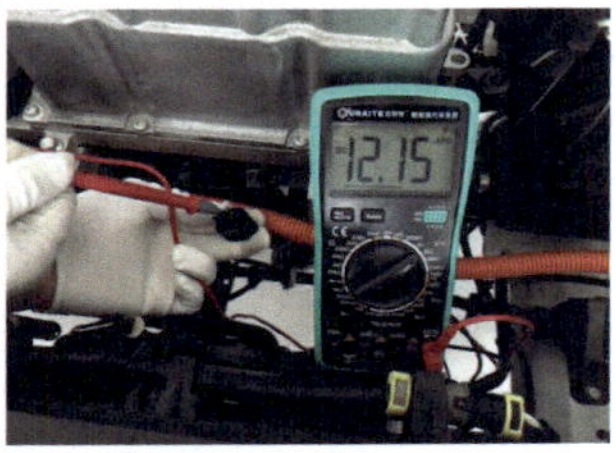	用万用表测量 BV08/1 与搭铁的电压	测量值	标准值	判断
		____V	11~14 V	□正常 □异常
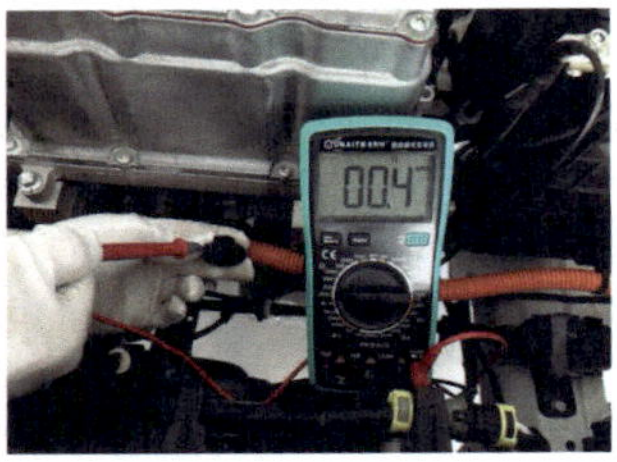	用万用表测量 BV08/3 与搭铁的电阻	测量值	标准值	判断
		____Ω	<1 Ω	□正常 □异常

检测分析：

5. 检查空调压力开关熔丝 EF12

作业图例	作业内容	完成情况
	把启动开关置于 OFF 档	□是　□否

（续）

作业图例	作业内容	完成情况		
	拔下熔丝 EF12，用万用表测量 EF12 电阻	测量值 ____Ω	标准值 <1Ω	判断 □ 正常 □ 异常
	用万用表检测 EF12 插座端子与搭铁之间电阻	测量值 ____Ω	标准值 ∞	判断 □ 正常 □ 异常

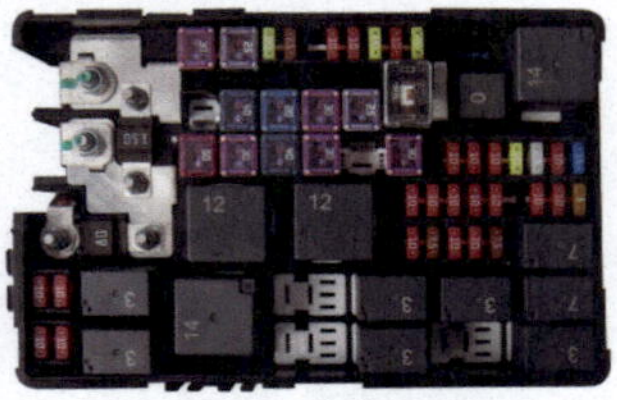

检测分析：

6. 检查空调压力开关线路

作业图例	作业内容	完成情况
	把启动开关置于 OFF 档	□ 是　□ 否
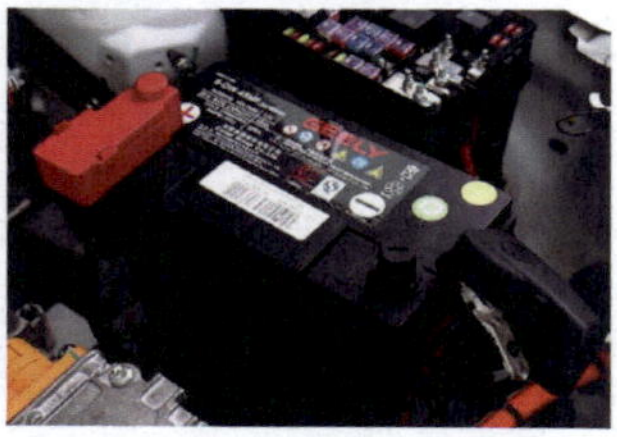	断开蓄电池负极电缆并等待 90s 以上	□ 是　□ 否
	断开空调压力开关插接器 CA43	□ 是　□ 否

（续）

作业图例	作业内容	完成情况		
	把启动开关置于 ON 档	□是　□否		
	用万用表测量 CA43/1 与搭铁的电压	测量值	标准值	判断
		____V	11~14V	□正常 □异常
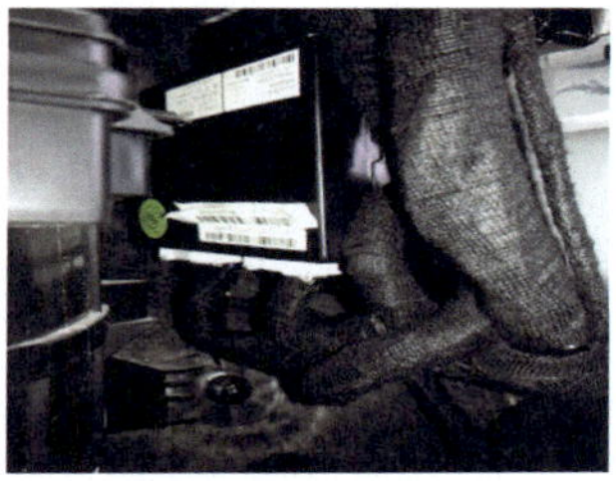	将启动开关置于 OFF 档，断开空调控制器插接器 IP85、IP86a	□是　□否		
	用万用表测量 CA43/2 与搭铁的电阻	测量值	标准值	判断
		____Ω	<1Ω	□正常 □异常
 CA43 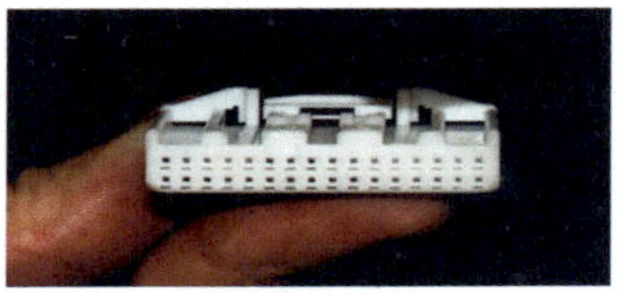 IP86a	用万用表测量 CA43/3 与 IP86a/23 的电阻	测量值	标准值	判断
		____Ω	<1Ω	□正常 □异常

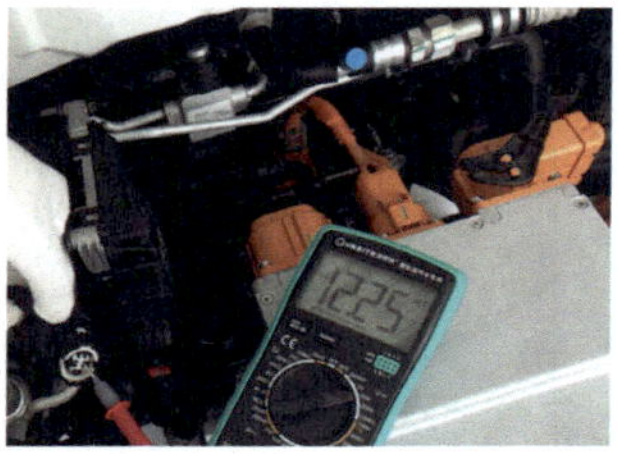

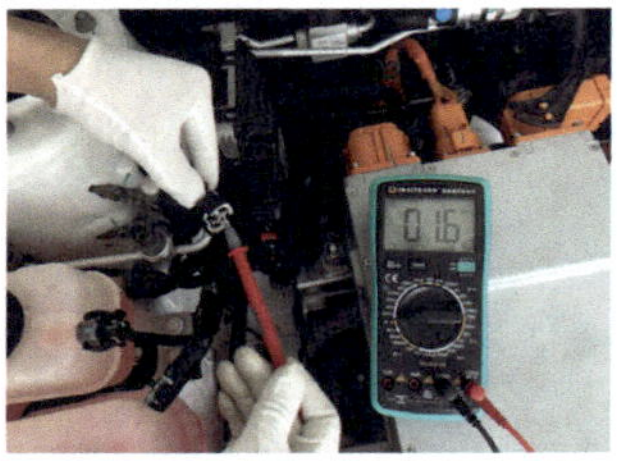

（续）

作业图例	作业内容	完成情况		
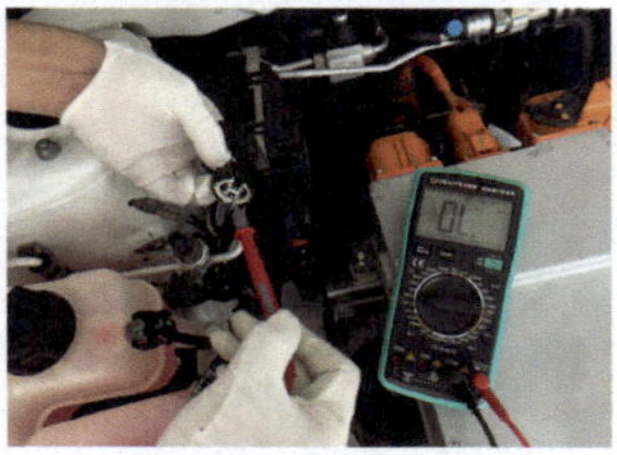		测量值	标准值	判断
	用万用表测量 CA43/3 与搭铁的电阻	____Ω	∞	□ 正常 □ 异常
 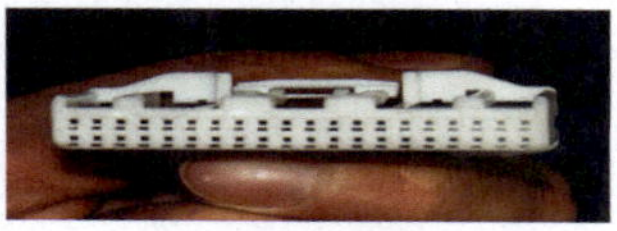		测量值	标准值	判断
CA43 IP85	用万用表测量 CA43/4 与 IP85/33 的电阻	____Ω	<1Ω	□ 正常 □ 异常
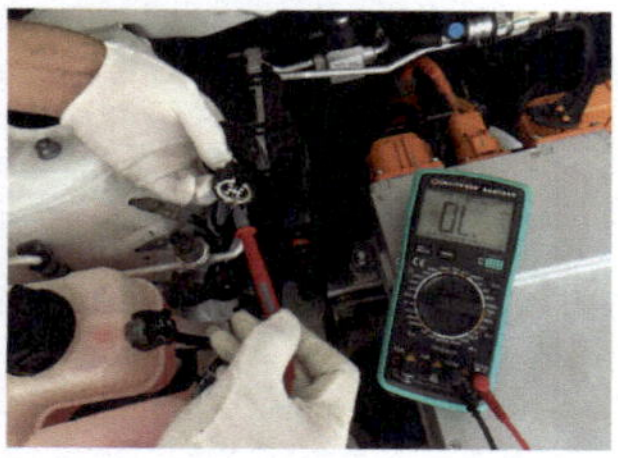		测量值	标准值	判断
	用万用表测量 CA43/4 与搭铁的电阻	____Ω	∞	□ 正常 □ 异常

检测分析：

7. 检查压缩机高压电源电压

作业图例	作业内容	完成情况
	把启动开关置于 OFF 档	□ 是　□ 否

（续）

作业图例	作业内容	完成情况
	断开蓄电池负极	□是　□否
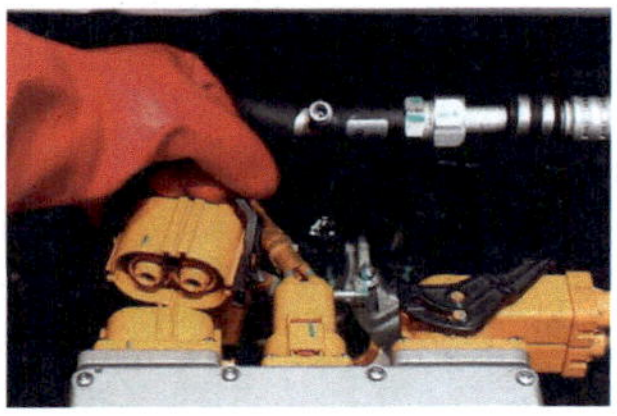	断开车载充电机直流母线插接器 BV17	□是　□否
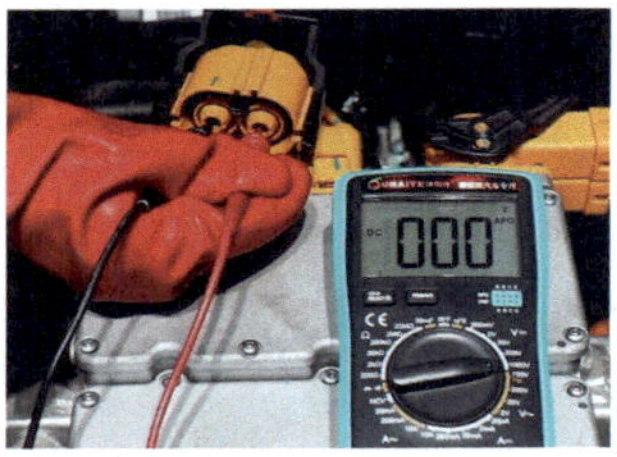	用放电工装进行放电并测量 BV17 电压为 0V	□是　□否
	断开电动压缩机高压插接器 BV30	□是　□否
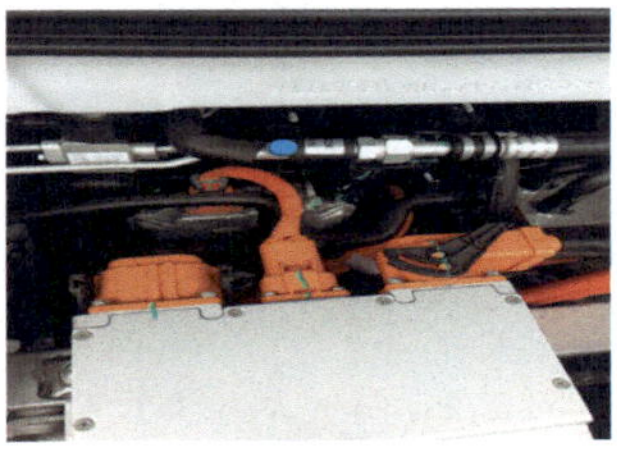	连接车载充电机直流母线插接器 BV17	□是　□否
	短接电动压缩机高压插接器 BV30 的高压互锁端子	□是　□否

（续）

作业图例	作业内容	完成情况		
	连接蓄电池负极	□是　□否		
	踩下制动踏板，按下启动开关，使车辆上电	□是　□否		
	打开空调 AC 开关，用万用表测量 BV30/1 与 BV30/2 的电压	测量值 ＿＿V	标准值 274.4~411.6V	判断 □正常 □异常

检测分析：

8. 故障恢复验证

作业图例	作业内容	完成情况
	连接各插接器，连接蓄电池负极	□是　□否
	踩下制动踏板，按下启动开关	□是　□否
	打开空调 AC 开关	□是　□否

（续）

作业图例	作业内容	完成情况
	调节温度和风速，检查空调制冷是否正常	□ 正常　□ 异常
	连接故障诊断仪，读取并清除故障码	□ 是　□ 否

验证分析：

9. 整理恢复场地

作业图例	作业内容	完成情况
	关闭车辆启动开关	□ 是　□ 否
	收起并整理防护四件套	□ 是　□ 否
	关闭测量平台一体机	□ 是　□ 否
	关闭测量平台电源开关	□ 是　□ 否
	清洁并整理测量平台	□ 是　□ 否
	清洁防护用具并归位	□ 是　□ 否
	清洁整理仪器设备与工具	□ 是　□ 否
	清洁实训场地	□ 是　□ 否
	收起安全警示牌	□ 是　□ 否
	收起安全围挡	□ 是　□ 否

五、过程检查

1. 自我评价或小组评价

序号	检查项目	权重	自我评价
1	信息收集完成情况	20	
2	制订计划的合理性	10	
3	实施过程完成的正确性	45	
4	学生在实施过程的参与程度	15	
5	安全防护与 6S 操作	10	
	总成绩		

2. 自我反思或小组反思

根据自己在课堂上的实际表现进行自我反思。

六、反馈总结

1. 实训过程评分

实训指导教师按下述评分标准检查本组作业结果：

项目	内容	评分标准	得分
知识点（30分）	1. 认知电动压缩机、蒸发器温度传感器等各部件（10分）	视认知情况扣分	
	2. 掌握电动压缩机的电路图，熟悉高低压插接器编号及端子（10分）	正确讲述电动压缩机连接电路及工作过程，端子错误每项扣3分	
	3. 分析电动压缩机不工作的主要原因（10分）	视掌握情况扣分	
技能点（45分）	正确进行基本检查和故障现象确认（5分）	视完成情况扣分	
	正确读取故障码和数据流并进行故障范围分析（5分）	视完成情况扣分	
	正确检查空调系统高低压侧压力（5分）	测量点每错误一项扣5分	
	正确检查蒸发器温度传感器、室外温度传感器和阳光传感器（5分）	视完成情况扣分	
	正确检查电动压缩机低压线路（15分）	视完成情况扣分	
	正确检查电动压缩机高压线路（10分）	视完成情况扣分	
素质点（25分）	严格执行操作规范（10分）	视不规范情况扣分	
	任务完成的熟练程度（10分）	视完成情况扣分	
	6S管理（5分）	视完成情况扣分	
总分			

2. 改进与提升

实训指导教师检查本组作业结果，针对实训过程出现的问题提出改进措施与提升训练计划。

（1）改进措施：

（2）提升训练计划：

实训工单二　电动空调供暖系统检修

一、接收任务

一辆 2018 款吉利帝豪 EV450 电动汽车采用电动空调系统，将启动开关置于 ON 档，打开空调 AC 开关，将温度调到最高，风量调到最大，出风口风量正常，但出风口温度明显偏低。请你对 EV450 电动汽车空调暖风不热的故障进行检修。

二、收集信息

PTC 加热水泵故障检修

1. 作业前准备

作业图例	作业内容	完成情况
（车辆现场图）	作业前现场环境检查	□ 规范着装 □ 拉设安全围挡 □ 放置安全警示牌 □ 检查灭火器 □ 检查测量终端状态 □ 铺设防护四件套
安全帽　护目镜 绝缘鞋　绝缘手套	检查并佩戴防护用具	□ 检查绝缘手套 □ 检查护目镜 □ 检查安全帽 □ 检查绝缘鞋
诊断仪　放电工装 万用表　绝缘测试仪	仪表工具检查	□ 检查万用表、绝缘检测仪是否正常 □ 检查故障诊断仪是否正常 □ 检查绝缘工具是否齐全、正常 □ 检查放电工装是否正常 □ 检查维修手册、电路图是否完备

（续）

作业图例	作业内容	完成情况		
		测量值	标准值	判别
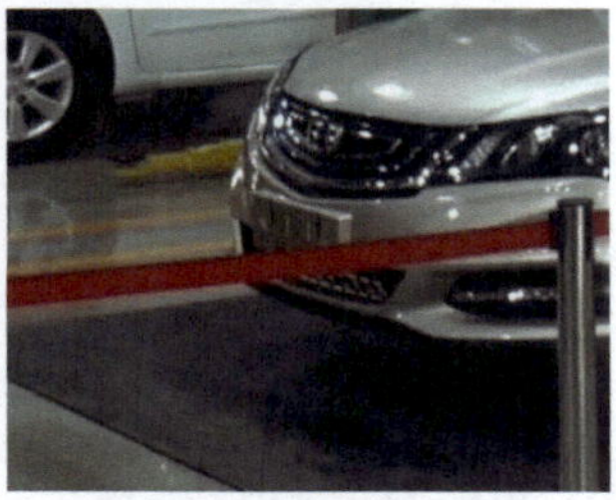	测量绝缘地垫绝缘电阻	＿＿Ω	＿＿Ω	□ 正常 □ 异常

2. 登记车辆基本信息

项目	内容		完成情况
品牌			□ 是　□ 否
VIN			□ 是　□ 否
生产日期			□ 是　□ 否
动力电池	型号：	额定容量：	□ 是　□ 否
驱动电机	型号：	额定功率：	□ 是　□ 否
行驶里程	km		□ 是　□ 否

3. 基本检查

作业图例	作业内容	完成情况		
		测量值	标准值	判断
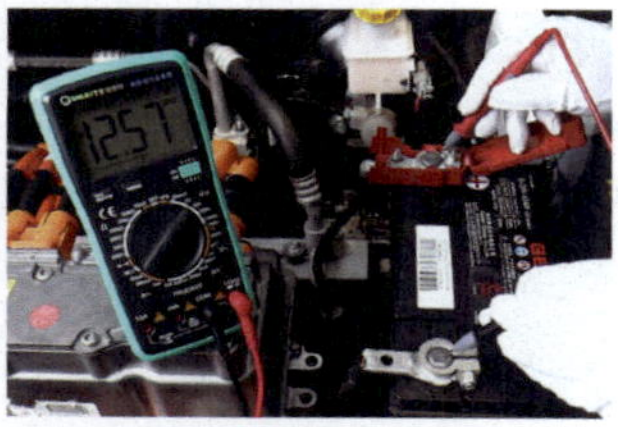	蓄电池电压	＿＿V	＿＿V	□ 正常 □ 异常
	高压部件及其插接器连接情况	□ 正常　□ 异常		
	低压部件及其插接器连接情况	□ 正常　□ 异常		

4. 故障现象确认

作业图例	作业内容	完成情况		
	踩下制动踏板，按下启动开关	□是　□否		
	按下空调 AC 开关	□是　□否		
	将鼓风机风速调至最大，温度调至最高	□是　□否		
	用温度计测量出风口暖风温度	测量值 ＿＿＿℃	正常值 ＿＿＿℃	判断 □正常 □异常
	检查出风口风速	□正常　□异常		
	观察仪表现象	显示	判断	
			□正常　□异常	
			□正常　□异常	
			□正常　□异常	
			□正常　□异常	
			□正常　□异常	

5. 读取故障码、数据流

作业图例	作业内容	完成情况
	关闭启动开关	□是　□否
	将 OBD-Ⅱ 测量线连接至 VCI 设备	□是　□否
	连接车辆 OBD 诊断座，VCI 设备电源指示灯亮起	□是　□否
	按下启动开关	□是　□否

（续）

作业图例	作业内容	完成情况	
		故障码	含义
	选择相应车型并读取故障码		
		数据流名称	数据值
	读取与故障相关的数据流		

6. 故障范围分析

思维导图

7. 知识技能准备

（1）标出图 2-1 中制热系统主要部件名称。

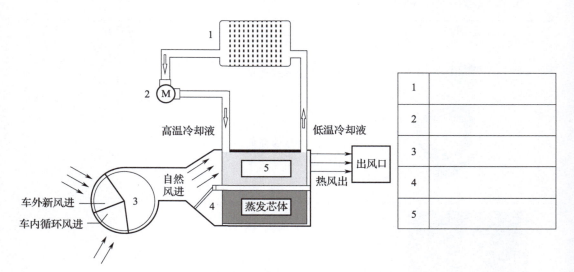

图 2-1 制热系统组成结构图

1	
2	
3	
4	
5	

（2）PTC加热器高压模块电压范围为_____V，低压模块电压范围_____V。

（3）PTC加热控制器低压插接器编号为_____，PTC加热器电源熔丝为_____。

（4）AC空调控制器插接器编号为_____，IG电源线路颜色为_____。

（5）空调控制面板插接器编号为_____，+B电源端子为_____。

（6）温度调节电机总成插接器编号为_____。

（7）温度调节风门位置传感器信号端子为_____，电源端子为_____搭铁端子为_____。

（8）写出空调系统下面故障码的含义。

故障码	含义	故障码	含义
B118111		B118411	
B118115		B118E96	
U300616		B119113	

三、制订计划

1. 根据任务要求制订实训计划

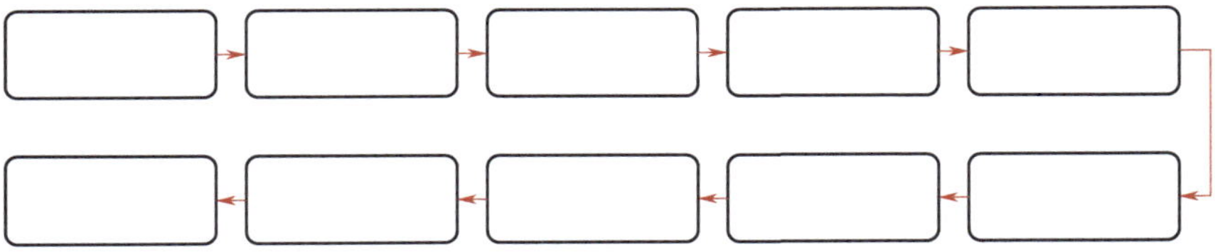

2. 根据操作计划完成小组成员任务分工

主操作人		记录员	
监护人		展示员	

四、任务实施

1. 检查PTC加热供暖系统冷却液

作业图例	作业内容	完成情况
	打开前机舱盖	□是　□否

（续）

作业图例	作业内容	完成情况
	检查供暖系统冷却液管路是否漏液	□是　□否
	检查供暖系统冷却液管路是否弯折堵塞	□是　□否
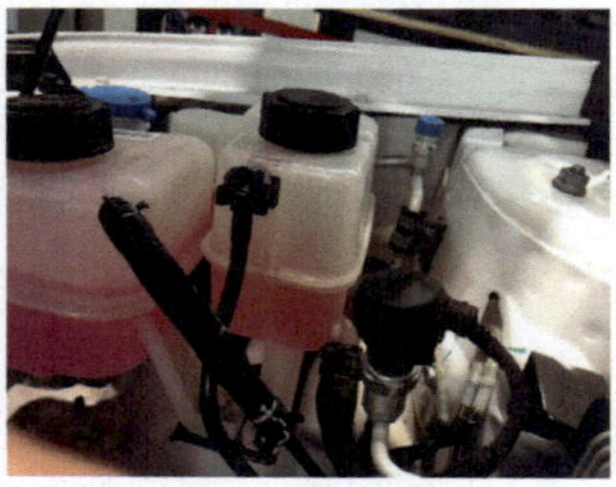	检查储液罐中冷却液是否不足	□是　□否

检测分析：

2. 检查 PTC 加热器

作业图例	作业内容	完成情况
	将启动开关置于 ON 档	□正常　□异常
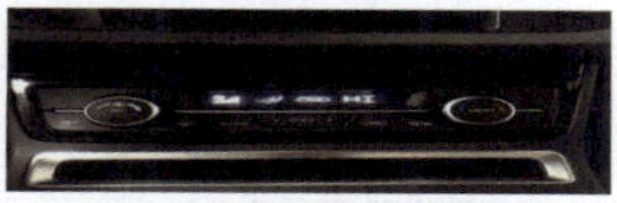	打开 AC 开关，将风速设置最大，温度调至最高	□是　□否
	用手背触碰 PTC 加热器进、出水管	□有明显温差 □无明显温差

（续）

作业图例	作业内容	完成情况		
	关闭 AC 开关，将启动开关置于 OFF 档	□是 □否		
	拆下蓄电池负极	□是 □否		
	拔下熔丝 EF14	□是 □否		
	用万用表测量 EF14 的电阻	测量值	标准值	判断
		____Ω	<1 Ω	□正常 □异常
	是否需要更换熔丝 EF14	□是 □否		
	用万用表测量熔丝 EF14 插座端子与搭铁电阻	测量值	标准值	判断
		____Ω	∞	□正常 □异常
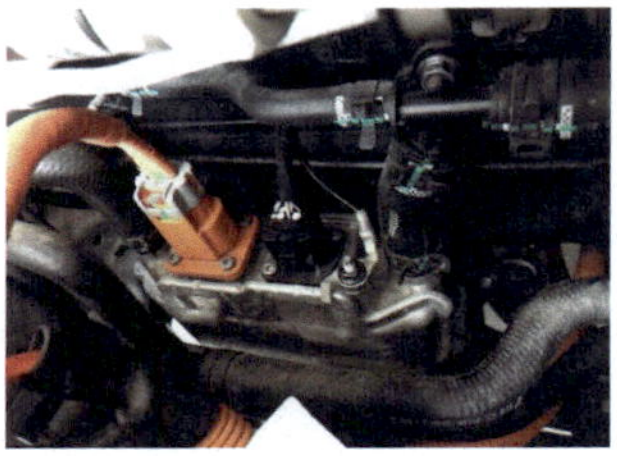	断开 PTC 加热器插接器 CA61	□是 □否		

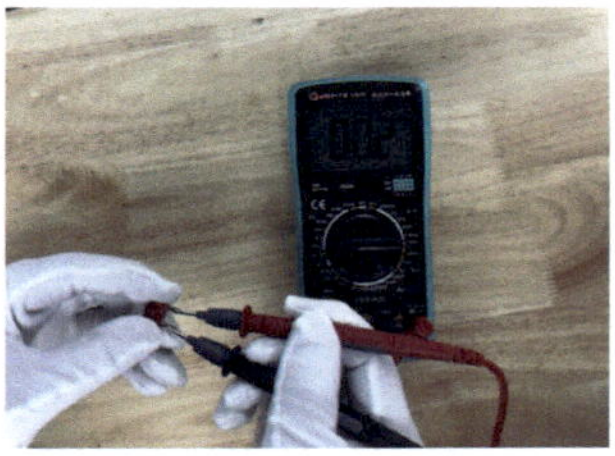

023

（续）

作业图例	作业内容	完成情况		
	将启动开关置于 ON 档	□是　□否		
	用万用表测量 PTC 加热控制器插接器 CA61/1 对搭铁的电压	测量值 ＿＿＿V	标准值 11~14V	判断 □正常 □异常
	将启动开关置于 OFF 档	□是　□否		
	断开空调控制器插接器 IP85	□是　□否		
 CA61 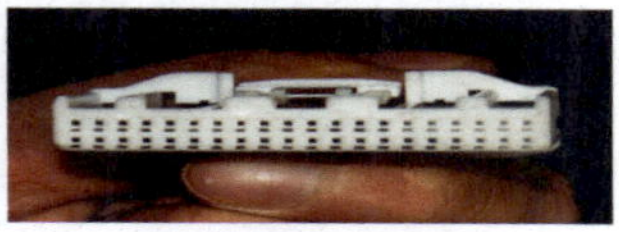 IP85	用万用表测量 PTC 加热控制器插接器 CA61/6 与 IP85/3 的电阻	测量值 ＿＿＿Ω	标准值 <1Ω	判断 □正常 □异常

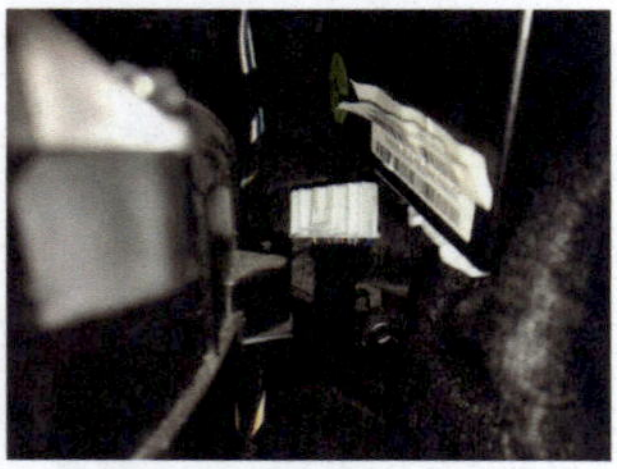

（续）

作业图例	作业内容	完成情况		
		测量值	标准值	判断
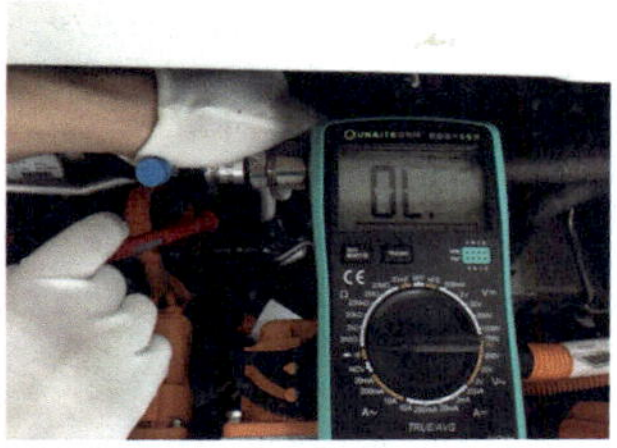	用万用表测量 PTC 加热控制器插接器 CA61/6 与搭铁的电阻	____Ω	∞	□ 正常 □ 异常
	将启动开关置于 ON 档	□ 是　□ 否		
		测量值	标准值	判断
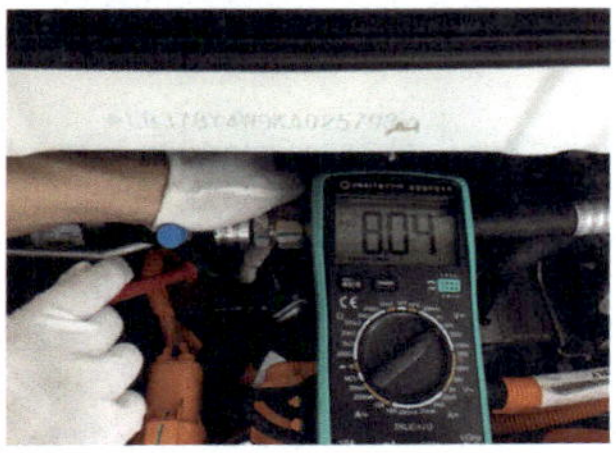	用万用表测量 PTC 加热控制器插接器 CA61/6 与搭铁的电压	____V	7~9V	□ 正常 □ 异常

检测分析：

3. 检查 PTC 加热水泵

作业图例	作业内容	完成情况
	操作启动开关电源模式置于 OFF 档	□ 是　□ 否
	拆下蓄电池负极	□ 是　□ 否

（续）

作业图例	作业内容	完成情况		
	拔下熔丝 EF13	□是　□否		
	用万用表测量 EF13 的电阻	测量值 ＿＿Ω	标准值 <1Ω	判断 □正常 □异常
	是否要更换熔丝 EF13	□是　□否		
	用万用表测量熔丝 EF13 插座端子与搭铁电阻	测量值 ＿＿Ω	标准值 ∞	判断 □正常 □异常
	将启动开关置于 OFF 档	□是　□否		
	断开 PTC 加热水泵插接器 CA72	□是　□否		
	连接蓄电池负极	□是　□否		

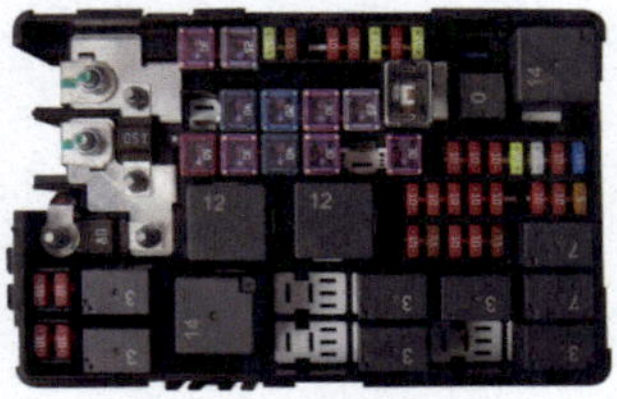

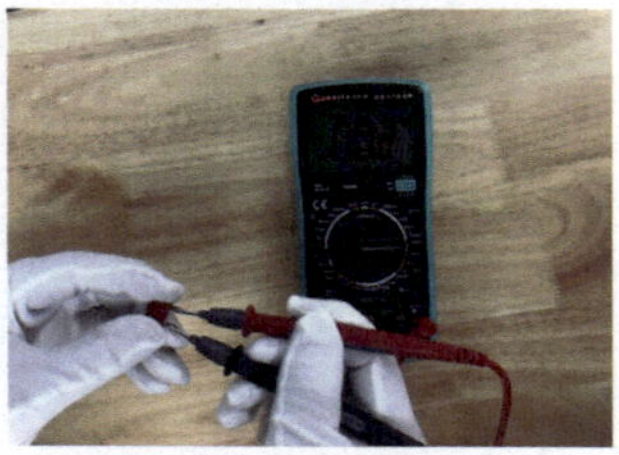

（续）

作业图例	作业内容	完成情况		
	将启动开关置于 ON 档	□是　□否		
 CA72	用万用表测量 PTC 加热水泵插接器 CA72/3 对 CA72/1 的电压	测量值 ____V	标准值 11~14V	判断 □正常 □异常
	将启动开关置于 OFF 档	□是　□否		
	测量 PTC 加热水泵插接器 CA72/3 与前舱熔丝盒 EF13 熔丝插座输出端子间的电阻值	测量值 ____Ω	标准值 <1Ω	判断 □正常 □异常
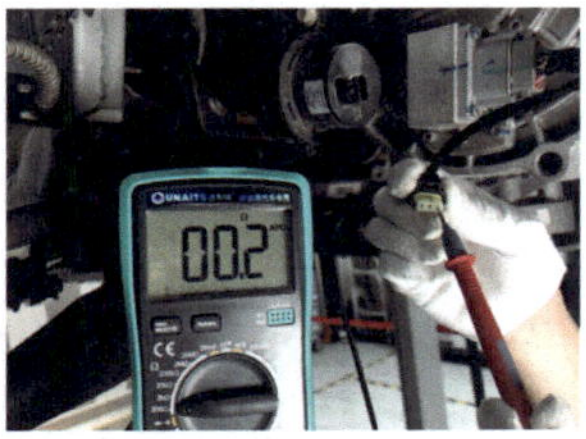	用万用表测量 CA72/1 与搭铁之间的电阻	测量值 ____Ω	标准值 <1Ω	判断 □正常 □异常
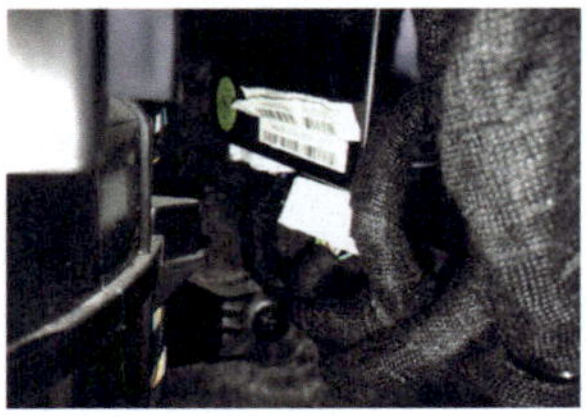	断开空调控制器插接器 IP86a	□是　□否		

（续）

作业图例	作业内容	完成情况			
		测量值	标准值	判断	
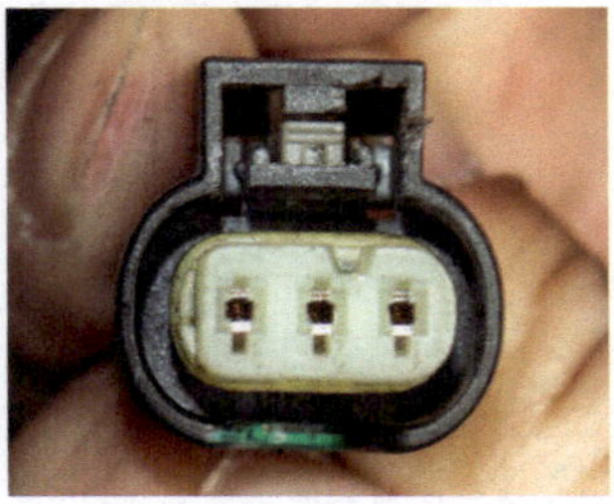 CA72 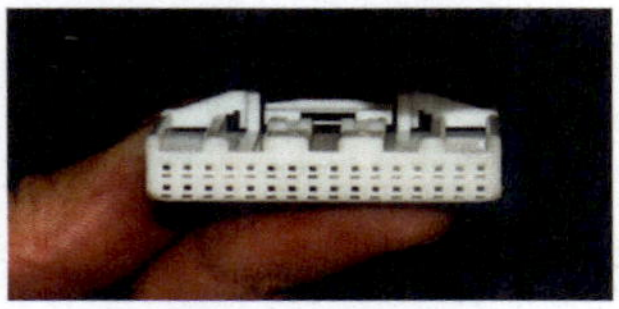 IP86a	用万用表测量 PTC 加热水泵插接器 CA72/2 与 IP86a/8 的电阻	____Ω	<1 Ω	□ 正常 □ 异常	
		测量值	标准值	判断	
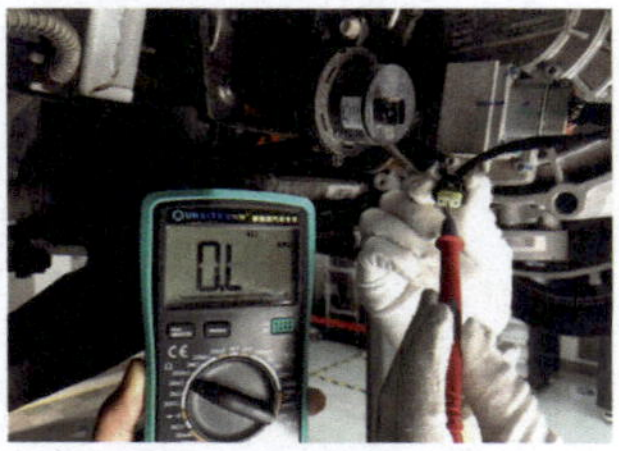	用万用表测量 PTC 加热水泵插接器 CA72/2 与搭铁的电阻	____Ω	∞	□ 正常 □ 异常	
	将启动开关置于 ON 档	□ 是　□ 否			
		测量值	标准值	判断	
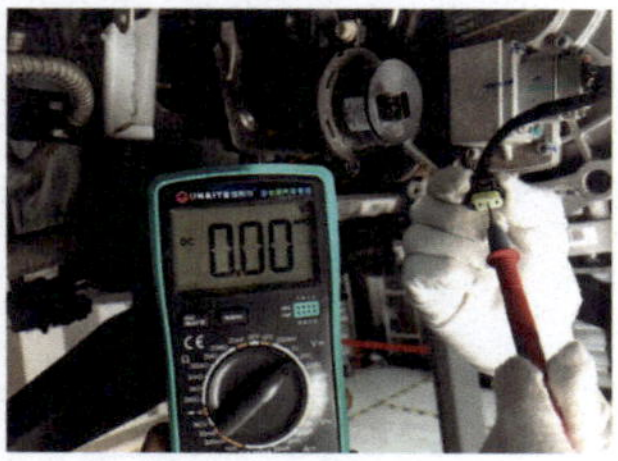	用万用表测量 PTC 加热水泵插接器 CA72/2 与搭铁的电压	____V	0 V	□ 正常 □ 异常	

检测分析：

4. 检查空调控制面板与 AC 空调控制器之间控制线束

作业图例	作业内容	完成情况		
	将启动开关置于 OFF 档	□是　□否		
	断开蓄电池负极	□是　□否		
	断开空调控制器插接器 IP85	□是　□否		
	断开空调控制面板插接器 IP78			
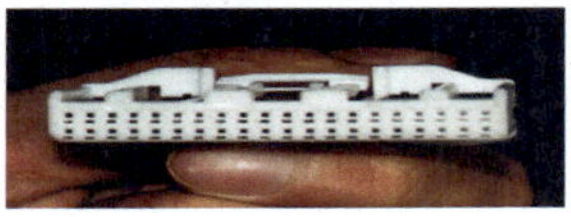 IP85 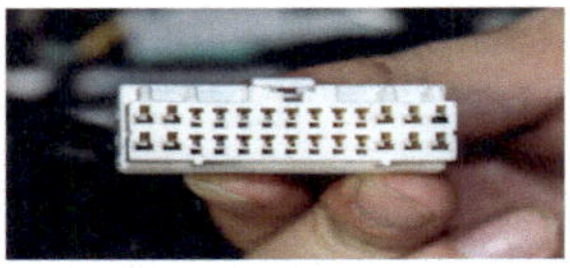 IP78	用万用表测量空调控制器 IP85/3 与 IP78/6 的电阻	测量值 ____Ω	标准值 <1Ω	判断 □正常 □异常
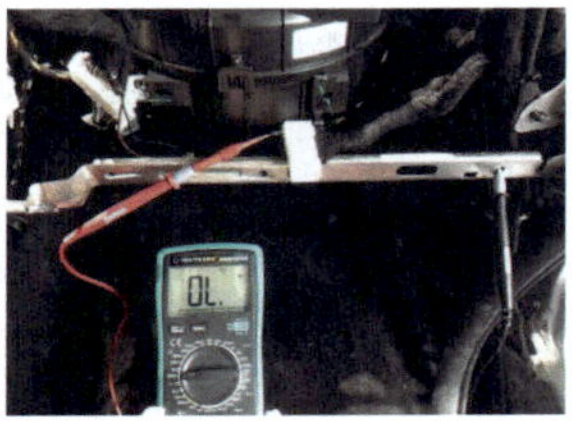	用万用表测量空调控制器 IP85/3 与搭铁的电阻	测量值 ____Ω	标准值 ∞	判断 □正常 □异常

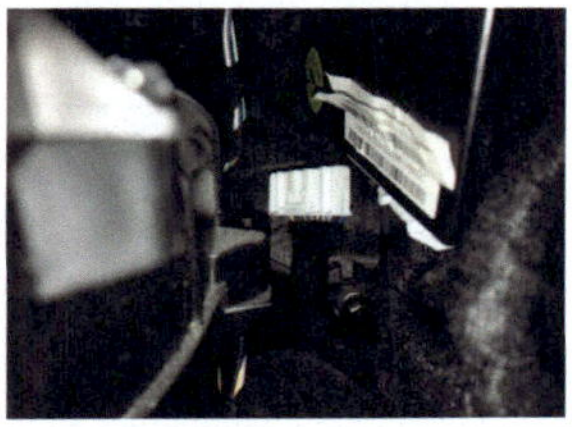

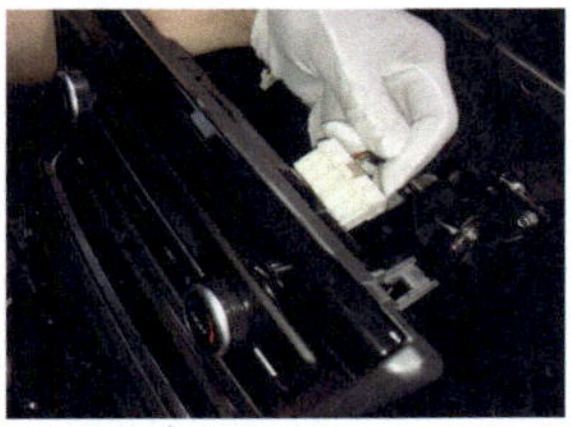

（续）

作业图例	作业内容	完成情况		
		测量值	标准值	判断
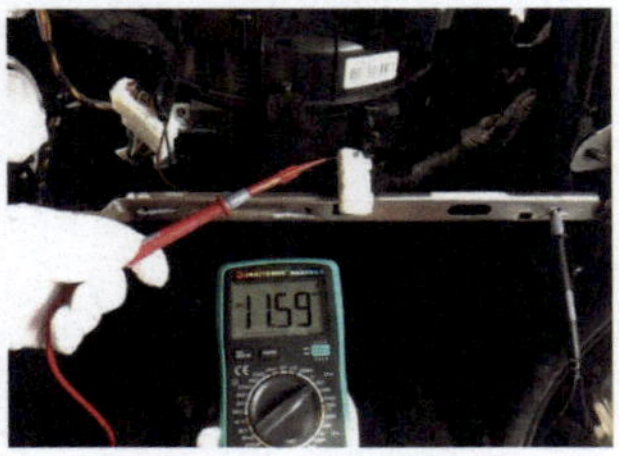	用万用表测量空调控制器 IP85/3 与搭铁的电压	____V	7~12V	□ 正常 □ 异常

检测分析：

5. 检查温度调节执行器与 A/C 空调控制器线束（导通性）

作业图例	作业内容	完成情况
	将启动开关置于 OFF 档	□ 是　□ 否
	断开蓄电池负极	□ 是　□ 否
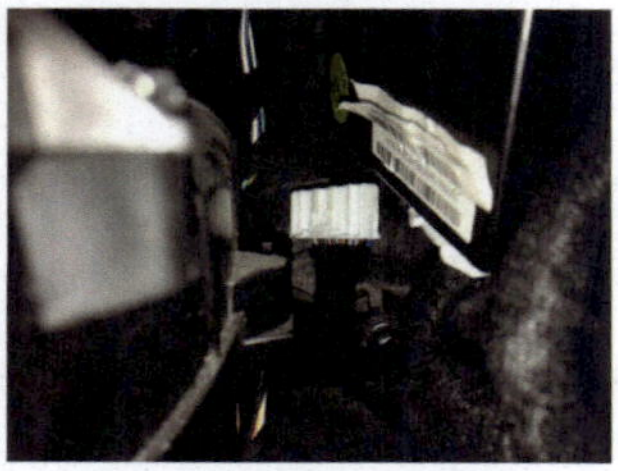	断开空调控制器插接器 IP85	□ 是　□ 否
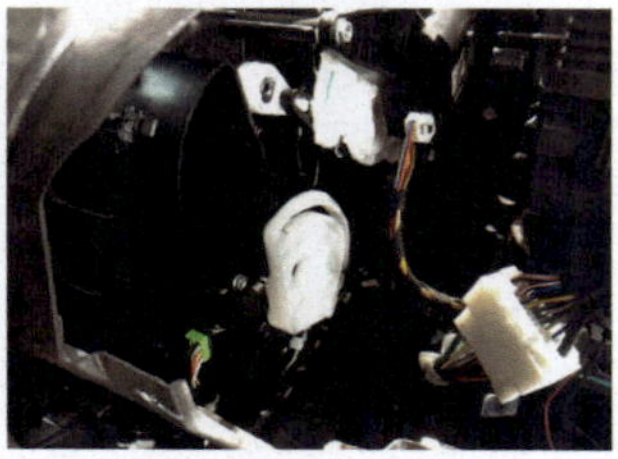	断开温度执行器插接器 IP95b	

（续）

作业图例	作业内容	完成情况		
		测量值	标准值	判断
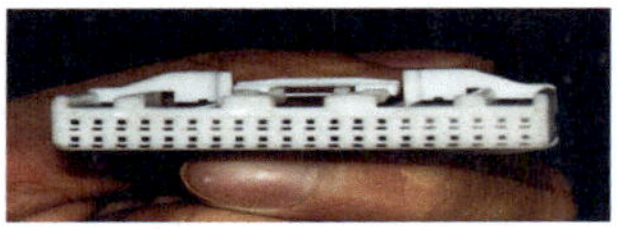 IP85 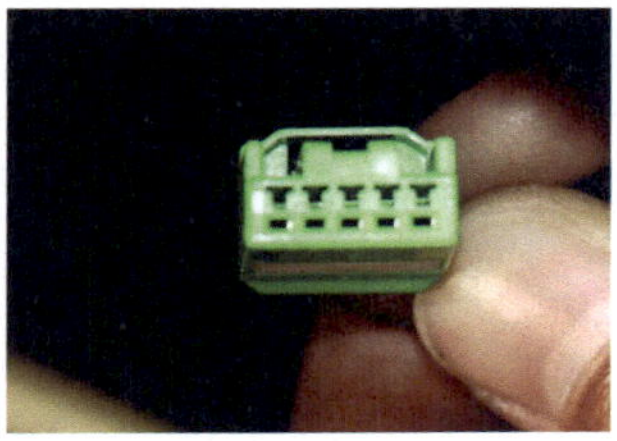 IP95b	用万用表测量 IP85/2 与 IP95b/1 电阻	____Ω	<1Ω	□ 正常 □ 异常
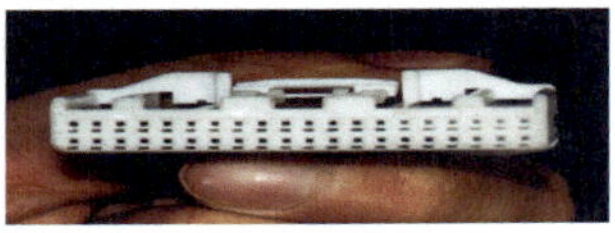 IP85 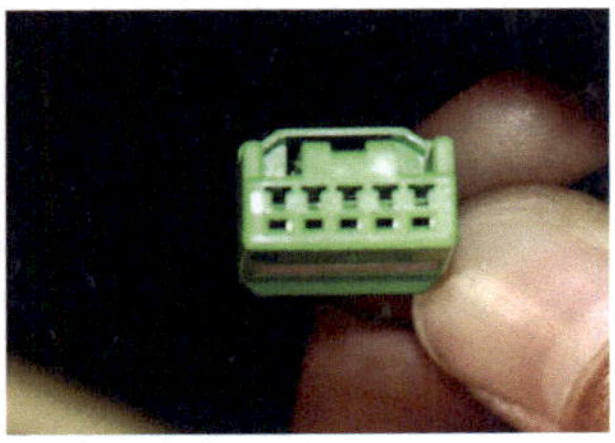 IP95b	用万用表测量 IP85/26 与 IP95b/2 电阻	____Ω	<1Ω	□ 正常 □ 异常
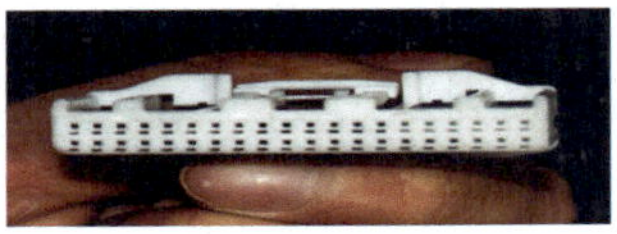 IP85 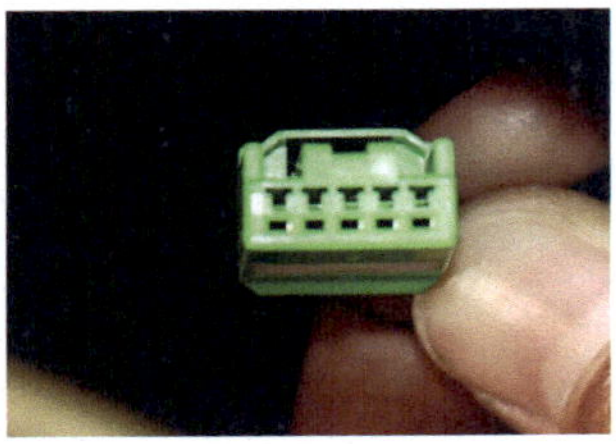 IP95b	用万用表测量 IP85/21 与 IP95b/3 电阻	____Ω	<1Ω	□ 正常 □ 异常

（续）

作业图例	作业内容	完成情况		
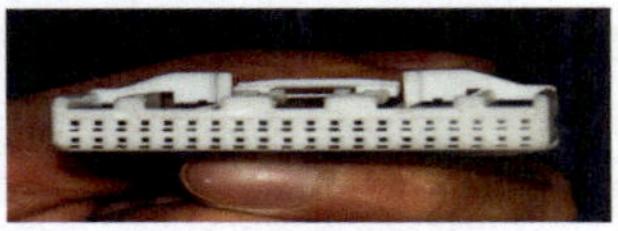 IP85 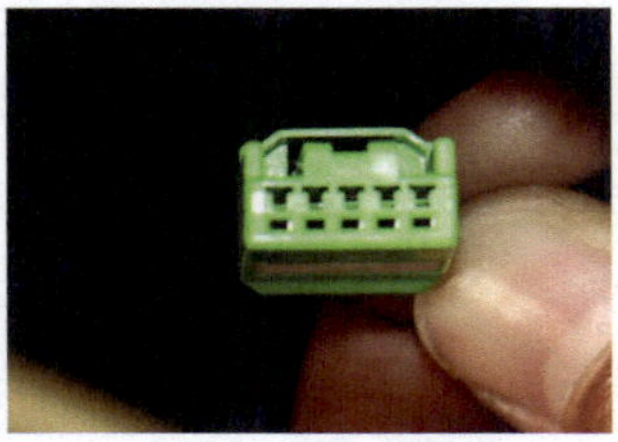 IP95b	用万用表测量 IP85/12 与 IP95b/4 电阻	测量值 ____Ω	标准值 <1Ω	判断 □ 正常 □ 异常
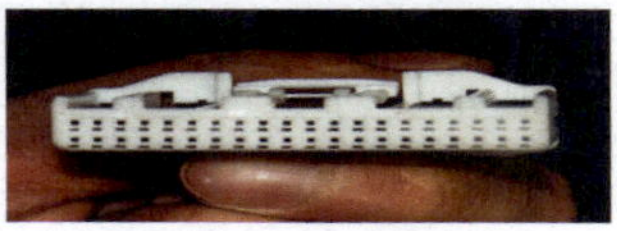 IP85 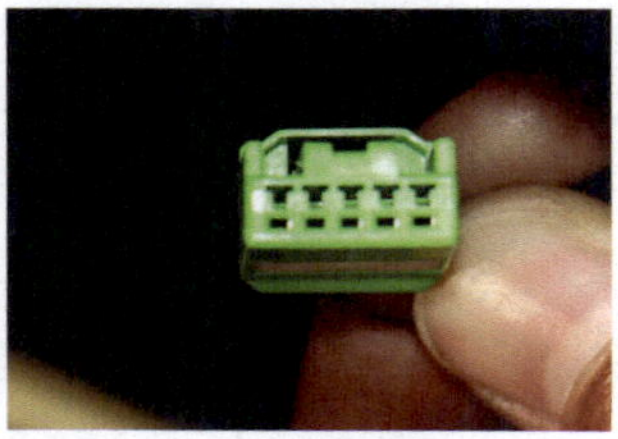 IP95b	用万用表测量 IP85/11 与 IP95b/5 电阻	测量值 ____Ω	标准值 <1Ω	判断 □ 正常 □ 异常
IP85	用万用表测量 IP85/2、26、21、12、11 与搭铁电阻	测量值 ____Ω	标准值 ∞	判断 □ 正常 □ 异常
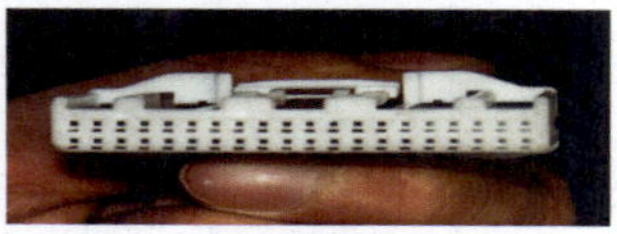 IP85	用万用表测量 IP85/2、26、21、12、11 与搭铁电压	测量值 ____V	标准值 0V	判断 □ 正常 □ 异常

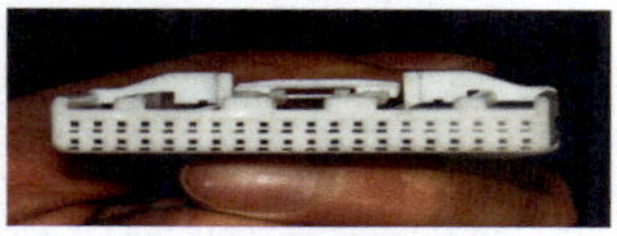

检测分析：

6. 故障恢复验证

作业图例	作业内容	完成情况
	连接所有插接器	□是 □否
	连接蓄电池负极	□是 □否
	踩下制动踏板，按下启动开关	□是 □否
	观察仪表显示是否正常	□是 □否
	按下空调AC开关，风速调最大，温度调最高，暖风是否正常	□能 □不能

验证分析：

7. 整理恢复场地

作业图例	作业内容	完成情况
	关闭车辆启动开关	□是 □否
	收起并整理防护四件套	□是 □否
	关闭测量平台一体机	□是 □否
	关闭测量平台电源开关	□是 □否
	清洁并整理测量平台	□是 □否
	清洁防护用具并归位	□是 □否
	清洁整理仪器设备与工具	□是 □否
	清洁实训场地	□是 □否
	收起安全警示牌	□是 □否
	收起安全围挡	□是 □否

五、过程检查

1. 自我评价或小组评价

序号	检查项目	权重	自我评价
1	信息收集完成情况	20	
2	制订计划的合理性	10	
3	实施过程完成的正确性	45	
4	学生在实施过程的参与程度	15	
5	安全防护与 6S 操作	10	
	总成绩		

2. 自我反思或小组反思

根据自己在课堂上的实际表现进行自我反思。

六、反馈总结

1. 实训过程评分

实训指导教师按下述评分标准检查本组作业结果：

项目	内容	评分标准	得分
知识点（30分）	1. 掌握吉利 EV450 电动空调供暖系统的组成和工作原理（10分）	正确认知供暖系统各组件，视不熟悉情况扣分	
	2. 掌握 EV450 空调供暖控制策略（10分）	正确讲述供暖系统的工作过程，视不熟悉情况扣分	
	3. 熟悉 EV450 供暖电路及各插接器（10分）	插接器错误每项扣 3 分	
技能点（45分）	正确进行基本检查和故障现象确认（5分）	视完成情况扣分	
	正确读取故障码和数据流并进行故障范围分析（10分）	视完成情况扣分	
	正确对 PTC 加热器进行检修（10分）	测量点每错误一项扣 2 分	
	正确对 PTC 加热水泵进行检修（10分）	测量点每错误一项扣 2 分	
	正确对温度调节执行器进行检修（10分）	测量点每错误一项扣 2 分	

（续）

项目	内容	评分标准	得分
素质点 （25分）	严格执行操作规范（10分）	视不规范情况扣分	
	任务完成的熟练程度（10分）	视完成情况扣分	
	6S 管理（5分）	视完成情况扣分	
总分			

2. 改进与提升

实训指导教师检查本组作业结果，针对实训过程出现的问题提出改进措施与提升训练计划。

（1）改进措施：

（2）提升训练计划：

实训工单三　电动空调制冷系统检修

一、接收任务

一辆 2018 款吉利帝豪 EV450 电动汽车出现空调不制冷、制冷效果不佳的故障。

你知道电动空调与传统空调的区别吗？电动汽车空调制冷系统的检漏方法有哪些？请你对电动汽车空调制冷系统进行检漏。

二、收集信息

（1）简述采用歧管压力表从高压侧加注制冷剂的过程。

制冷剂不足
故障检修

（2）标出图 3-1 中斯必克 AC350 制冷剂回收加注机各部件及按键名称。

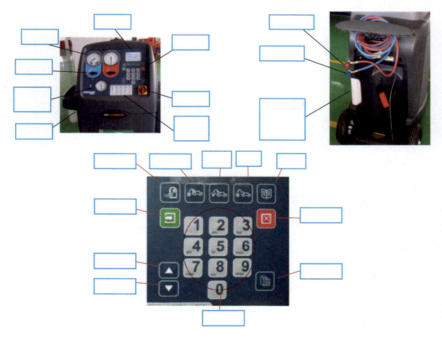

图 3-1　斯必克 AC350 制冷剂回收加注机部件图

（3）简述斯必克 AC350 制冷剂回收加注机工作罐初始化操作步骤。

三、制订计划

1. 根据任务要求制订实训计划

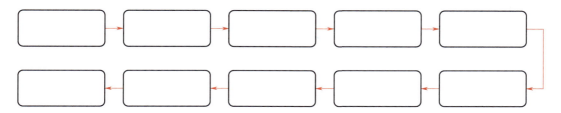

2. 根据操作计划完成小组成员任务分工

主操作人		记录员	
监护人		展示员	

四、任务实施

1. 作业前准备

作业图例	作业内容	完成情况
	作业前现场环境检查	□ 规范着装 □ 拉设安全围挡 □ 放置安全警示牌 □ 检查灭火器 □ 检查测量终端状态 □ 铺设防护四件套
 安全帽 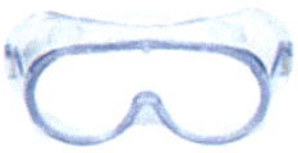　护目镜  绝缘鞋 　绝缘手套	检查并佩戴防护用具	□ 检查绝缘手套 □ 检查护目镜 □ 检查安全帽 □ 检查绝缘鞋

（续）

作业图例	作业内容	完成情况		
 诊断仪 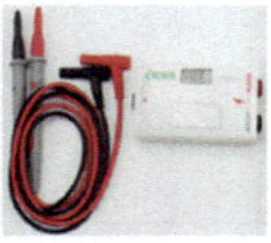　放电工装 　万用表 　绝缘测试仪	仪表工具检查	□ 检查电子检漏仪是否正常 □ 检查歧管压力表是否正常 □ 检查真空泵是否正常 □ 检查制冷剂回收加注机是否正常 □ 检查维修手册、电路图是否完备		
		测量值	标准值	判别
	测量绝缘地垫绝缘电阻	＿＿Ω	＿＿Ω	□ 正常 □ 异常

2. 登记车辆基本信息

项目	内容	完成情况	
品牌		□ 是	□ 否
VIN		□ 是	□ 否
生产日期		□ 是	□ 否
动力电池	型号：　　　　额定容量：	□ 是	□ 否
驱动电机	型号：　　　　额定功率：	□ 是	□ 否
行驶里程	km	□ 是	□ 否

3. 采用进行制冷剂回收与充注

作业图例	作业内容	完成情况
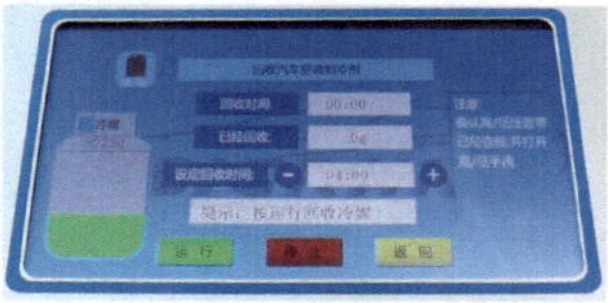	打开制冷剂回收加注机电源，记录回收前的罐重数值	制冷剂净重：＿＿＿＿＿kg

实训工单三 电动空调制冷系统检修

（续）

作业图例	作业内容	完成情况
	将回收机高低压软管接头顺时针连接在空调高低压管路接口上	□是 □否
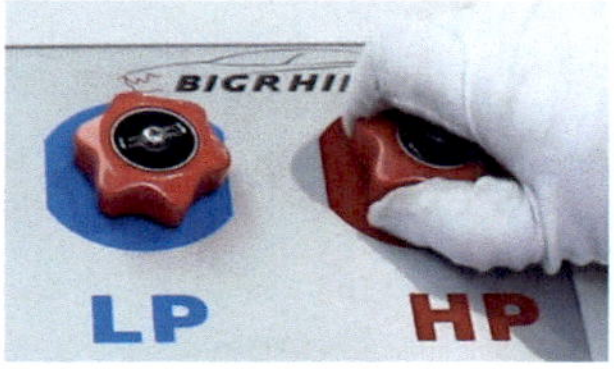	打开制冷剂回收机高低压阀门	□是 □否
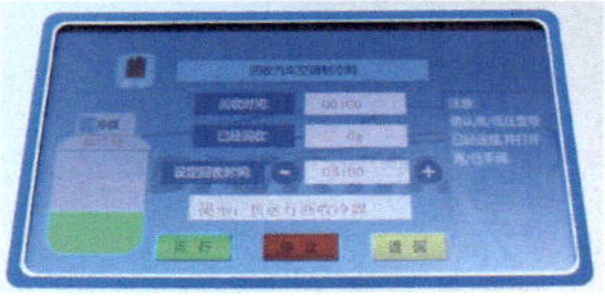	对空调系统内的制冷剂进行回收，设置时间为 5min	□是 □否
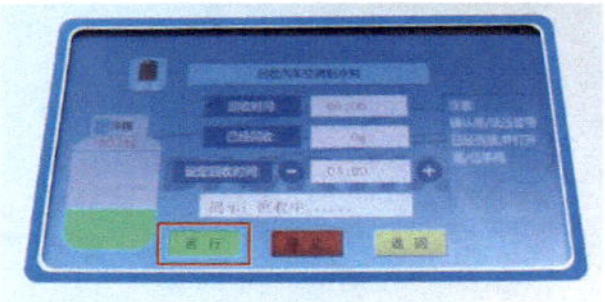	按运行按键，进入回收程序	□是 □否
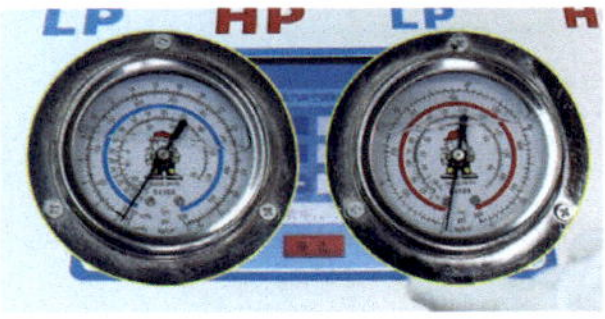	输入制冷剂回收量（550g），当高低压表压力指针降至 0kg/cm 时，可提前停止回收	□是 □否
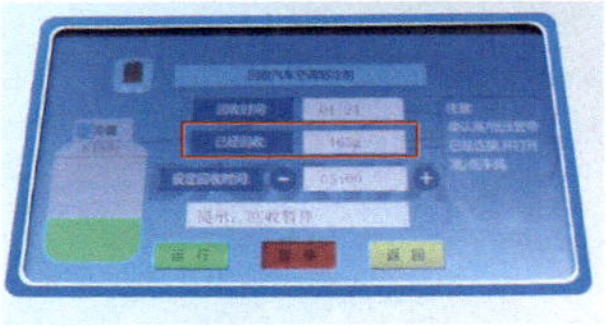	回收结束后，显示回收制冷剂量	回收制冷剂量：_____g 制冷剂加注量约 550g ± 25g
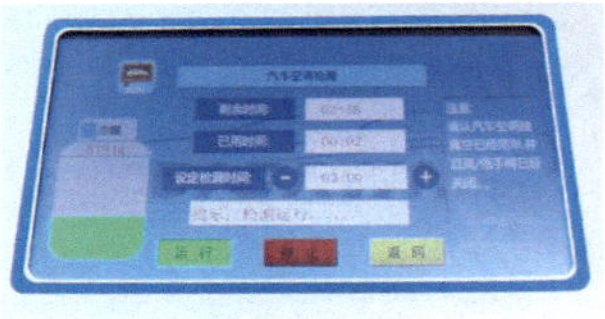	选择抽真空程序，对空调系统进行双管路抽真空，抽真空时间设置为 10min	真空度：_____
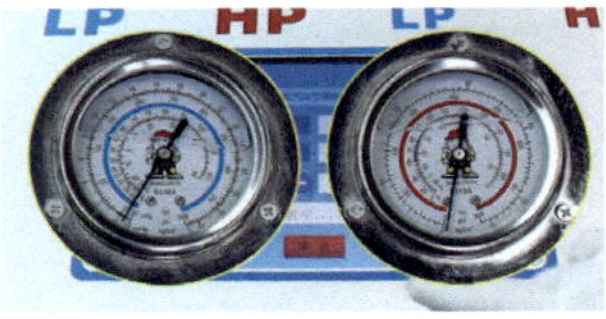	抽真空完成后，关闭制冷剂回收机高低压阀，静止 10min，观察高低压表是否有回升现象	□是 □否

（续）

作业图例	作业内容	完成情况
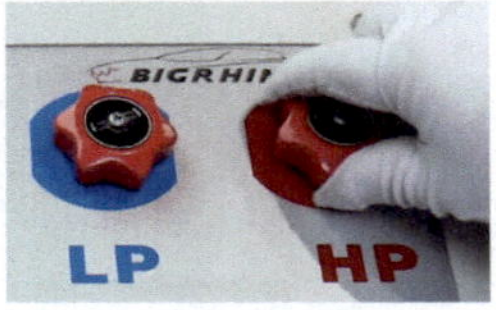 	打开制冷剂回收机高压阀，手动打开注油阀，加注 10mL 冷冻机油后，立刻关闭注油阀	□是　□否
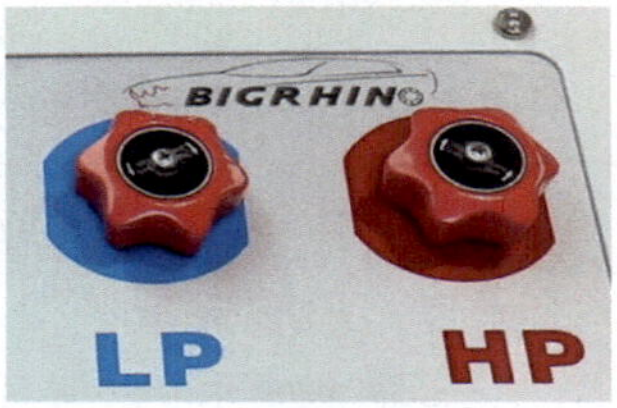	关闭制冷剂回收机高压阀，打开制冷剂回收机低压阀	
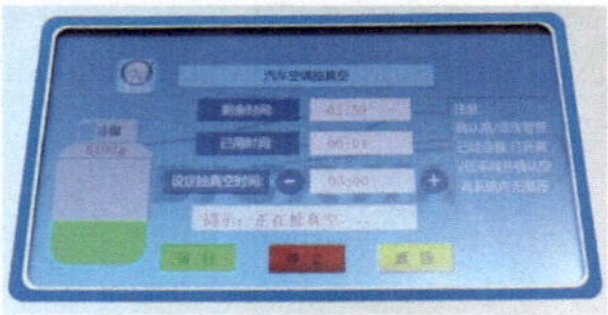	对空调系统进行低压管路抽真空 3min	
	关闭制冷剂回收机低压阀，打开制冷剂回收机高压阀	
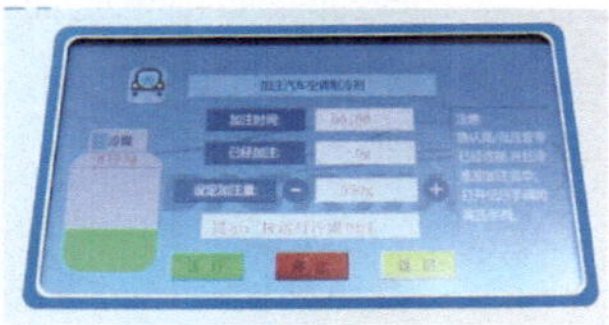	查询制冷剂加注量，设置制冷剂加注量为 550g	
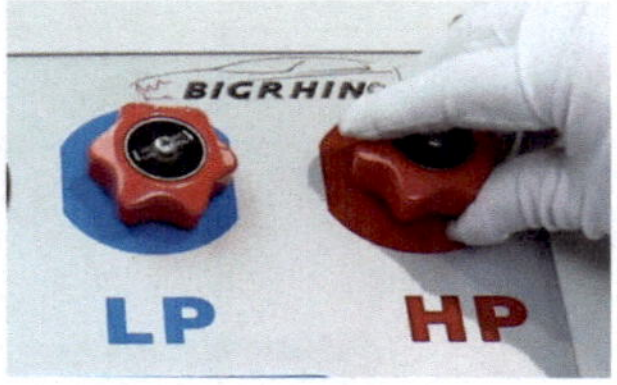	加注制冷剂，加注完成，关闭高压阀	

4. 制冷性能检测

作业图例	作业内容	完成情况
	将仪器高低压快速接头正确连接至制冷系统的高低压检测接口，顺时针拧开高低压接头开关（速度要慢）	□是　□否
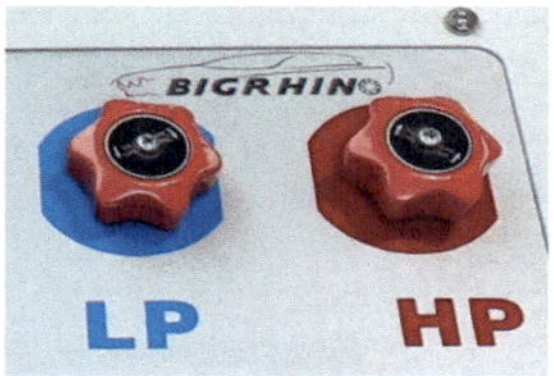	关闭控制面板上的高低压阀	□是　□否
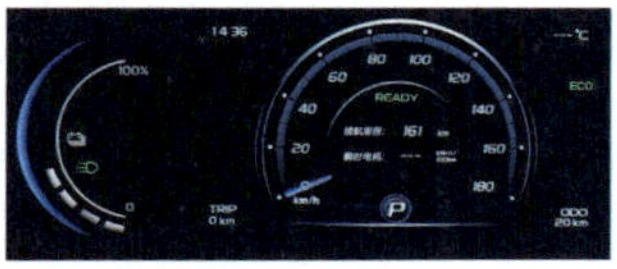	车辆上电	□是　□否
	打开空调开关，按下AC开关	□是　□否
	将温度调至最低，鼓风机风速调至最大	□是　□否
	用温度计测量出风口温度是否小于10℃	□是　□否
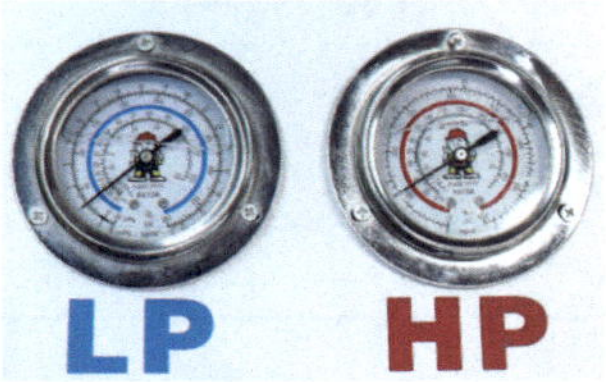	观察仪器高低压表压力是否正常	高压压力：_____MPa 低压压力：_____MPa □正常　□异常
	关闭AC开关，将启动开关置于OFF档	□是　□否
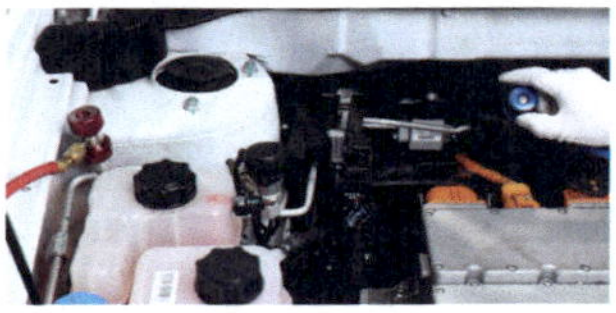	逆时针拧开高低压接头开关	□是　□否
	将高低压快速接头从车上取下	□是　□否

检测分析：

5. 恢复场地

作业图例	作业内容	完成情况
	关闭车辆启动开关	□是　□否
	收起并整理防护四件套	□是　□否
	关闭测量平台一体机	□是　□否
	关闭测量平台电源开关	□是　□否
	清洁并整理测量平台	□是　□否
	清洁防护用具并归位	□是　□否
	清洁整理仪器设备与工具	□是　□否
	清洁实训场地	□是　□否
	收起安全警示牌	□是　□否
	收起安全围挡	□是　□否

五、过程检查

1. 自我评价或小组评价

序号	检查项目	权重	自我评价
1	信息收集完成情况	20	
2	制订计划的合理性	10	
3	实施过程完成的正确性	45	
4	学生在实施过程的参与程度	15	
5	安全防护与 6S 操作	10	
	总成绩		

2. 自我反思或小组反思

根据自己在课堂上的实际表现进行自我反思。

六、反馈总结

1. 实训过程评分

实训指导教师按下述评分标准检查本组作业结果：

项目	内容	评分标准	得分
知识点（30分）	掌握制冷系统主要检修工具设备类型和工作原理（15分）	能正确讲述仪器设备的原理与使用方法，视不熟悉情况扣分	
	掌握电动汽车空调制冷系统制冷剂回收与充注方法（15分）	能正确讲述用歧管压力表和AC350进行充注制冷剂的方法，视不熟悉情况扣分	
技能点（45分）	正确采用歧管压力表从低压侧进行制冷剂充注（10分）	视完成情况扣分	
	正确采用SPX AC350进行制冷剂回收与充注（25分）	视完成情况扣分	
	正确进行制冷性能检测（10分）	视完成情况扣分	
素质点（25分）	严格执行操作规范（10分）	视不规范情况扣分	
	任务完成的熟练程度（10分）	视完成情况扣分	
	6S管理（5分）	视完成情况扣分	
总分			

2. 改进与提升

实训指导教师检查本组作业结果，针对实训过程出现的问题提出改进措施与提升训练计划。

（1）改进措施：

（2）提升训练计划：

实训工单四　电控制动系统检修

一、接收任务

一辆 2018 款吉利帝豪 EV450 电动汽车行驶中仪表盘上部显示制动系统故障，仪表盘下部系统故障灯点亮，车辆前部持续传来异响，经检查确认电控制动系统有故障。你能安全、规范地检测电控制动系统吗？能完成 EPB 左后电机的检修吗？

二、收集信息

（1）电子驻车制动系统的英文缩写是_____，英文全称是_____，是由_____直接控制_____来实现_____的。

（2）看图 4-1 填空 EPB 系统部件名称。

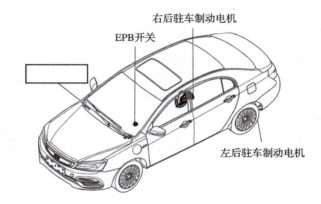

图 4-1　EPB 系统组成结构图

（3）驻车制动控制电机分别安装于_____的左右制动卡钳上，该电机分为_____和齿轮箱两部分，并且与_____集成到一起，部件出现故障后需更换带有_____的制动卡钳总成，不能对 EPB 执行器进行单独更换。

（4）EPB 系统的功能

1）静态驻车及解除：车辆在停止时，拉起_____（无论启动开关置于 ON 或 OFF，以及行车制动状态），_____工作制动锁止车辆；释放驻车制动时，启动开关处于_____（电机工作或不工作均可），_____行车制动踏板，按下_____，_____停止制动锁止。

2）动态应急制动：车辆在行驶过程中，驾驶员拉起 EPB 开关，_____收到开关信号后通过数据总线要求_____控制行车制动。

3）坡道驻车及辅助：坡道驻车时，EPB 会根据集成在液压电子控制模块中的_____来测算_____，从而计算出车辆在斜坡上由于重力而产生的下滑力，EPB 系统就会对后轮施加制动力平衡下滑，实现_____；当车辆坡道起步时，_____会根据坡道角度、驱动电机转矩、加速踏板位置、档位等信息来计算_____，当车辆的牵引力大于下滑力的时候，自动释放驻车制动，辅助_____。

（5）EPB 线束插接器：填写表 4–1 中的 IP27 EPB 控制器线束插接器端子定义。

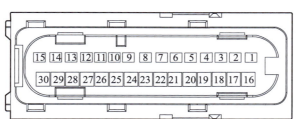

表 4–1　EPB 控制单元端子定义

端子号	端子定义
8	功能指示灯
9	接 EPB 开关
10	接 EPB 开关
12	
13	
14	
15	
16	
17	
18	接 EPB 开关
19	接 EPB 开关
22	
27	
28	
29	
30	

（6）仪表板中部开关线束插接器 IP64：填写表 4–2 中的端子定义。

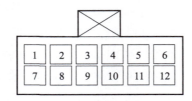

表 4-2　组合仪表控制单元端子定义

端口号	端子定义
1	开关 1
2	
3	
4	
5	
6	
7	
8	
9	
10	

三、制订计划

1. 根据任务要求制订实训计划

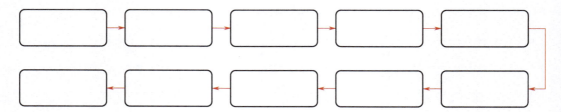

2. 根据操作计划完成小组成员任务分工

主操作人		记录员	
监护人		展示员	

四、任务实施

1. 作业前准备

作业图例	作业内容	完成情况		
(安全警示现场图)	作业前现场环境检查	☐ 规范着装 ☐ 拉设安全围挡 ☐ 放置安全警示牌 ☐ 检查灭火器 ☐ 检查测量终端状态 ☐ 铺设防护四件套		
安全帽　护目镜 绝缘鞋　绝缘手套	检查并佩戴防护用具	☐ 检查绝缘手套 ☐ 检查护目镜 ☐ 检查安全帽 ☐ 检查绝缘鞋		
诊断仪　放电工装 万用表　绝缘测试仪	仪表工具检查	☐ 检查万用表、绝缘检测仪是否正常 ☐ 检查故障诊断仪是否正常 ☐ 检查绝缘工具是否齐全、正常 ☐ 检查放电工装是否正常 ☐ 检查维修手册、电路图是否完备		
		测量值	标准值	判别
(测量绝缘地垫图)	测量绝缘地垫绝缘电阻	____Ω	____Ω	☐ 正常 ☐ 异常

2. 登记车辆基本信息

项目	内容	完成情况
品牌		□是 □否
VIN		□是 □否
生产日期		□是 □否
动力电池	型号：　　　　　额定容量：	□是 □否
驱动电机	型号：　　　　　额定功率：	□是 □否
行驶里程	km	□是 □否

3. 读取故障码、数据流

作业图例	作业内容	完成情况	
	关闭点火开关	□是	□否
	将OBD-Ⅱ测量线连接至VCI设备	□是	□否
	连接车辆OBD诊断座，VCI设备电源指示灯亮起	□是	□否
	按下启动开关	□是	□否
	选择相应车型并读取故障码	故障码	含义
	读取与故障相关数据流	数据流名称	数据值

4. 检查蓄电池电压

作业图例	作业内容	完成情况		
	关闭启动开关，钥匙安全存放	□是　□否		
	断开蓄电池负极	□是　□否		
	测量蓄电池电压	测量值	标准值	判断
		____V	____V	□正常　□异常

5. 用诊断仪进行 EPB 警告灯的主动测试

作业图例	作业内容	完成情况
	1）连接诊断仪，操作启动开关使电源模式至 ON 状态 2）在功能测试上选择"主动测试" 3）检查 EPB 警告灯是否工作正常	□是　□否

6. 检查左后 EPB 电机熔丝 IF23

作业图例	作业内容	完成情况
	检查熔丝 SF04、IF23 是否熔断	□是　□否

7. 检查熔丝 SF04 线路

作业图例	作业内容	完成情况
	检查熔丝 SF04 线路是否有短路故障；熔丝的额定值 SF04 为 30A，IF23 为 10A	□是　□否

8. 检测左后 EPB 电机电源电压

作业图例	作业内容	完成情况
	操作启动开关使电源模式至 OFF 断开 EPB 控制模块线束插接器 IP27	□是 □否
IP27	操作启动开关使电源模式至 ON，测量 EPB 电机线束插接器 IP27 端子 29、14 对车身搭铁的电压，电压标准值：11~14V	□是 □否

9. 检查左后 EPB 控制器与左后 EPB 电机之间的线路

作业图例	作业内容	完成情况
	操作启动开关使电源模式至 OFF，断开左后 EPB 电机线束插接器 S081	□是 □否
	断开 EPB 控制模块线束插接器 IP27	□是 □否
IP27 S081	操作启动开关使电源模式至 ON；测量左后 EPB 电机线束插接器 IP27 端子 29、14 对左后 EPB 电机线束插接器 S081 端子 2、1 之间的电阻，电阻标准值：小于 1Ω	□是 □否

10. 检查 EPB 电机控制器与车身搭铁之间线路

作业图例	作业内容	完成情况
IP27	测量 EPB 电机控制器 IP27 端子 30 与车身搭铁之间的电阻，电阻标准值：小于 1 Ω	□是 □否

11. 检查 EPB 开关与 EPB 控制模块之间线束导通性

作业图例	作业内容	完成情况
IP27 IP64	1）操作启动开关使电源模式至 OFF 状态 2）断开 EPB 开关线束插接器 IP64 3）断开 EPB 控制模块线束插接器 IP27 4）测量 EPB 控制模块线束插接器 IP27 端子 19、18、10、9 与 EPB 开关线束插接器 IP64 端子 4、3、2、1 之间电阻，电阻标准值：小于 1 Ω	□是 □否

12. 恢复场地

作业图例	作业内容	完成情况
	关闭车辆启动开关	□是 □否
	收起并整理防护四件套	□是 □否
	关闭测量平台一体机	□是 □否
	关闭测量平台电源开关	□是 □否
	清洁并整理测量平台	□是 □否
	清洁防护用具并归位	□是 □否
	清洁整理仪器设备与工具	□是 □否
	清洁实训场地	□是 □否
	收起安全警示牌	□是 □否
	收起安全围挡	□是 □否

五、过程检查

1. 自我评价或小组评价

序号	检查项目	权重	自我评价
1	信息收集完成情况	20	
2	制订计划的合理性	10	
3	实施过程完成的正确性	45	
4	学生在实施过程的参与程度	15	
5	安全防护与6S操作	10	
总成绩			

2. 自我反思或小组反思

根据自己在课堂上的实际表现进行自我反思。

六、反馈总结

1. 实训过程评分

实训指导教师按下述评分标准检查本组作业结果：

项目	内容	评分标准	得分
知识点 （15分）	1. 理解EPB系统组成及工作原理（5分）	能正确表述	
	2. 了解EPB系统的优点（5分）	能正确表述	
	3. 理解EPB系统的功能（5分）	能正确表述	
技能点 （60分）	正确完成准备工作（5分）	视完成情况扣分	
	正确搜集车辆信息（5分）		
	正确使用诊断仪访问EPB控制单元（5分）		
	正确检查检查蓄电池（5分）		
	正确用诊断仪进行EPB警告灯的主动测试（5分）		
	正确检查左后EPB电机熔丝IF23（5分）		
	正确检查熔丝SF04线路（5分）		
	正确检测左后EPB电机电源电压（5分）		

（续）

项目	内容	评分标准	得分
技能点（60分）	正确检测左后 EPB 控制器与左后 EPB 电机之间的线路（5分）	视完成情况扣分	
	检查左后 EPB 电机与车身搭铁之间线路（5分）		
	检修左后 EPB 电机与车身搭铁之间的断路或短路故障（5分）		
	检查EPB开关与EPB控制模块之间线束导通性（5分）		
素质点（25分）	严格执行操作规范（10分）	视不规范情况扣分	
	任务完成的熟练程度（10分）	视完成情况扣分	
	6S 管理（5分）	视完成情况扣分	
总分			

2. 改进与提升

实训指导教师检查本组作业结果，针对实训过程出现的问题提出改进措施与提升训练计划。

（1）改进措施：

（2）提升训练计划：